全国高等教育自学考试指定教材

学前教育研究方法

(含:学前教育研究方法自学考试大纲)

(2023 年版)

U0904147

全国高等教育自学考试指导委员会 组编

主 编 秦金亮

中国教育出版传媒集团

高等教育出版社·北京

图书在版编目(C I P)数据

学前教育研究方法 / 全国高等教育自学考试指导委员会组编；秦金亮主编. --北京：高等教育出版社，2024. 1

ISBN 978-7-04-061634-7

Ⅰ. ①学… Ⅱ. ①全… ②秦… Ⅲ. ①学前教育-研究方法-高等教育-自学考试-教材 Ⅳ. ①G612

中国国家版本馆 CIP 数据核字(2024)第 000768 号

学前教育研究方法
Xueqian Jiaoyu Yanjiu Fangfa

策划编辑 雷旭波　　责任编辑 雷旭波　　封面设计 李小璐　　版式设计 杜微言
责任绘图 于　博　　责任校对 吕红颖　　责任印制 存　怡

出版发行	高等教育出版社	网　　址	http://www.hep.edu.cn
社　　址	北京市西城区德外大街 4 号		http://www.hep.com.cn
邮政编码	100120	网上订购	http://www.hepmall.com.cn
印　　刷	保定市中画美凯印刷有限公司		http://www.hepmall.com
开　　本	787mm×1092mm 1/16		http://www.hepmall.cn
印　　张	15.5		
字　　数	350 千字	版　　次	2024 年 1 月第 1 版
购书热线	010-58581118	印　　次	2024 年 1 月第 1 次印刷
咨询电话	400-810-0598	定　　价	47.00 元

本书如有缺页、倒页、脱页等质量问题，请到所购图书销售部门联系调换

物 料 号　61634-00

组编前言

21世纪是一个变幻难测的世纪，是一个催人奋进的时代。科学技术飞速发展，知识更替日新月异。希望、困惑、机遇、挑战，随时都有可能出现在每一个社会成员的生活之中。抓住机遇，寻求发展，迎接挑战，适应变化的制胜法宝就是学习——依靠自己学习、终身学习。

作为我国高等教育组成部分的自学考试，其职责就是在高等教育这个水平上倡导自学、鼓励自学、帮助自学、推动自学，为每一个自学者铺就成才之路。组织编写供读者学习的教材就是履行这个职责的重要环节。毫无疑问，这种教材应当适合自学，应当有利于学习者掌握和了解新知识、新信息，有利于学习者增强创新意识，培养实践能力，形成自学能力，也有利于学习者学以致用，解决实际工作中所遇到的问题。具有如此特点的书，我们虽然沿用了“教材”这个概念，但它与那种仅供教师讲、学生听，教师不讲、学生不懂，以“教”为中心的教科书相比，已经在内容安排、编写体例、行文风格等方面都大不相同了。希望读者对此有所了解，以便从一开始就树立起依靠自己学习的坚定信念，不断探索适合自己的学习方法，充分利用自己已有的知识基础和实际工作经验，最大限度地发挥自己的潜能，达到学习的目标。

欢迎读者提出意见和建议。

祝每一位读者自学成功。

全国高等教育自学考试指导委员会

2022年8月

目　录

全国高等教育自学考试

学前教育研究方法自学考试大纲

全国高等教育自学考试指导委员会　制定

出版前言

为了适应社会主义现代化建设事业的需要，鼓励自学成才，我国在 20 世纪 80 年代初建立了高等教育自学考试制度。高等教育自学考试是个人自学、社会助学和国家考试相结合的一种高等教育形式。应考者通过规定的专业课程考试并经思想品德鉴定达到毕业要求的，可获得毕业证书；国家承认学历并按照规定享有与普通高等学校毕业生同等的有关待遇。经过 30 多年的发展，高等教育自学考试为国家培养造就了大批专门人才。

课程自学考试大纲是国家规范自学者学习范围、要求和考试标准的文件。它是按照专业考试计划的要求，具体指导个人自学、社会助学、国家考试、编写教材及自学辅导书的依据。

为更新教育观念，深化教学内容和方式、考试制度、质量评价制度的改革，更好地提高自学考试人才培养的质量，全国考委各专业委员会按照专业考试计划的要求，组织编写了课程自学考试大纲。

新编写的大纲，在层次上，专科参照一般普通高校专科或高职院校的水平，本科参照一般普通高校本科的水平；在内容上，力图反映学科的发展变化以及自然科学和社会科学近年来研究的成果。

全国考委教育类专业委员会参照普通高等学校相关课程的教学基本要求，结合自学考试学前教育专业的实际情况，组织编写的《学前教育研究方法自学考试大纲》，经教育部批准，现颁发施行。各地教育部门、考试机构应认真贯彻执行。

全国高等教育自学考试指导委员会

2015 年 2 月

Ⅰ　课程性质与设置目的

一、课程性质与特点

“学前教育研究方法”课程是高等教育自学考试学前教育专业(专升本)的必修课,是学前教育专业的一门基础课程。它既为学前教育专业其他课程提供研究方法基础,又可直接指导幼儿园教师从事规范的学前教育研究,具有很强的应用性。

学前教育研究方法是教育研究方法的一个分支,是一门研究学前教育,特别是幼儿园教育情境中揭示研究方法现象及其规律的学科,主要内容包括学前教育一般研究方法、学前教育具体研究方法和学前教育专业论文写作。

学前教育研究方法是一门偏向应用的综合性交叉学科。它既是一门理论学科,也是一门应用学科。

二、课程设置目标与要求

本课程设置的目标是使得自学者能够:

1. 在了解研究方法的一般特征的基础上,系统掌握学前教育研究方法的主要方式与基本类型、学前儿童研究的特殊性及发展历程。

2. 掌握学前教育的最主要的研究方法,如观察法、访谈法、问卷法、测验法、实验法,并在幼儿园教育实践中正确运用这些方法开展教研,提高教育质量。

3. 系统掌握质性资料、量化资料的整理、分析方法,并将其基本原理、方法和策略正确运用于幼儿园的教科研特别是教师的论文写作中。

4. 从方法整合的高度,结合幼儿园教科研的特点与教师专业成长的特点,进行教育改革,开展行动研究,不断提高学前教育水平和幼儿园教师的专业素质。

三、本课程与相关课程的联系、分工和区别

“学前教育研究方法”课程与专科段的“幼儿园教师教科研”和本科段的“教育统计学”等课程有着极为密切的关系。

教育统计学研究教育数据的收集、整理、计算、分析等量化数据的处理规律,侧重描述教育现象的数据及其规律,对学前教育研究的客观观察数据、问卷量化数据、实验设计统计模型有直接的理论意义和技术操作支持。

教育研究方法与教育统计学是学前教育研究方法的基础,学前教育研究方法在幼儿园、家庭情境性观察、微观发生学研究、纵向设计研究等方面是对一般教育研究方法的拓展。可以说,学前教育研究方法是教育研究方法在学前教育领域的延伸、扩展和深化。

四、课程的重点和难点

本课程由十三章内容构成:第一章是学前教育研究方法的概论部分;第二至四章是学前教育研究的一般方法部分;第五至十章是学前教育研究的具体方法部分;第十一至十三章是资料整理与写作部分。根据一线幼儿园教师的工作特点及专业要求,自学者应掌握在幼儿园中最常用的研究方法及策略,通过研究、反思来提升自身的专业发展水平,故将本课程的重点确定为:一般方法的第二、四章,具体方法的第五、六、十

章，写作部分的第十三章；次重点是一般方法的第三章、具体方法的第七章；一般理解、初步掌握是其余第一、八、九、十一、十二章。难与不难，既取决于学习者的能力水平，更取决于其已有的背景知识基础。本门课程由于知识跨度大、预备知识连贯性强，特别需要统计、测量与学前儿童具体发展领域等方面的背景知识，故将难点确定为第一、二、四、七、八、九、十一章。

Ⅱ　考核目标

识记:能够对大纲各章的知识点,如研究过程、研究原则、收集资料的基本方式等有清晰的记忆;对大纲各章中的基本概念,如量化研究、质性研究、选题、观察法、访谈法、问卷法、测量法、实验法等概念的含义有准确的记忆。

领会:能够全面深刻地理解本大纲各章中的基本原理,如问题陈述、文献综述、研究设计、观察技术、访谈技巧等,并能做出正确的分析与表述。这是较高层次的要求。

简单应用:能够运用本大纲各章中的基本原理分析和解决学前教育研究的实际问题、如怎样发现研究问题、如何写文献评论、如何做观察记录,如何进行访谈等。

综合应用:能够运用多个知识点或多种方法,综合分析和解决一些复杂的学前教育研究问题,如怎样将研究问题形成研究设计、写观察报告、写调查报告、如何进行行动研究等。

Ⅲ　课程内容与考核要求

第一章　幼儿园教师应做什么样的研究

一、学习目的与要求

通过对本章的学习,了解学前教育研究方法的定义、性质和发展趋势;理解学前教育研究方法的创建与发展、任务与意义、研究对象与研究方法,初步形成对学前教育研究方法的整体认识;重点掌握学前教育研究及方法的基本内涵、学科性质、任务、作用,特别是研究方法体系;能够区别专业研究者的研究方法与幼儿园教师的研究方法的区别与联系,知道最适合幼儿园教师的方法类型;深刻理解研究对幼儿园教师专业发展的必要性以及幼儿园教师成为研究者的意义。

二、课程内容

(一) 研究方法类型下的幼儿园教师研究

1. 学前教育研究方法的界定

学前教育研究方法的含义;学前教育研究方法的学科性质。

2. 学前教育研究的特点

学前教育研究的研究对象、研究过程和研究内容;学前教育研究的学科性质、特点。

3. 研究层次及类型下的幼儿园教师研究

广义的研究方法体系;依据学前教育研究目的对学前教育研究的分类;从方法学角度对学前教育研究的分类。

4. 研究方法分类下的幼儿园教师研究

学前教育研究方法的分类方式;学前教育研究具体方法简介。

(二) 幼儿园教师适宜的研究方法

1. 学前教育研究方法的演进历程

直观思辨的经验化阶段;实证分析的自然科学化阶段;方法整合的多元化阶段。

2. 方法发展背景下学前教育研究方法的特点

学科研究方法的界线越来越模糊;学前教育研究方法论由二歧走向整合;学前教育研究技术的高度专业化;学前教育研究的生态学运动;学前教育行动研究的走向。

3. 不同发展阶段幼儿园教师适宜的研究方法

幼儿园教师入职初期适宜的研究方法;幼儿园教师职业中期适宜的研究方法;幼儿园教师职业后期适宜的研究方法。

(三) 研究促进幼儿园教师专业发展

1. 成为研究者是幼儿园教师专业成长的需要

幼儿园教师的专业成长。

2. 幼儿园教师应成为反思性实践者

反思性实践者的专业成长模式。

3. 幼儿园教师应成为行动研究者

行动研究是促进专业成长的最主要方式。

三、考核知识点与考核要求

（一）学前教育研究方法概述

识记：① 学前教育研究方法的定义；② 学前教育研究方法的学科性质；③ 学前教育研究方法的研究对象；④ 学前教育研究方法独立的年代与标志。

领会：① 学前教育研究方法的创建；② 学前教育研究方法的发展历程；③ 学前教育研究方法的发展趋势。

简单应用：① 学前教育研究方法的发展过程及其基本阶段；② 学前教育研究方法的基本任务；③ 学前教育研究方法的作用。

（二）学前教育研究方法

识记：① 观察法的定义；② 实验法的定义；③ 调查法的定义；④ 历史法的定义。

简单应用：① 实验法的应用；② 调查法的应用。

综合应用：① 观察法的应用；② 历史法的应用。

四、本章的重点和难点

本章的重点是理解学前教育研究方法的内涵，难点是对学前教育研究方法的灵活应用。

第二章　幼儿园教师的研究课题从哪里选择

一、学习目的与要求

通过对本章的学习，掌握研究问题与课题产生的过程，了解研究问题的分类；能够理解研究问题选择的目的指向和价值判断；学会从多种来源寻找问题、发现问题以及从表面问题提炼深度问题。

二、课程内容

（一）幼儿园教师如何确定研究课题

1. 问题的来源

关注幼儿园自身的保教问题；关注国内的保教问题；关注世界性的保教问题。

2. 研究问题的产生

研究问题产生的一般思维策略有两种，即变换角度思考与怀疑。

3. 研究问题产生的过程

研究问题产生的过程主要包括初步确定研究问题的大致范围，研究问题具体化，决定研究方法，撰写研究问题的论证报告。

4. 研究问题的类型

学前教育研究的问题比较复杂，为了能深入地把握各种研究问题的实质，一般根据各种分类的标准进行类别划分。常见的分类有：理论性研究问题与应用性研究问题，描述性问题、因果性问题和预测性问题。

（二）研究问题的目的指向与价值判断

1. 研究问题的目的指向

理论目的与实践目的;个人目的与社会目的。

2. 好的研究问题的价值判断

一般而言,好的研究问题具有以下几个基本的特征:研究问题是可行的、可通达的;研究问题是清楚的、明晰的;研究问题是有意义的、有价值的;研究问题是符合伦理道德的;研究问题有新颖性、创新性。

(三) 研究问题的陈述

1. 对研究问题陈述的要求

一般而言,对研究问题的陈述具有以下几个方面的要求:对提出的研究问题的陈述要简洁明了,并确定研究活动的关键内容;对研究问题的陈述一般涉及名词术语的界定和研究范围的限定两个问题;对研究问题的陈述可采用叙述或描述的形式,也可采用问题的形式。

2. 对研究问题陈述易犯的错误

初次进行教育研究者在陈述研究问题时是很容易犯错误的。在教育研究中常见的对研究问题陈述易犯的错误有两种:陈述含糊笼统,没有对重要的名词与术语进行界定;没有对研究范围做出限定,可能会导致研究结果的适用范围无限扩大。

三、 考核知识点与考核要求

(一) 幼儿园教师如何确定研究课题

识记:① 研究问题;② 问题的来源;③ 研究问题的类型。

领会:研究问题产生的一般思维策略和过程。

(二) 研究问题的目的指向与价值判断

领会:① 研究问题的目的指向;② 好的研究问题的价值判断。

简单应用:从多种来源寻找问题。

(三) 研究问题的陈述

领会:① 研究问题陈述的要求;② 研究问题陈述易犯的错误。

综合应用:研究问题的陈述。

四、 本章的重点和难点

本章的重点是研究课题的确定,难点是研究课题的目的指向和价值判断以及研究问题的陈述。

第三章　如何进行文献信息收集

一、 学习目的与要求

通过对本章的学习,了解文献积累的重要性以及阅读与写作的关系;理解不同分类标准下学前教育文献的类型,文献综述的内涵、类型与格式;熟悉文献检索的方法与过程以及文献综述撰写的步骤;掌握计算机检索的步骤;能围绕选定的问题进行文献检索并撰写文献综述。

二、 课程内容

(一) 幼儿园教师学习工作中的文献积累

文献积累的重要性以及阅读与写作的关系。

（二）学前教育文献的类型

1. 根据文献载体形式的类型划分

2. 根据文献编辑出版形式的类型划分

3. 根据文献内容加工程度的类型划分

（三）文献检索

1. 文献检索的过程

2. 文献检索的方法

3. 文献检索的途径

4. 文献查阅时易犯的错误

（四）如何写文献综述

1. 文献综述的内涵与意义

2. 文献综述的类型

3. 文献综述的步骤

4. 文献综述的格式与写法

5. 文献综述的注意事项

三、考核知识点与考核要求

（一）学前教育文献的类型

识记:① 学前教育文献根据文献载体形式的分类;② 学前教育文献根据编辑出版形式的分类;③ 学前教育文献根据内容加工程度的分类。

领会:一次文献、二次文献和三次文献的区别。

（二）文献检索

识记:① 文献检索的方法;② 文献检索的途径。

领会:① 文献检索的过程;② 计算机检索的步骤;③ 文献检索过程中易犯的错误。

综合应用:能采用多种方法围绕选定的研究问题进行文献检索。

（三）如何写文献综述

识记:① 文献综述的内涵;② 文献综述的类型及其含义;③ 文献综述的格式。

领会:① 文献综述的意义;② 文献综述的步骤;③ 文献综述的注意事项。

综合应用:能根据既定的研究问题撰写文献综述。

四、本章的重点和难点

本章的重点是文献检索的过程与方法,难点是文献综述的步骤、格式与写法。

第四章　如何设计研究方案

一、学习目的与要求

通过对本章的学习,理解研究设计的概念和分类,理解质性研究和量化研究设计选择的条件,掌握研究设计的基本过程,能够围绕一定的研究问题和研究假设撰写研究计划。

二、课程内容

（一）研究方案概述

1. 一般研究计划的写法
2. 学位论文或毕业设计中的研究计划
3. 申请立项课题论证报告的写作

（二）研究前的设计

1. 确定研究目标
2. 对研究问题性质的分析与判断
3. 研究设计类型选择
4. 研究动机的审视
5. 质性研究选择的条件
6. 量化研究选择的条件

（三）研究中的设计

1. 选定分析单位
2. 研究假设的建立
3. 概念的界定与操作化
4. 抽样设计

三、考核知识点与考核要求

（一）研究方案概述

领会:一般研究计划的内容。

综合应用:撰写研究计划。

（二）研究前的设计

识记:① 研究设计的类型;② 研究问题的性质;③ 研究设计类型的选择。

领会:① 选择研究问题的动机;② 质性研究与量化研究选择的条件。

（三）研究中的设计

识记:① 分析单位的情形;② 研究假设的分类;③ 研究假设的特点;④ 抽样设计及其类型。

领会:① 提出研究假设的具体方法;② 概念界定与操作化。

简单应用;概念操作化。

四、本章的重点和难点

本章的重点是研究设计的基本概念与问题,难点是研究计划的撰写。

第五章　如何进行观察研究

一、学习目的与要求

通过对本章的学习,了解观察研究类型、观察研究计划的制订;知道如何进行观察者培训,如何进入观察现场;学会田野笔记、轶事记录、日记描述、时间取样记录、事件取样记录、等级记录等观察记录方式的具体操作策略。

二、课程内容

（一）观察的类型

（二）观察前的准备

（三）观察的实施

1. 进入观察现场

2. 观察记录

三、考核知识点与考核要求

（一）观察的类型

识记:① 常见的定量观察记录的样式;② 常见的定性观察记录的样式。

领会:① 实验室观察与自然观察的区别;② 参与性观察的优点;③ 定量观察。

简单应用:举例说明什么是参与性观察。

综合应用:举例说明自然观察与实验室观察的区别。

（二）观察前的准备

识记:观察前准备工作的内容。

领会:① 要使得观察问题能有效地反映课题研究内容的策略;② 选择合适的观察方法的要素;③ 确定观察者意见一致与减少观察者效应的方法。

简单应用:学习界定观察问题或者关键概念的操作定义。

综合应用:学习制订观察计划。

（三）观察的实施

识记:① 定量观察与定性观察的概念;② 时间取样记录与事件取样记录的概念。

领会:① 定量观察与定性观察的区别;② 时间取样记录与事件取样记录的区别。

简单应用:结合观察问题,理解运用事件取样记录应明确的要求。

综合应用:结合时间取样记录方法,简要分析 FIAC 数据表。

四、本章的重点和难点

本章的重点是明确定量观察与定性观察的区别,并能掌握学前教育观察的基本步骤;难点是在理解时间取样与事件取样两种观察记录方法的基础上,初步学会两种观察记录方法的运用。

第六章　如何进行访谈研究

一、学习目的与要求

通过对本章的学习,了解访谈研究的概念、特点以及与日常谈话的区别,访谈研究的种类,访谈研究的一般设计程序、实施过程与技巧等;熟悉访谈研究的设计程序、实施过程与技巧;能开展访谈实践。

二、课程内容

（一）访谈研究概述

1. 访谈研究的概念

2. 访谈研究的特点

3. 访谈与日常谈话的区别

(二)访谈研究的类型

1. 结构性访谈和半结构性访谈
2. 直接访谈和间接访谈
3. 个别访谈和集体访谈
4. 一般访谈和特殊访谈
5. 一次性访谈和多次性访谈

(三)访谈研究的设计程序与实施技巧

1. 访谈研究的设计程序
2. 访谈的技巧

三、考核知识点与考核要求

(一)访谈研究概述

识记:① 访谈研究的概念;② 访谈研究的特点。

领会:访谈与日常谈话的区别。

(二)访谈研究的类型

识记:① 结构性访谈和半结构性访谈;② 直接访谈和间接访谈;③ 个别访谈和集体访谈;④ 一般访谈和特殊访谈;⑤ 一次性访谈和多次性访谈。

(三)访谈研究的设计程序与实施技巧

识记:访谈研究的设计程序。

领会:访谈的技巧。

综合应用:运用访谈的技巧,按照访谈程序进行访谈资料的收集。

四、本章的重点和难点

本章的重点是学前教育访谈研究的概念及分类,难点是访谈研究的设计程序与实施技巧。

第七章　如何进行问卷调查

一、学习目的与要求

通过对本章的学习,理解问卷调查的定义、基本特点和主要类型;熟悉选题的意义和原则、抽样的定义和方法;掌握问卷中的标题、说明信、指导语、个人背景信息、问题与选项、结束语等内容的编制;能根据问卷调查的需要综合运用不同的抽样方法;能在问卷调查实践中科学地发放和回收问卷。

二、课程内容

(一)问卷调查的含义

(二)问卷调查的基本特点

1. 问卷调查的优点
2. 问卷调查的局限

(三)问卷调查的主要类型

1. 开放型

2. 封闭型

3. 半开放型

4. 图画型

（四）问卷的编制

（五）问卷的抽样设计

1. 抽样的含义

2. 抽样的方法

（六）问卷的发放与回收

1. 问卷的发放

2. 问卷的回收

三、考核知识点与考核要求

（一）问卷调查的含义

识记:问卷调查的定义。

（二）问卷调查的基本特点

领会:① 问卷调查的优点;② 问卷调查的局限。

（三）问卷调查的主要类型

识记:开放型、封闭型、半开放型和图画型问卷调查的含义。

领会:开放型、封闭型、半开放型和图画型问卷调查的特征与优缺点。

（四）问卷的编制

领会:问卷中的标题、说明信、指导语、个人背景信息、问题与选项、结束语等内容的编制方法。

综合应用:能够设计一份完整的问卷。

（五）问卷的抽样设计

识记:抽样、简单随机抽样、系统随机抽样、分层随机抽样和整群随机抽样的定义。

领会:简单随机抽样、系统随机抽样、分层随机抽样和整群随机抽样的方法。

（六）问卷的发放与回收

领会:① 问卷发放的常见方法;② 问卷回收的注意事项。

综合应用:能够在问卷调查的实践中科学地发放和回收问卷。

四、本章的重点

本章的重点是问卷调查的概念、基本特点、设计要求和实施要领。

第八章　如何运用教育测量

一、学习目的与要求

通过对本章的学习,理解教育测量的基本概念、基本要素、四种水平与基本类型;熟悉学前教育工作与研究中常见的教育测验;掌握测验的各类评估标准;掌握教育测验的编制与实施过程;能尝试进行测验的编制、施测与项目分析。

二、 课程内容

（一）测量研究概述

1. 教育测量概述

教育测量的概念；测量与测验的区别；测量需要具备的四个基本要素。

2. 测量的四种水平

称名量表；顺序量表；等距量表；比率量表。

3. 测量的基本类型

4. 运用测量法应注意的几个问题

测量法的优点、缺点；运用测量法应注意的问题。

（二）测验的编制与实施

1. 测验的编制

测验编制的步骤；标准化测验应具备的基本特点。

2. 测验的实施

实施标准化测验的步骤。

（三）测验的评估标准

1. 信度

信度的概念；信度的类型；影响信度的主要因素。

2. 效度

效度的概念；效度的类型；信度与效度的关系。

3. 难度

难度的概念；难度的计算方法。

4. 区分度

区分度的概念；区分度的计算方法。

三、 考核知识点与考核要求

（一）测量研究概述

识记：① 教育测量的基本概念和四个要素；② 测量的四种水平；③ 测量的基本类型；④ 常见的智力测验；⑤ 常见的个性人格测验。

领会：① 测量与测验的区别；② 测量法的优点和缺点；③ 运用测量法时的注意要点。

（二）测验的编制与实施

识记：① 测验编制的步骤；② 测验实施的步骤。

领会：① 标准化测验的基本特点；② 对幼儿施测时的注意要点。

综合应用：能初步进行教育测验的编制与实施。

（三）测验的评估标准

识记：① 信度的内涵与类型；② 效度的内涵与类型；③ 难度的计算方法；④ 区分度的计算方法。

领会：① 影响信度的因素；② 信度与效度的关系。

综合应用：能进行测验的项目分析。

四、 本章的重点和难点

本章的重点是教育测量概述与测验的评估标准,难点是测验的编制与实施。

第九章　如何进行实验研究

一、 学习目的与要求

通过对本章的学习,理解学前教育实验的特点、实验变量的构成、学前教育实验的分类、实验变量的控制与操纵以及实验设计原则;熟悉实验设计的符号系统;掌握实验设计中的简单实验设计、准实验设计、前实验设计;能够将现实中的一些现象提炼成主题,建立假设,给出变量的操作性定义,设计合适的实验。

二、 课程内容

(一) 实验的概念

实验的概念;实验的特点。

(二) 实验的构成要素

(三) 实验的分类

(四) 实验的一般过程

学前教育实验的一般过程可分为三个阶段:① 准备阶段;② 实施阶段;③ 总结阶段。

(五) 实验设计的概念

实验设计的概念;实验设计应遵循的三条基本原则。

(六) 实验设计变量的选择与控制

(七) 实验设计的符号系统

(八) 准实验设计

1. 时间序列设计

2. 单一被试设计

(九) 真实验设计

简单实验设计的类型:等组后测设计,等组前后测设计,所罗门四组设计。

(十) 前实验设计

前实验设计的主要模式:单组后测设计,单组前后测设计,固定组比较设计。

三、 考核知识点与考核要求

(一) 学前教育实验概述

识记:① 学前教育实验的特点;② 学前教育实验的构成要素。

(二) 学前教育实验的分类与过程

识记:① 学前教育实验的分类;② 学前教育实验的一般过程。

(三) 幼儿园教师常用的实验设计

识记:① 实验设计的基本原则;② 无关变量的控制;③ 实验设计的符号系统。

领会:① 实验变量的选择与控制;② 基本的实验设计。

综合应用:能够将现实中的一些现象提炼成主题,建立假设,给出变量的操作性定义,设计合适的实验。

四、本章的重点和难点

本章的重点是学前教育实验概述以及学前教育实验的分类与过程，难点是学前教育实验的设计。

第十章　如何做教育行动研究

一、学习目的与要求

通过对本章的学习，理解教育行动研究的内涵、条件与基本特征；理解学前教育区域性行动研究的类型；熟悉教育行动研究的基本阶段；初步掌握幼儿园开展行动研究的基本原则；能够尝试开展学前教育行动研究。

二、课程内容

（一）教育行动研究的基本思想

1. 教育行动研究的内涵

教育行动研究的概念；教育行动研究的条件。

2. 教育行动研究的基本特征

3. 教育行动研究的基本阶段

教育行动研究的六个阶段：研究目的与问题的起始、计划、协同合作、行动、评价、报告。

（二）幼儿园教师开展行动研究概述

1. 学前教育区域性行动研究的类型

按研究模式分类；按研究内容分类；按研究层级分类；按组织方式分类；按沟通方式分类；按研究目标与结果分类；按研究成员的构成分类。

2. 幼儿园开展行动研究的基本原则

开展行动研究的循序渐进性；开展行动研究的协同性；开展行动研究的情境性；开展行动研究的生态性。

三、考核知识点与考核要求

（一）教育行动研究的基本思想

识记：教育行动研究的内涵。

领会：① 教育行动研究的条件；② 教育行动研究的基本特征；③ 教育行动研究的基本阶段。

（二）幼儿园教师开展行动研究概述

识记：学前教育区域性行动研究的类型。

领会：幼儿园开展行动研究的基本原则。

综合应用：能够尝试开展学前教育行动研究。

四、本章的重点和难点

本章的重点是教育行动研究的条件与特征，难点是教育行动研究的基本阶段。

第十一章 量化研究资料的整理与分析

一、 学习目的与要求

通过对本章的学习，理解量化资料归类整理的方法；理解量化资料的基本特征；理解量化资料相关与因果分析的方法。

二、 课程内容

（一）量化资料归类整理的方法

1. 统计表

统计表的概念；统计表的分类。

2. 统计图

统计图的概念；统计图的分类。

（二）量化资料的特征描述

1. 集中量数

集中量数是用于度量数据集中趋势的统计特征值。描述数据集中情况的统计特征值主要包括算术平均数、中数、众数、几何平均数、调和平均数、加权平均数。

2. 差异量数

差异量数是对于数据变异性即离中趋势进行度量的一组统计指标。常见的差异量数有标准差或方差、全距、四分差、平均差。

（三）量化资料相关与因果分析

1. 相关分析

相关分析的概念；相关分析的分类。

2. 回归分析

回归分析的概念；相关与回归的关系；回归线；回归方程。

三、 考核知识点与考核要求

（一）量化资料归类整理的方法

识记：各种统计图表的基本结构与类型。

领会：各种统计图表的区别。

（二）量化资料的特征描述

识记：① 集中量数的含义、性质和作用；② 差异量数的含义、性质和作用。

领会：① 集中量数的计算方法；② 差异量数的计算方法。

综合应用：能够尝试具体应用集中量数和差异量数。

（三）量化资料相关与因果分析

识记：① 相关分析的类别和含义；② 回归分析的原理。

领会：① 相关分析的意义和适用条件；② 回归方程的建立方法。

综合应用：能够尝试具体应用相关分析和回归分析。

四、 本章的重点和难点

本章重点是量化资料的集中量数和差异量数，难点是量化资料的相关分析和回归分析。

第十二章　质性研究资料的整理与分析

一、学习目的与要求

通过对本章的学习，了解质性研究资料的整理与分析，知道如何对质性研究资料进行分类与分析；了解撰写质性研究报告的一般技巧；了解质性研究资料的整理、分析与资料的收集以及结论的建立之间的关系。

二、课程内容

（一）什么是质性研究

（二）质性研究资料的整理步骤

（三）质性研究资料的分析步骤

（四）质性研究报告的成文结构与原则

1. 质性研究报告的成文结构

2. 质性研究报告的写作原则

（五）质性研究资料的分析技巧和思维方式

三、考核知识点与考核要求

（一）质性研究与质性研究资料

识记：质性研究的概念。

领会：质性研究资料的来源与收集形式。

（二）质性研究资料的整理步骤

识记：质性研究资料的整理步骤。

（三）质性研究资料的分析步骤

识记：① 质性研究资料初步分析的步骤；② 质性研究资料分类的方式；③ 质性研究中的理论。

领会：① 类属分析；② 情境分析；③ 本土概念；④ 扎根理论。

（四）质性研究报告的成文结构与原则

识记：质性研究报告的成文结构。

领会：质性研究报告的写作原则。

简单应用：尝试学习写质性研究报告。

（五）质性研究资料的分析技巧和思维方式

识记：① 质性研究资料归类分析操作技巧的种类；② 质性研究分析技巧的主要种类。

领会：① 结合实例理解画图表在质性研究资料分析中的作用；② 质性研究资料分析的思维方式的意义。

四、本章的重点和难点

本章的重点是知道质性研究的概念、质性研究资料整理与分析的步骤以及质性研究报告的成文原则，难点是领会类属分析、情境分析、本土概念、扎根理论的基本概念。

第十三章　幼儿园教师研究成果的表达

一、 学习目的与要求

通过对本章的学习，了解生活日志、教学感悟与教学论文的写作特点；掌握研究论文和研究报告的写作格式；理解研究论文和研究报告撰写的要求；能结合日常教学活动进行生活日志、教学感悟与教学论文的写作；能根据研究论文和研究报告的标准写作格式撰写教育研究论文和研究报告；能在研究论文和研究报告的撰写中领会研究论文和研究报告的写作技巧。

二、 课程内容

（一）基于教学实践的研究成果表达

生活日志、教学感悟与教学论文的写作特点。

（二）研究论文、研究报告的一般要求

（三）研究论文、研究报告的写作格式

1. 研究论文的概念
2. 研究论文的写作格式
3. 研究报告的概念
4. 研究报告的写作格式

（四）研究论文、研究报告的写作技巧

1. 研究论文的写作技巧
2. 研究报告的写作技巧

三、 考核知识点与考核要求

（一）基于教学实践的研究成果表达

识记：生活日志、教学感悟与教学论文的写作特点。

综合应用：能够结合日常教学活动进行生活日志、教学感悟与教学论文的写作。

（二）研究论文、研究报告的一般要求

识记：研究成果的两种表达形式：研究论文和研究报告。

领会：研究论文与研究报告的撰写要求。

（三）研究论文、研究报告的写作格式

识记：① 研究论文的写作格式；② 研究报告的写作格式。

领会：① 研究论文的写作技巧；② 研究报告的写作技巧。

综合应用：能够根据研究论文和研究报告的标准写作格式撰写教育研究论文和研究报告。

四、 本章的重点和难点

本章的重点是研究论文和研究报告的写作格式，难点是研究论文和研究报告的写作技巧。

Ⅳ　关于大纲的说明与考核实施要求

一、课程自学考试大纲的目的与作用

课程自学考试大纲是根据专业考试计划的要求，结合自学考试的特点而制定的，其目的是对个人自学、社会助学和课程考试命题进行指导和规定。

课程自学考试大纲明确了课程的内容及其深度和广度，规定了课程自学考试的范围和标准。因此，它是编写自学考试教材和辅导书的依据，是社会助学组织进行自学辅导的依据，是自学者学习教材、掌握课程内容、知识范围和程度的依据，也是进行自学考试命题的依据。

二、课程自学考试大纲与教材的关系

课程自学考试大纲是进行学习和考核的依据，教材是课程知识的载体，教材的内容包含了大纲所规定的课程内容和考核知识点并有所扩展。课程内容在教材中可以体现一定的深度或难度，但在大纲中对考核的要求一定要适当。

大纲与教材所体现的课程内容应基本一致。大纲里面的课程内容和考核知识点，教材里一般也要有；反过来，教材里有的内容，大纲里不一定都体现。

三、关于自学教材

《学前教育研究方法》，全国高等教育自学考试指导委员会组编，秦金亮主编，高等教育出版社，2023 年版。

四、关于自学要求和自学方法的指导

本大纲的课程基本要求是依据专业考试计划和专业培养目标而确定的。课程基本要求明确了课程的基本内容以及对基本内容掌握的程度，基本要求中的知识点构成了课程的主体部分。因此，课程基本内容掌握程度、课程考核知识点是高等教育自学考试的主要内容。

为了有效地指导个人自学和社会助学，本大纲已指明了课程的重点和难点，在各章节的考核要求中也指明了该章内容的重点和难点。

本课程共 6 个学分。

基于成人学习的特点，结合本专业和本课程的特点，建议自学者：

（一）系统学习与整体思考相结合

“学前教育研究方法”是一门理论性与应用性相结合的课程。自学者必须在全面系统学习基本概念的基础上，掌握基本原理、基本方法和基本技能。

首先，在了解学习原理和学前儿童学习特点的基础上，应系统掌握幼儿各类学习的基本原理与指导方法。

其次，在深刻理解教学与发展关系的基础上，应全面掌握幼儿教学指导的基本方式与策略，有效地设计和指导幼儿的游戏与教学活动。

最后，也是最为重要的是应理解幼儿各类学习与教学之间的联系，从中发现幼儿学习与教学指导的普遍性与特殊性。

（二）理论思考与实践反思相结合

“学前教育研究方法”也是一门偏向实践应用、社会科学与自然科学综合性高的学科。教材中大量的观察、调查、测量、实验、统计等研究方法与学前教育实践紧密相连,许多研究方法本身就是在学前教育研究实践中概括、提炼出来的。

为此,自学者必须联系学前教育研究实践,充分利用感性经验,把课程学习和学前教育研究实践有机结合起来。我们倡导学习研究方法要“做中学”,如果条件可能,还可以根据教材中介绍的研究方法,选择一些课题进行验证性、探索性研究,把课题研究与方法学习有机结合起来。研究方法学习与课题研究、学前教育实践同步化、一体化进行,不仅有助于自学者全面深刻地掌握课程内容,而且有利于培养自学者的科研能力和方法修养。

五、 应考指导

(一) 如何学习

科学的学习计划和正确的学习方法是学习成功的法宝。如果你正在接受助学,一定要紧跟课程进度并且完成相关作业。为了在考试中给出满意的解答,你必须对所学课程内容有深入的理解和必要的记忆。为此,建议:

1. 使用“行动计划表”来监控学习进展,有效利用学习时间,提高学习效率。

2. 做好“学习笔记”,在仔细阅读教材的基础上,归纳出学习重点和难点,尽可能用自己的语言把教材的知识点进行系统概述,在加深记忆的同时培养语言表达能力;适度扩展学习范围,借助网络查阅一些相关资料,在深入理解教材的同时培养学习能力。

(二) 如何考试

1. 卷面整洁非常重要。书写要工整,段落与间距要合理,卷面赏心悦目有助于教师评分,因为教师只能为他能看清楚的内容打分。

2. 不要答非所问。要回答试题所问的问题,而不是回答你自己乐意回答的问题,避免超过问题的范围。

六、 对社会助学的建议

社会助学是利用社会资源提高自学效率、减轻自学者学习压力的一种有效方式。为了提高社会助学的质量,本课程建议安排 22~28 个助学学时。

(一) 正确处理考试大纲与教材的关系

社会助学者应全面把握考试大纲规定的考试内容和考核目标,系统钻研教材,明确本课程的学科特点和学习要求,对自习者进行切实可行的辅导,集中精力,准确讲解重点和难点,对相关心理学和教育学知识要进行必要的补充,帮助自学者快速突破难点,有效把握重点,避免自学中的误区或偏向。

(二) 正确处理基础知识和应用能力的关系

在自学辅导过程中应努力引导自学者将知识识记、原理理解与方法应用有机结合起来,把基础知识和基本原理转化为应用能力。准确识记是深刻理解的前提,方法应用则是检验识记准确性和理解深刻性的一种有效方式。

(三) 正确处理重点和一般的关系

课程内容有重点和一般之分,但考试内容是全面的。重点与一般是相对而言的,二者之间有着密切的关系,难以绝对分开。社会助学者应引导自学者全面、系统地钻研教材，掌握全部考试内容和考核知识点，在此基础上根据大纲规定的学习重点反复钻研。相应地，这对社会助学者也提出了较高的要求。如果自学者缺乏相关的学科知识，那么必然难以迅速把握本学科的特点，这就需要社会助学者的“指点迷津”。

七、对考核内容的说明

1. 本课程要求考生学习和掌握的知识点内容都作为考核的内容。课程中各章的内容均由若干知识点组成，在自学考试中成为考核知识点。因此，课程自学考试大纲中所规定的考试内容是以分解为考核知识点的方式给出的。由于各知识点在课程中的地位、作用以及知识自身的特点不同，自学考试对知识点分别按四个认知层次确定其考核要求。

2. 在考试之日的6个月前，由全国人民代表大会和国务院颁布或修订的法律、法规都将列入相应课程的考试范围。凡大纲、教材内容与现行不符的，应以现行法律、法规为准。命题时也会对我国经济建设和科技文化发展的重大方针政策的变化给予体现。

八、关于考试命题的若干规定

1. 本课程的考试方式为闭卷笔试，考试时间为150分钟。

2. 本大纲各章所规定的基本要求、知识点及其细目均属考试的内容，考试命题既要覆盖到章，又要避免面面俱到。要突出课程的重点、章节的重点，加大重点的覆盖度。

3. 命题不应超出本课程考试大纲中的考核知识点范围，考核目标不得高于考试大纲中所规定的最高能力层次的要求。命题应着重考核自学者对基本概念、基本知识和基本理论是否了解或掌握，对基本方法是否会用或熟练运用。不应出与基本要求不符的偏题或怪题。

4. 本课程在试卷中对不同能力层次要求的分数比例大致为：识记占20%，领会占30%，简单性应用占30%，综合性应用占20%。

5. 要合理安排试题的难易程度，试题难易程度可以划分为：易、较易、较难和难四个等级。每份试卷中各难度等级试题的比例一般为：2 : 3 : 3 : 2。

6. 本课程考试命题的主要题型一般包括：单项选择题、名词解释题、简答题、论述题和案例分析题等。

在命题工作中必须按照本课程考试大纲中所规定的题型命制，考试试卷使用的题型可以减少，但不能超出本课程考试大纲对题型的规定。

附录　题型举例

一、单项选择题（在备选答案中只有一个答案是正确的，将其选出，并把它的标号填在题干的括号里）

下列不属于质性研究资料分析的思维方式的是（　　）。

A. 比较　　B. 分类　　C. 分析　　D. 猜测

二、名词解释（各章的核心概念）

结构性访谈

三、简答题（各章重要的知识点）

简述访谈研究的一般程序。

四、论述题（各章重要的基本原理）

试论述参与式观察的优点。

五、案例分析题（各章的重要原理）

李笑笑是一位幼儿园教师，入职时进了一所经济开发区新办的中心幼儿园，该幼儿园教师紧缺，班容量大，工作高速运转，李笑笑日常被琐事忙得晕头晕脑。不觉间15年过去了，李笑笑要评高级职称，她的教学功底还不错，被评为市教坛新秀，但她参评高级职称还需要研究课题和论文。同事们告诉她，评高级职称的论文写作主要依靠文笔和写作技巧，有论文就能申请到课题。

根据这一事例回答下列问题：

① 幼儿教师写作论文主要靠文笔吗？申请课题靠论文吗？

② 工作缠身能否做研究？如何把工作与研究结合起来？

③ 分析李笑笑入职后没有做专业研究的意识的原因。

后　记

《学前教育研究方法自学考试大纲》是根据全国高等教育自学考试学前教育专业（专升本）考试计划要求编写的。2014 年 5 月全国考委教育类专业委员会召开审稿会议，对本大纲进行讨论评审，修改后，经主审复审定稿，研究生高孝品、方莹协助主编进行各章校对。

本大纲由浙江师范大学秦金亮教授等编写，由内蒙古师范大学邢利娅教授主审，北京师范大学张燕教授和首都师范大学刘昊副教授参加审稿并提出改进意见。

本大纲编审人员付出了辛勤劳动，特此表示感谢。

全国高等教育自学考试指导委员会
教育类专业委员会
2015 年 2 月

全国高等教育自学考试指定教材

学前教育研究方法

全国高等教育自学考试指导委员会　组编

编者的话

在学前教育专业发展激荡的当下，没有人再怀疑幼儿园教师能不能做研究。然而，幼儿园教师能做什么研究？什么研究才是幼儿园教师最擅长的？通过什么研究才真正有利于幼儿园教师的专业发展？什么研究是其他研究者无法替代幼儿园教师的研究？这些都是国际学前教育学界近年来深入讨论的热门话题。我们教学团队在“学前教育研究方法”课程中是较早去掉“科学”二字的教学共同体。经过10余年的努力，逐步形成了面向培养幼儿园教师的“幼儿教师学做研究”本科生课程教学体系。我们的基本立场是，研究是做出来的，研究方法需要“做中学”，幼儿园教师应该做其能形成优势的研究。单纯的教是教不出研究作品的，教科书、专著中的那些原则、方法只有在做的过程中、在自己参加研究的过程中才能鲜活起来、生动起来；通过做研究、通过研究体验才有可能辨识他人著述、他人研究的真伪。我们的做法也影响了相关院校，这次《学前教育研究方法》自考教材的编写就吸收了全国相关同行参与，并将普通高等教育的教学经验推向自学考试。

本次修订，各章编写分工如下：秦金亮（第一、二、四、八、十一、十三章），吕耀坚（第五、十二章），秦元东（第三、十章），王静梅（第六章），孙莉（第七、九章）。

在本书的修订和定稿过程中，得到了内蒙古师范大学邢利娅教授、北京师范大学张燕教授和首都师范大学刘昊副教授的指导和中肯建议，同时得到了全国考委教育类专业委员会秘书长赵宏老师的帮助，在此一并表示衷心的感谢！

编　者

2023年5月

微视频：学前教育研究方法知识体系

第一章 幼儿园教师应做什么样的研究

学习章节与目标

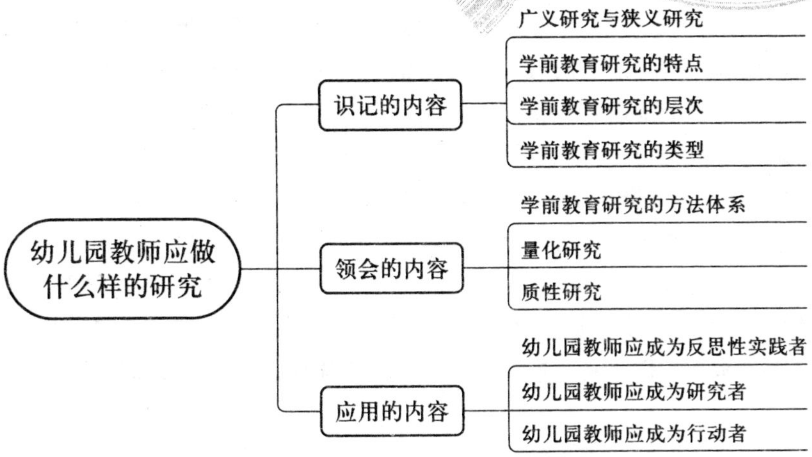

幼儿园教师应做什么样的研究
- 识记的内容
  - 广义研究与狭义研究
  - 学前教育研究的特点
  - 学前教育研究的层次
  - 学前教育研究的类型
- 领会的内容
  - 学前教育研究的方法体系
  - 量化研究
  - 质性研究
- 应用的内容
  - 幼儿园教师应成为反思性实践者
  - 幼儿园教师应成为研究者
  - 幼儿园教师应成为行动者

建议学时

6学时。

老师导学

"学前教育研究方法"是学前教育专业学生和幼儿园教师继续教育必修的课程,"研究与反思"是幼儿园教师的专业核心能力。学前教育研究方法课程不仅可以帮助幼儿园教师获得系统的知识体系,更重要的是通过研究实践、研究性练习可以培养其研究能力。一名幼儿园教师认识自己的教学行为和理解学前教育现象是重要的,而以系统的方法认识和理解学前教育现象正是学前教育研究方法的主要功能之一。

本章讲述了三个方面的内容:一是从广义研究与狭义研究的概念出发,揭示方法类型下幼儿园教师的研究类型,并系统呈现了学前教育研究方法体系的全貌,梳理学前教育研究方法的知识谱系。二是从方法演进的历史,分析了幼儿园教师最适宜的研究方法。三是阐述了角色转变后的反思型教师应具有的研究方法素养。我们将共同分享这些新的理念。

学习者在自学时,首先应理解广义与狭义研究的内涵,学前教育研究的特点,研究方法的层次、类型体系;其次,历史地理解学前教育研究方法体系,清楚幼儿园教师适宜的研究方法;最后要重点领会研究对幼儿园教师专业发展的意义,研究素养是教师素养的重要组成部分。

人们对学术研究的普遍看法是,学术研究是专业科学研究,是追求真理、探求规律的研究,幼儿园教师不具有从事专业科学研究的知识基础与相应的研究能力。学前教育的科学研究需用实验、调查、观察等更专业的研究方法开展研究,幼儿园教师很难具备这些条件开展研究,因而,学术研究只能是专业研究工作者的事业。

学前教育学是应用性很强的实践性学科。学前教育学既要研究学前教育中普遍的规律性问题,更要研究幼儿与教师真实情境中的问题,幼儿园教师还要研究现场真实的教与学的问题。在新的教师专业发展浪潮中,幼儿园教师应特别研究自身和同伴的教育教学问题,通过研究教育教学中的问题,获得问题敏感意识,寻求最佳的问题解决途径,提升专业反思能力,促进专业发展。

学前教育研究应树立一种广义教育研究的意识,要有广阔的胸怀接纳多元化的教育研究范式,不应是专业研究者的专利。学前教育研究既需要专业的学术性基础研究,更需要实践性研究,幼儿园教师恰好能把工作研究与学术研究有机地结合起来。

指向专业化的学术研究与指向工作的实践性研究二者并不矛盾。学术研究已形成基本的研究规范、研究术语、研究专业刊物,因而具有更强的专业性、规则性、通约性,其研究成果表达也形成了基本的格式构架、行文风格、规范要求,因而具有更强的公共性。指向工作的实践性研究成果,其主要阅读对象是教师自己、同伴及其他教学共同体,研究的对象也以自身和同伴为主,表达不需要严格规范,因而具有更强的特殊性、私人性。然而随着叙事研究、行动研究等研究范式的兴起,学术研究与实践研究的界限越来越模糊,学术研究的规则性、刻板性在降低,实践研究的规范性、公共性在增强。

第一节　研究方法类型下的幼儿园教师研究

一、 方法类型下的广义与狭义研究

看到“研究”一词我们容易产生刻板印象,头脑中浮现的是科学家在实验的情景或在写字台前握笔思索的情景,这是狭义的“研究”,把研究理解为专业人员(科学家、教授、研究员等)从事的学术性活动,这种活动通常有高的准入要求,有严格的规范、程序、标准及专业训练成长途径。但在日常生活中我们常能听到或看到这样的话语,“这个问题我们需要研究研究”“这个小朋友值得研究”“先研究清楚,再下结论”“家长纠纷会后再找主班老师研究”……在这些日常话语中,研究者与合作者、同事间对某些具体事务的商讨、思考、议论、审思、决议、专研、探求,是人们一般的理性思考,是解决问题的探究活动,这就是广义的“研究”。苏霍姆林斯基也强调教师的研究不同于科学家的研究,他说:“这里谈的并不是严格意义上所指的那种科学研究工作。一个教师可能在创造性地进行工作,但他并不从事那种从研究事实中引出科学结论的意义上所说的研究。我们在这里所指的是研究一些这样的问题,这些问题虽然在教育科学上已获得解决,但是当一个创造性地工作的教师一旦成为理论和实践之间的中介人,这些问题就经常以新的方式出现在他的面前。这里说的是在我们的工作中由于其性质本身而有必要进行的那种创造性研究。这种研究能丰富教师集体的精神生活。”①苏霍姆林斯基认为教师不是做基础性的、发现一般科学事实与规律的研究,而是研究那些情境性的、具有实际意义的问题。

进一步说,研究是一个连续体,是一个从问题商讨、审思、问题解决到科学研究的连续体,如图 1-1 所示。

二、 学前教育研究的特点

同一般的教育研究相比,学前教育研究有如下的特点:

---

① 苏霍姆林斯基著,杜殿坤编译:《给教师的建议》,教育科学出版社,1984 年版,第 507-508 页。

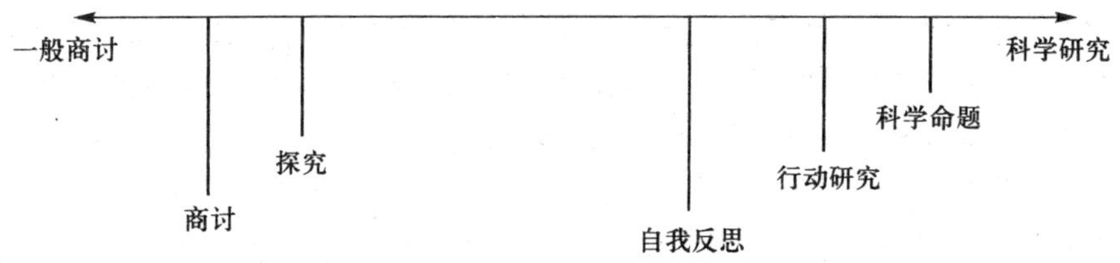

图 1-1 教师研究的连续体特征

从研究对象看，学前教育研究的对象是学前教育现象，特别是学前儿童。儿童并非小大人，而是有着自身的身心发展规律与特点的，如身心未完全成熟，正处于迅速发展之中，心理由不随意性向有意性发展，思维具有直觉行动性和具体形象性特征，晚期开始出现抽象逻辑思维的萌芽；在幼儿阶段，儿童有好动、情绪冲动性大、易受外界影响、自制力差等特点，还有语言表达能力和理解能力低等特点，学前教育研究要适合幼儿这一研究对象的特点，采用适宜方法，才能获得真实客观的结论。

从研究过程看，学前教育研究是理解学前教育现象及规律的认识过程，以揭示和发现学前教育领域内各种现象的客观规律，研究学前教育科学的知识体系为目的，进而用于指导学前教育实践，改进学前教育内容和方法，提高学前教育质量，更好地促进学前儿童发展。

从研究的内容看，最狭义的学前教育研究视野是幼儿园里幼儿的行为活动和幼儿园教师的行为活动。幼儿园的教学与一般学校教学的最大区别在于：幼儿园的教学不能以系统地传授科学文化知识为目的，而是以儿童生活经验的获得与提升为目的。幼儿园教师如何将人类生活的经验转化为被幼儿理解和同化的幼儿个人生活经验，这是一个世界性的难题，幼儿园教师要应对这一难题，既需要多学科的综合知识，同时更需要掌握认识现实中每个幼儿自身特征与生活经验的策略手段，这对幼儿园教师的综合素质是一个严峻的挑战。幼儿园教师职业岗位不是任何人都能胜任的，这是社会生活中人们误解幼儿园教师的最关键方面。广义的学前教育研究视野除了包括托幼机构中的所有教育现象外，还应包括家庭、社区、国家、社会关涉学前教育的经济、政治、文化、制度、思想、观念、行为方式等方面，包括 3 岁以前的婴幼儿、新生儿、胎儿等所有的教育问题。因此，学前教育研究的内容广泛而深刻，既有宏观又有微观，既有基础性又有应用性，既有社会性又有个体性。

从研究的学科性质看，学前教育不单纯是一门应用性学科，它注重研究作为一种社会现象的早期儿童教育。在进行学前教育研究时，涉及与儿童发展学科的关系。应当认识到，学前教育与儿童发展是两门既存在密切联系又相对独立的学科，二者各有其特殊性。前者属社会科学，研究作为社会现象的学前教育问题；后者则属于自然科学、社会科学的跨界学科，研究儿童的个体生理与心理现象、儿童生理与心理发生发展的特点与规律。但在研究实践中，二者又紧密关联，表现为：① 学前教育研究要依据儿童发展学科提供的规律，探讨如何促进幼儿的发展问题，同时现代社会的儿童发展总是在教育条件下的发展；② 学前教育研究需要探索学前教育过程中的知识和价值观念等的教育现象，这些教育现象常常需通过对人的心理行为现象的观察和分析来研究其发展变化，或检验其效果，因而需借鉴吸收有关的儿童研究理论和方法；③ 有时在一项研究课题中,既有研究儿童发展的成分,又有研究教育的成分,如有关儿童数概念的发展与数学教育问题的研究。由此可以看出,儿童总是在教育中发展、在发展中教育。学前教育研究在重视其理论价值的同时,更应重视其应用价值,解决学前教育实践中迫切需要解决的问题。学前教育研究特别需要注重对各种教育条件、影响因素等方面的考察,回答教育应当“怎么做”的问题,即通过研究提供有效的教育措施和环境条件,注重研究如何对幼儿实施有效的教育教学,促进其各方面协调发展,促进教育质量的全面提高。

学前教育研究的特点就决定了学前教育研究方法的特殊性,一方面区别于一般成人和大龄儿童所表现出来的教育现象,学前教育研究需要特殊的研究方法,需要用一些特殊的观察、测量、实验等手段,探索学前教育情境中的各种教育现象;另一方面,它同其他的教育研究一样具有一定的综合性,需要多种方法的整合研究。学前教育研究方法是教育学科的一个分支,同时又是教育研究方法的一个组成部分。

三、 研究层次、类型下的幼儿园教师研究

(一) 学前教育研究的方法体系

广义的研究方法体系包括三个层次,即方法论、一般方法和具体研究方法。

学前教育研究方法的最高层次为方法论。方法论主要探讨研究的基本前提假设、逻辑、原则、规则、程序等问题,它是指导研究的一般思想方法,马克思主义哲学是统领意义的方法论。教育研究方法论从总体来说受反映时代精神的哲学本体论、哲学知识论、哲学价值论的制约,这些哲学思想为人们认识自然界和人类社会生活的最一般规律提供方法论原理,被认为是“全部科学研究之母”。马克思主义哲学即辩证唯物论与历史唯物论,是科学的世界观和方法论,为我们正确认识教育现象提供了指导思想和理论基础。辩证唯物论与历史唯物论的基本内容是:世界统一于物质;事物是普遍联系的多样化的统一;运动是事物的基本属性;事物的发展是历史与逻辑的统一;实践是主客观对立统一的基础。学前教育研究必须以马克思主义哲学为指导。

一般方法是指一般科学方法,是介于哲学方法论与具体研究方法之间的系统科学(包括系统论、信息论、控制论及耗散结构论、突变论、协同论等系统理论),具有跨学科的性质,是现代科学即自然科学与社会人文科学发展综合的结果。它所提供的一系列原理原则,如整体系统性原理、有序原理、动态原理、反馈原理等是科学思维方法与认识的手段,是将哲学方法论的辩证唯物论原理在科学研究中的具体化,因而具有现代科学研究共同的一般方法论性质。

具体研究方法即适合于特定学科的专门的研究方法或技术手段。它是在科学实践中产生和发展起来的,是科学思维方式的实践与应用,是针对各学科及其研究对象的特点而采取的特定的行为方式和研究方法的总和。如自然科学的主要研究方法是观察法、实验法;社会科学、人文科学更多采用社会调查法、个案研究等。随着学科的发展,各学科产生分化与综合渗透,一些学科需综合运用自然科学与社会科学的研究方法。具体研究方法还包括研究技术手段,如统计、测量等。

广义的学前教育研究方法就是指以上三个层次既相互区别又紧密联系的整个方法体系。狭义的学前教育研究方法指科研中解决问题的具体方法和手段。本书侧重于介绍狭义的学前教育研究方法。尽管如此,研究工作者一定要明了,具体研究方法

的运用必须以科学的认识论和一般方法为指导，即以马克思主义辩证唯物论与历史唯物论和系统科学方法为指导，才能使研究工作健康进行，从而获得对教育现象的客观、真实、全面的认识。

（二）学前教育研究的类型

依据学前教育研究的目的，学前教育研究可划分为基础研究、应用研究、开发研究、评价研究和行动研究五种类型，这些研究类型有的是在探求学前教育领域中的真理性问题，有的是在解决学前教育领域中的实际问题，有的是在为学前教育提供物化产品，有的是在为学前教育现象作出价值判断，有的是在深入学前教育一线协同工作人员改进工作。

1. 基础研究

基础研究属于纯科学研究或学术研究，注重于一般知识、普通原理和原则的建立。基础研究的目的在于认识未知，发现普遍规律，形成和发展教育基本理论。基础研究虽然不解决具体问题或特定问题，不能够"拿来就用"，但它能够对教育实际工作提供带有普遍性的指导。例如皮亚杰的"儿童发展阶段论"就是属于教育研究中有关儿童发展基本理论的探讨，它对学前教育依据儿童发展规律施教具有普遍的指导意义。

2. 应用研究

应用研究是运用基础研究得出的一般原理、原则，针对某个具体实际问题深入考察某一局部领域的特殊规律，其特点是将一般原理情境化、具体化，提出具有较强针对性的应用理论和方法。应用研究的研究目的在于解决实际问题。例如，"促进幼儿早期阅读研究"就是运用儿童符号认知的一般规律，提出促进幼儿早期阅读能力发展的具体方法。

3. 开发研究

开发研究是根据学前教育基础研究和应用研究的成果，为学前教育实际工作者提供能够直接运用的教育产品。开发研究也是学前教育的一项重要内容，它具有可实际操作的特点，即"拿来就用"。此类研究对研究结果的使用做出了具体明确的规定，提供操作化的产品，可以使产品广泛而普遍地得到推广，并且能够方便地运用到教育实践之中。例如，研究者在对集中识字或分散识字进行应用研究的基础上，将成果编成教材、音像材料等，为使用者提供"按图索骥""照章行事"的方便。又如，通过实验研究，探索和设计适合儿童生理、心理特点，符合教学原则需要的玩具、教具、教学设备设施等。此外，对民族、民间游戏和玩具的教育价值加以探索和开发，使其便于就地取材、继承传统、广泛运用，也是开发研究的一个重要选题。开发研究是将教育思想、观点、原理等物化在教育产品中，同时提供操作程序与教育技术策略等，所以，开发研究的产品具有能够直接面向教育实践服务的特点。

4. 评价研究

评价研究是对学前教育机构、课程、教育计划方案等的价值做出评定判断而展开的研究，是为政策分析和决策提供依据的一种重要研究手段。评价研究包括获取信息、赋值判断、制定决策三个要素，研究的目的在于收集能够帮助做好决策的资料信息。评价研究可以分为形成性评价研究和终结性评价研究。前者是对过程的评价，常常是当事人通过自我评价从而促进其各方面的改善，后者主要是依靠其他有关人员对评价对象的某一方面做出考核鉴定。把评价作为一种研究类型来看待,这是当前教育研究发展的需要。

5. 行动研究

行动研究是学前教育研究者深入幼儿园或其他社会托幼机构,以改进实际工作的一种研究方式,通常是幼儿园教师及管理人员针对自己工作中遇到的实际问题而进行的研究,其目的不在于建立理论,而在于系统地、科学地解决实际问题。行动研究的特点体现在三个方面:① 研究主体为幼儿园教师或其他学前教育实践工作者,研究方式适合其工作实际;② 研究的问题具有直接针对性,而且可以即时运用于实践工作的改进;③ 通过研究可以促进幼儿园教师教育观念的转变和教育技能的提高,增强科学育儿的自觉性。行动研究作为教育科学研究的一种类型,具有非正规性特点,是将改革行动与研究工作相结合,"在行动中研究,在研究中提高",重在为教育教学改革服务。

教育研究的这五种类型中,从行动研究到基础研究是从非正规向正规化递增,其应用的即时价值呈递减倾向,而在理论上的长远价值则呈递增状态。换言之,就认识未知的发展理论来看,基础研究的意义较大;如从针对实际解决具体问题的角度而言,则行动研究更直接、更迅捷。当然,五种类型的划分是相对的,虽有层次性,但又体现了连续性或衔接性。一般地,无论何种课题均可在不同层次上展开,任何研究均需注重在各个层次上的渐次递进、不断深化。同时应注意将正规研究与非正规研究结合,一方面要通过研究形成和发展理论,另一方面又需要在研究中推广理论,改革教育实际。应注重发挥各类研究的优势,使学前教育研究繁荣兴旺。

(三) 量化研究与质性研究

从方法学角度看,学前教育研究有两大类型,即量化研究与质性研究。量化研究也称为定量研究,是指用数字对教育现象加以量的表示;质性研究也称为定性研究,是指以文字、图片对教育现象作描述。

量化研究的理论基础是实证主义。实证主义认为社会现象是客观存在,不受主观价值因素影响的;主体可以通过对一套工具的操作而获得对客体的认识;事物内部和事物之间必然存在着逻辑关系,对事物的研究就是要找到这些关系。量化研究的基本过程是:研究者事先建立假设并确定具有因果关系的各种变量;然后使用某些经过检测的工具对这些变量进行测量和分析,从而验证研究者预定的假设。这种方法的重要前提是:研究对象不依赖于研究者而独立存在;事物本身具有内在固定的、可以重复发生的规律;事物的量化维度可以用来计算事物的"质"。

质性研究的理论基础是解释主义。解释主义认为,人们看待事物的方式决定了事物的性质;主体和客体不是截然分离的,主体对客体的认识实际上是主体在和客体的互动关系中对客体的重新构建。因此解释主义强调研究者要深入到研究现场,和被研究者一起生活、工作,了解和关心他们,同时对自己所使用的方法进行反省,注意自己和被研究者的关系对研究的影响。质性研究的基本过程包括:确定研究现象、陈述研究目的、提出研究问题、了解研究背景、构建概念框架、抽样、收集材料、分析材料、做出结论、建立理论、撰写研究报告等。质性研究的目的不是通过对样本的研究找到一个可以推广的普遍规律,而是对社会现象进行深入细致的研究,再现其本质,从而为处于类似情境的人和事起到一种观照作用,通过认同而达到推广。质性研究特别强调对研究过程的报道和讨论，这有助于读者了解研究过程，从而对研究的可靠性做出自己的判断。

量化研究与质性研究的对比如表 1-1 所示。

表 1-1　量化研究与质性研究对比

类型	量化研究	质性研究
性质不同	量化研究是指先规定收集资料的方法（多用量表、测验、调查、问卷、实验等方式），通过数字资料来研究现象的因果关系	质性研究是以研究者本人作为研究工具，在自然情境下，采用多种资料收集方法（访谈、观察、实物分析等），对研究现象进行深入的整体性探究，从原始资料中形成结论和理论，通过与研究对象互动，对其行为和意义建构获得解释性理解的一种活动
研究的目的不同	量化研究的目的是预测和控制。这种方法主要用来描述变量，检测变量间的关系，决定变量间的因果关系，可用于验证理论	质性研究的目的在于描述和理解，是用系统的、互动的、主观的方法来描述生活经验，并赋予一定的意义，强调对研究对象有重要意义的观点和事实，而不是对研究者有重要意义的结果。质性研究着重探索现象的深度、丰富性和复杂性，有助于发现新知识
结果呈现方式不同	量化研究的结果以数字资料为主，强调统计分析的正确性、数据的准确性和客观性	质性研究以叙述性的文字报告结果，将提炼的各个类别或主题内容描述出来。注重从参与者的自身感受出发来描述，常引用研究对象的原话，以支持类别或主题的内容
数据分析模式不同	量化研究采用统计方法进行，较为固定、结构化，结果较为科学严谨，处理方法是数据统计	质性研究的设计经常需要灵活、即兴，由研究者本人分析，处理方法是内容分析法
抽样方法不同	量化研究要求样本量大、随机性强	质性研究的样本选择常常是随机的、目的性强的，并且样本量较小
联系	值得注意的是，质性研究并不是理论思辨、个人见解或经验总结，质性研究和量化研究都坚守实证主义的立场，都强调以“事实资料”为基础，所以在学习的过程中不能把质性研究与量化研究对立起来	

四、方法分类下的幼儿园教师研究

（一）学前教育具体方法的分类方式

学前教育研究的方法是多种多样的，可以从不同角度，根据不同的分类依据，对方法进行分类。

依据研究有无控制性，将方法分为两类，即经验法与实验法。如英国 J.D.尼斯比特在其《教育研究法》一书中，依据对变量有无人为控制，将研究分为经验法与实验法。经验法是通过对实践活动中的具体情况，进行归纳与分析，使之系统化、理论化，上升为经验的一种方法。所谓经验，是指由于某种知识或技能往往凭借个人或团体的特定条件与机遇而获得的，带有偶然性和特殊性的一面，因此，经验并非一定是科学的。实验法是指有目的地严格控制或创设一定条件，人为地引起或改变某种现象并加以记录的研究方法，主要有实验室实验法和自然实验法两种。

依据研究场所的不同，将方法分为自然研究和实验室研究。自然研究是指在日常生活中随自然进程进行的研究；实验室研究则是在人为创造的实验情境下的研究。

依据研究所描述的状态，将方法分为三类，即历史法、描述法和实验法。历史法是研究过去的状况；描述法是研究现在的状况；实验法是说明预测未来的状况。

另外还有依据收集事实材料的途径，将方法分为历史法（或文献法）、观察法、调查法、实验法。如陈震东先生对学前教育研究方法的分类即是如此。

方法的划分是相对的而非绝对的，并且有交叉重叠的情况。特别是在实际的教育研究中，由于教育现象总是错综复杂的，进行学前教育研究，在大多数情况下需要将几种方法综合运用，才能有效地解决问题。这里为了便于学习者理解和掌握各种方法的特点，我们主要从材料收集的角度对各种常用方法做简要介绍。

（二）学前教育研究具体方法简介

1. 历史法或文献法

历史法或文献法亦称资料研究法，是通过分析、研究人类过去丰富的教育实践和教育思想，来认识教育以及教育思想发展的规律性。它是以研究过去的历史事实为对象，即前人或同代人已经发生的并已取得一定研究成果且形成文字的教育现象为对象，主要手段是查阅文献资料。这种方法可用于研究某一历史阶段的教育发展状况，或研究某个教育家、教育流派的思想、理论观点等。历史法需在广泛吸取前人（或同代人）已有的知识的基础之上，加以吸收消化，进而利用和创新，研究目的在于对当前的教育实践和研究提供有益的启示和指导。它既是一种独特的教育研究方法，同时又是任何科学研究所必需的步骤和条件。正是通过对资料的研究分析，研究者才得以确定研究课题与方向。例如，对老解放区保教工作的研究，对陶行知先生学前教育思想的研究等。

2. 观察法

观察法是学前教育研究的基本方法，指的是研究者有目的、有计划地对所要研究的对象做周密的观察，同时要求客观、详细地记录，根据对观察结果的分析，找出规律性的东西。科学观察不同于日常生活中的一般观察，后者是自发和偶然的，而科学的观察则有一定的研究目的或研究方向。科学观察的优点在于：占有第一手材料，研究者要亲身深入研究现场，对所要研究的对象或现象做实地观察，直接、客观地了解其现状，特别是显露于外的行为表现；研究对象或现象处于自然状态中，表现较真实，研究方法比较便利易行。观察法的特征是以教育现象的自然发展过程为对象，通过直接的观察来收集实际情况的材料，感性认识强。

学前教育研究中运用观察法也存在着不足，即研究者需等待所要研究的现象的出现，比较被动；因其不能改变对象的活动条件，往往只能观察到表面现象，不易深入事物的本质，探明因果关系。另外，运用观察法时研究范围和规模通常比较小。

3. 调查法

调查法是通过各种方式和手段，有目的、有计划地周密地了解教育工作中某一方面的现实状况，弄清存在的问题或成绩及其可能的原因，通过调查到的大量事实，概括出教育的规律性,探求发展趋向的一种研究方法。调查法亦称间接观察法,是学前教育研究中运用最为广泛的一种研究方法。

我们可以将调查法与其他研究方法加以比较,从而更好地认识它的特点。它与历史法相比,历史法是以研究过去的历史事实为对象,调查法则以研究当前的事实为对象;与观察法相比,观察法是研究者亲身深入研究现场或实地,对所要研究的现象做直接观察,获得第一手材料,调查法则往往是通过问卷、访谈等方式,收集反映研究对象或现象的材料,往往是第二手材料,这样,调查法研究范围相对要广泛得多,而且材料的收集比较快捷;与实验法相比,实验法需对研究对象或现象加以一定的人工控制,调查法则不加控制,是在自然进程中进行的,因而比较便利易行,但一般不易提示教育内部各因素的因果关系。可以将调查法看作是在自然进程中运用间接方法考察教育现状的一种学前教育研究方法。

教育史上最早的一项调查是美国的赖斯于 1892 年做的关于“小学生拼写练习的调查”。赖斯把美国小学生每天花在拼写练习上的平均时间和每所学校学生的拼写成绩等资料收集起来加以分析,结果发现,小学生的拼写成绩与拼写所花的时间并无联系。

当前,学前教育研究中运用调查法的例子比比皆是,如“4 岁幼儿自我服务能力的调查”“家长教养观念与教育行为的调查”“幼儿园教师职业价值观的调查”等。

4. 实验法

实验法是根据研究目的,有计划地改变或创造一定的条件,观察、记录、测定与此相伴随的现象的变化,从而进行分析研究,确定条件与现象之间因果关系的方法。

教育实验是一种经过特别安排的,适应并控制研究对象,以便在最有利的条件下确定某种教育、教学的内容或途径手段的研究方法。运用教育实验的主要目的在于确定某一教育影响与其结果之间的因果关系,或是检验某教育理论或假设是否成立及其实际效果。开展教育实验研究,研究者需根据自己所提出的目的,创造或改变必要的条件,以便引起或改变某种现象。研究过程中要突出某一实验因素的影响,同时排除另一些无关因素的干扰,保证实验工作顺利进行,并获得准确的结果。例如,有教师研究“音乐对幼儿午睡作用的探索”,其实验设计是:① 幼儿午睡时不播放音乐 14 天,观察记录幼儿的睡眠情况;② 幼儿午睡时播放摇篮曲 14 天,同时做观察记录,然后对比前后两个阶段幼儿睡眠的效果。这里的实验因素为是否播放摇篮曲。在实验过程中,对前后两个阶段的其他睡眠环境条件做严格控制,教师的语言、态度等也要做到基本一致,从而排除无关因素的干扰。即在其他条件基本一致的情况下,观察播放摇篮曲对幼儿睡眠的影响。又如,有人根据幼儿园实践的需要,提出“坚持每天 2 小时户外活动是否会提高幼儿体质”的研究课题,通过实验,得到结果。

实验法因其能够控制条件,有计划地改变实验因素,观测由此产生的结果,因而有助于探明事物变化的因果关系。实验法对于教育科学向着精确化方向发展,具有很大的优越性,然而教育现象是错综复杂的,影响教育效果的因素很多,不易做到完全地控制实验条件,要简化实验因素,突出单一因子,排除干扰是比较困难的。同时,过于人为的实验脱离真实生活的情境,所得结果不能完全说明问题,也不易推而广之。学前教育实验往往是在日常生活情境下进行的,即采用自然实验法。

以上简要介绍了学前教育研究的几种常用的收集资料的方法。方法的划分是相对的,有交叉重叠的情况。一般地说,不同的研究目的、对象适用于不同的方式,无所谓此高彼低,此优彼劣。进行学前教育研究应根据研究任务,选择适宜方法,收集能够反映所研究对象或现象的客观真实材料。研究还需综合运用各种方法,以便全面了解情况,获得准确可靠的结果。

(三)本书的基本结构

学前教育研究过程由六个环节组成,即:① 选择研究问题;② 查阅文献;③ 研究设计;④ 收集资料;⑤ 整理分析资料;⑥ 成果表达与评价。这六个环节又大致可分为三个阶段,本书知识内容的组织就是按照这样的结构展开的,其基本框架如表 1-2 所示。

表 1-2 本书知识内容的基本框架

选定研究问题	已有研究的实践基础 查阅文献资料	形成假设或理论构想 制订研究计划
实施研究并收集整理资料	测量研究 实验研究 调查研究 观察研究 文献研究 历史考证研究	整理分析数据资料 (量化研究资料) (质性研究资料)
成果表达与评价	形成研究结论 评价研究成果	对资料事实的认识 扩展修正已有的认识 形成新的理论

第二节 幼儿园教师适宜的研究方法

一、学前教育研究方法的演进历程

纵观学前教育研究方法的发展历史,我们可以把学前教育研究方法的演进历程划分为三个阶段。

1. 直观思辨的经验化阶段

这一阶段的学前教育研究处于未分化或独立状态,人们对儿童及其教育缺乏科学观念,凭经验和直觉臆断来了解学前教育现象。受启蒙运动的影响,一些进步的思想家开始提出尊重儿童、发展儿童天性、遵循儿童成长的自然法则等口号。该阶段的时间跨度为文艺复兴到 19 世纪前半叶。

2. 实证分析的自然科学化阶段

随着科学技术的发展,特别是教育学、心理学、生理学等母体学科的成熟,学前教育学步入了实证分析的科学化阶段,其重要的标志是普莱尔的系统现象实验法、梅伊曼的学前教育实验法、比奈的儿童智力测验等。20 世纪初受行为主义为代表的科学主义思潮的影响,学前教育研究走上了追求自然科学化的道路,将实验法、测量法作为最科学的方法加以推崇。

3. 方法整合的多元化阶段

19 世纪后半叶学前教育研究者逐步发现自然科学研究走向的实验法、测量法并不能解决所有问题，科学主义研究范式下的研究方法存在诸多弊端，如只重事实不重价值，只重准确不讲有效，只讲程序不问意义，因而以高扬人文精神的质性研究很快形成了强劲势头，并逐步实现了多元方法的融合。特别是受行动、研究方法生态学运动的推动，目前多元方法整合已深入人心。

二、 方法发展背景下学前教育研究方法的特点

学前教育研究方法的进步是同整个科学研究方法的进步紧密相关的。20 世纪 80 年代以来，科学研究方法在思维方式上发生了根本性的转变，科学技术的日新月异也为学前教育研究方法提供了操作平台。现代学前教育研究方法具有如下特点：

1. 学科研究方法的界线越来越模糊

"某种研究方法属于某门学科"的观念已经淡出研究者的思考框架。这是因为学科研究的高度分化又出现了高度整合，在学前教育领域中如儿童的生理、心理、行为、社会、文化的发展问题都统整在"儿童发展"的视野下。学前教育研究方法的自然科学界线与社会科学界线也越来越模糊。

2. 学前教育研究方法论由二歧走向整合

学前教育研究方法论同一般的教育研究方法论一样，由科学精神与人文精神的对立，走向两种精神的相互融通。著名教育方法学者克瑞斯沃尔在其《教育与社会科学研究方法——一种整合的趋向》一书中提出了"量化研究与质性研究是研究链环中的连续体"这一精辟论断。在克瑞斯沃尔的研究连续体中，参与观察为连续体的一极，真实验研究为连续体的另一极，中间为访谈、问卷、准实验、测量等研究方法。克瑞斯沃尔认为各方法之间不存在绝对的界线，如真实验研究与准实验研究之间就有中间地带，参与观察与客观观察之间也有中间地带，问卷法与测量法之间也没有绝对的界线。克瑞斯沃尔的研究方法连续体观打破了机械主义的方法割裂观。

3. 学前教育研究技术的高度专业化

从近几年欧美等国学前教育的相关文献看，研究手段与技术出现高度专业化的趋势。主要表现为：统计技术更加依赖于统计软件包的专业化，SPSS、SAS、LISREL、Multilevel Analysis 等软件的功能很强大，但需专门化学习。目前质性研究资料的分析整理也有系统化的软件包，常见的有：Nvivo、HyperCard、HyperRESEARCH、Storyspace、cVideo 等，这些软件包的基本功能包括：文字处理、资料存储、文本查询、资料管理，特殊功能有：编码功能、提取功能、规则建立功能、逻辑分析功能、建构概念网络功能、图像微分析功能等。受认知神经科学的强大推动，儿童发展领域的"发展认知神经科学"正以强大的发展势头广泛影响儿童发展领域的思维观念，这一领域除了实验设计技术的高度专门化外，儿童神经加工的测定技术更为专门化，如专供儿童脑功能测定的 ERP 技术、fMRI 技术、PET 技术、NIRS 技术等。

4. 学前教育研究的生态学运动

生态学是 19 世纪末在生物学中兴起的一门分支学科，它研究生物的生存条件及生物与其生存环境之间的相互关系，探索有机体与环境之间相互作用的规律。从生态学的观点看，儿童是在真实的自然和社会情境中成长起来的，其心理行为的发展受多

种因素的影响，这些因素之间又是相互作用、相互影响的，是一个完整的系统。儿童发展的水平、特点和行为的变化，都是这个系统中各因素综合起作用的结果。美国著名人类学家和心理学家布伦芬·布伦纳在《人类发展生态学》中指出，儿童的生存环境是一个庞大的生态体系，包括微观环境、中间系统、外部系统与宏观的大系统，人处于整个生态系统的中心。微观环境是指人直接参与其间的环境；中间系统是指由多个（可能有的）微观环境同时存在且相互联系而形成的新的系统；中间系统的外层为外部系统，发展中的个体往往不直接参与，它是通过各渠道对个体产生影响的；最外层为宏观系统，是指大的社会文化背景，前面的所有系统均处于这个大的背景中。人的发展就是在这种层层重叠的系统影响下进行的。随着儿童的成长发展，微观环境会发生变化，当个体进入新环境时，就称“生态变迁”。儿童发展的生态环境以微观环境和中间系统最为直接，如家庭、幼儿园等。

近年来，学前教育研究者正在试图吸取自然研究方法与实验控制方法的优点，将二者结合起来，在一种创造的“自然的环境”中进行研究，或是以自然的方式将某些因素控制起来，而不是对被试加以人为的控制。研究者发现，以这种创造出来的“自然”环境的策略来检验理论和假设，可能是最有效的。这就是研究的“生态学运动”的具体表现方式，出现了现场研究、取样研究（包括时间取样和事件取样）等不同的类型。现场研究指研究者深入到事情发生的真实环境，进入现场，有时需成为参与者，与被试生活在一起，在此过程中进行研究。“夏令营中儿童集体形成的过程和集体内部关系的研究”就是现场研究的一个典型实例。研究者创设了一个真实生活的情境——夏令营活动，作为儿童行为发生的背景，参加夏令营的孩子们互不相识。研究者对被试及其生活场景以及相互作用的各种条件和活动进行了控制。如，创造条件——以竞赛来增强组间的紧张关系和发生敌意的可能性；又如，设置缺水的困境等，造成或引起组间敌意的缓解或消除——全体儿童（或两组儿童）必须共同努力实现一系列目标，克服困境。时间取样和事件取样方法是在自然情境下，对行为及其发生的时间、场所等加以限定、控制，并提高记录的技术策略，从而观察研究儿童某些特定的行为。

生态化运动表明，随着研究的进展和不断深入，人们意识到，研究工作要从实验室情境走向现实环境，研究分析儿童的真实行为，才能有助于揭示规律，建立和发展理论。否则，其理论是值得怀疑的。生态化运动使学前教育研究在方法上出现的变化是将实验与自然方法结合起来，将具有人为因素的实验控制应用于自然环境之中，注重内部效度与外部效度的统一，强调研究情境必须是自然的，提高研究的真实性、适用性和可推广性，同时研究本身又是严格的，结果是准确而可靠的，这就是研究的“生态效度”。

5. 学前教育的行动研究走向

行动研究的目的不在发现规律，探索真理，而是解决学前教育实践面临的实际问题，促进幼儿园教师的专业成长。其作用详见本章第三节，其特点和操作方式详见本书第十章。

三、不同发展阶段幼儿园教师适宜的研究方法

这是一个比较复杂的问题，也是幼儿园教师专业发展必须解决的问题。其复杂的原因在于，研究方法本身是一个不断发展的过程，如一些客观观察方法、量化统计方

法、软件质性分析方法，幼儿园教师在过去是不可能习得的，随着信息技术的发展，现在学习非常方便；更重要的是，幼儿园教师本身的专业成长有一个过程，正常情况下一名幼儿园教师的成长周期是35年，不同阶段其对研究方法的需求是不同的。在入职初期，直观化、情境化、个性化的研究方法对其很直接、实用，最适宜；在职中需要更精细化、系统化、规范化的研究方法；在职业后期需要统领性、协同性、方法论意义的研究方法。此外，每个教师所处的条件不同、幼儿园情境不同、自身在幼儿园的角色地位不同，其研究方法的适切性也不同。

下面从入职初期、中期、后期给出幼儿园教师大致适宜的研究方法：

幼儿园教师入职初期适宜的研究方法是：自然观察、生活观察、田野观察、工作日志记录、轶事记录、谈话法、沟通法、个案研究、单一被试实验、行动研究等。

幼儿园教师中期适宜的研究方法是：客观观察、时间取样记录、事件取样记录、访谈法、深度访谈法、焦点访谈法、简单问卷法、纵向个案研究、跨个案研究、小样本被试研究、准实验性行动研究、协同行动研究等。

幼儿园教师后期适宜的研究方法是：精细化深度观察、全息录像记录、眼动记录、综合访谈法、深度访谈法、团体访谈法、复杂问卷法、长程纵向个案研究、复杂实验研究、追踪实验研究、协同行动研究等。

总之，适宜的研究方法在过程中追寻，上述研究方法将在后续具体章节中展开。

第三节　研究促进幼儿园教师专业发展

一、成为研究者是幼儿园教师专业成长的需要

教师专业化发展是20世纪80年代以来的世界性潮流。教师专业化的实质是教师应与律师、医生、职业经理等专业化人士的专业能力一样，应该具备相应的专业能力。20世纪80年代以来，“教师成为研究者”的观念深入人心，这种观念来自“专业人员即研究者”的启示，其基本假设是教师有能力对自己的教育行动加以省思、研究和改进，提出最贴切的改进建议。目前人们几乎把“教师成为研究者”当作教师专业化的同义语，而是否具有较强的教育研究能力，又成为区分一个教师是专业教师还是非专业教师的根本标志。从斯滕豪斯的“教师成为研究者”到埃利奥特的“教师成为行动研究者”，再到凯米斯等人的“教师成为解放性行动研究者”，可以看出社会对教师专业研究能力的要求在不断提升。

现代教师职业是一种要求从业者具有较高的专业知识、技能和修养的专业。从职业的特征来看，教师职业离成熟专业的标准还有一定差距，教师职业是一个“形成中的专业”，教师专业化是一个不断深化的历程。在教师专业化的进程中，从追求教师职业的专业地位和权利，到重心转向教师的专业发展，20世纪80年代出现了一个转折。20世纪80年代以来，教师的专业发展成为教师专业化的方向和主题。人们越来越认识到，提高教师专业地位的有效途径是不断改善教师的专业教育，从而促进教师的专业发展。只有不断提高教师的专业水平，才能使教学工作成为受人尊敬的一种专业，成为具有较高的社会地位的一种专业。

教师教育是对教师培养和教师培训的统称，是指在终身教育思想指导下，按照教

师专业发展的不同阶段，对教师职前培养、职初培训和在职研修做通盘考虑、整体设计。教师教育专业包括学科专业和教育专业，通过改革教师教育，促进教师专业发展，提高教师的专业化水平。如今世界许多发达国家已彻底改变过去只有师范学校或大学培养师资的单一型的师资培养模式，使教师教育在综合大学或师范院校联合培养的空间下整合学术性和师范性，师范生可以接受到与其他专业的学生相同的四年大学文理基础知识和学科专业知识教育，使其学术水平不低于其他专业的学生，同时又能在此基础上接受一个相对独立和集中（1~2 年）的教育科学方面的专业训练，将学术性与师范性结合起来，教师教育的专业化也相应提到与文、理、工、商等专业并驾齐驱的地位。未来的教师专业化发展，有赖于深化教师教育机构尤其是师范院校的课程改革，提高教师的专业素养和适应能力；有赖于改革和加强高等师范院校的德育工作，提高教师的专业道德水平和专业精神修养；有赖于构建完善的预备教师专业实习制度，提高教师的专业技能；有赖于贯彻终身教育思想，实现教师教育一体化，保持教师教育的一贯性和统一性；有赖于优化配置教育资源，推进教师教育多元化，提高教师教育的效益与质量，千方百计提高教师的专业训练与专业发展水平。所有这些都与教师作为一个研究者的素养紧密相关。

二、幼儿园教师应成为反思性实践者

从已有的研究和经验事实看，教师的专业属性特征正在由技术熟练者走向反思性实践者。1983 年舍恩在《反思性实践——专家是如何思考的》一书中提出了从“技术熟练者”到“反思性实践者”的专家形象转变。在舍恩看来，传统的以“技术理性”为支撑的“技术熟练者”的教师教育培养模式正逐渐崩溃，取而代之的是以“行动者”为支撑的“反思性实践者”的教师教育培养模式。技术熟练者的专业成长以熟练的技术为根本，教师职业相关领域的科学知识与技术是基于教育学与心理学的科学原理与技术，其教育实践是以教育学、心理学的原理与技术的合理利用为特征的，因而教师教育课程的开发是围绕确定相关的理论、原理、技术等的知识基础，并加以组织而展开的。教师要像研究机构的研究人员那样开展研究，通常需要系统的专业训练，更重要的是，这些纯学术化的研究对教师真正的专业成长没有太大的益处。这样的教育研究很容易脱离教师的教学实际，且一般教师很难达到这一要求。

反思性实践者的专业成长模式把教师职业视为在复杂情境下从事复杂问题解决的社会实践领域。反思，一般是指行为主体立足于自我以外批判地考察自己的行为及其情境的能力。教师的反思是指教师在教育教学实践中，以自我行为表现及其行为依据的“换位”解析和修正，进而不断提高自身教育教学效能和素养的过程。其主要特征，一是实践性，是指教师教学效能的提高是在其具体的实践操作中获得的；二是针对性，是指教师对自我“现行的”行为观念的解剖分析；三是反省性，是指教师对于自身实践方式和情境立足于自我以外的多视角、多层次的思考，是教师自觉意识和能力的体现；四是时效性，是指教师对当下存在的非理性行为和观念的及时觉察、纠偏、矫正和完善，这可以缩短教师成长的周期；五是过程性，一方面指具体的反思是一个过程，要经过意识期、思索期和修正期，另一方面是指教师的整个职业成长要经过长期不懈的自我修炼，才能成为一个专家型教师。

单就教师的知识结构而言，教师的反思意义在于它着眼于教师知识结构中的实践性知识的获得、拥有和改善,反对和批判传统教师培养模式中只注重对教师的一般性知识的传授,如对公共知识、本体性知识、条件性知识的占有和相应学历的提高。已有的研究表明,教师的本体性知识与学生的成绩之间几乎不存在统计上的关系,并非本体性知识越多越好。同时,条件性知识也只有在具体的实践情境中才能发挥功效。要提高教师的教育教学效能,更为重要的是实践性知识——这是一种教师在面临实现有目的的行为中所具有的课堂情境知识及与之相关的知识。而这类知识的获得,因为其特有的个体性、情境性、开放性和探索性特征,要求教师通过自身实践的反思和训练才能得到和确认,而不是靠他人的给予。诚如考尔德希德所言:“成功的有效率的教师倾向于主动地创造性地反思他们事业中的重要事情,包括他们的教育目的、课堂环境,以及他们自己的职业能力”,“反思被广泛地看作教师职业发展的决定性因素”。美国心理学家波斯纳提出了教师成长的公式:成长=经验+反思。相反,如果一个教师仅仅满足于获得经验而不对经验进行深入的思考,那么即使是有 20 年的教学经验,也许只是一年工作的 20 次重复,除非他善于从经验反思中吸取教益,否则就不可能有什么改进,只能停留在一个新手型教师的水准上。

反思性实践者模式主张教师的专业能力在于主体根据参与的复杂情境来选择、判断、反思、审查,并进一步获得实践性智慧。在这种模式中教师的专业形象是反思性实践者,其专业能力不停留于制度化的科学技术、理论知识和技能上,而是以视角融合的方式对问题情境进行反思,形成合理判断问题情境的机制。反思性实践者的实践性认识由五个部分构成:① 活动过程中对缄默知识的认识;② 活动过程的反思;③ 情境中的对话;④ 关于活动过程的认识与省思的反思;⑤ 与情境的反思性对话。在反思性实践者模式中,实践认识与实践主体的成长是一体的。日本学者研究发现,反思性实践者所形成的实践性思维有五个特点:① 应对时刻变化的即兴思维;② 对于问题情境的主体式的感性的探究式参与;③ 问题表象的多维参照;④ 问题表象与解决中的背景化思考;⑤ 实践过程中问题的不断建构与再建构。可见反思性实践者的实践不是现成的原理与技术的运用,而是通过这种经验与反思形成实践性知识与智慧。反思性实践者所形成的实践性知识与智慧不仅来源于活动过程中的认识、审查、反思,而且在反思的同时,通过实践背景重新解读理论概念与原理,进而形成了他们在专业领域中有效发挥作用的特有的实践知识与智慧。

三、幼儿园教师应成为行动研究者

反思性实践者获得的实践知识与实践智慧需要在行动研究的平台上予以实现。行动研究不是一种具体的方法,而是一种研究策略或称研究的思维方式,它是教师学做研究,促进专业成长的最主要方式。这是因为,一方面在行动研究中教师需要整合多种方法进行研究,另一方面在行动研究中解决的是教师教学与管理中遇到的实际问题,因而行动研究对作为反思性实践者的教师来说具有更好的适切性。

首先,行动研究是针对教师在课堂上遇到的实际问题展开的。一般研究多着眼于理论层面,而行动研究则着眼于实际的教学问题,以改进实际教学和解决实际问题为研究目的。其次,行动研究的结果是一些能改进教学问题的新做法。教师通过系统地搜集证据,寻找出哪些才是有效的解决方案。值得一提的是,研究虽然是针对教师遇到的问题,但这并不表明他们是问题教师;相反,优秀的教师才会不断改进自己的教学行为。因此，行动研究不单是知识的增长，还意味着教师专业水平的提升。事实上，在行动研究中，教师要采取某些教学策略行动来改善问题，就像一项研究假设。教学行动旨在探讨能否有效地改善现存问题，教学其实是研究的一部分。换句话说，行动研究是一种教学方式，在这种方式下，教学和研究二者是不可分割的。学者的研究往往在教学策略和学习效果之间寻找出一定规律，而教师只需跟从这些学者的建议，使用某种教学策略，便会有某种效果。行动研究教与学的复杂性在于，教师需要辨识身处的教学情况，收集证据，从教学中反思，探讨对策，改善教与学。因此，行动研究不但不会削弱教师的判断，反而是赋权给教师，增强教师的判断能力，从而做出更理想、更有效的教学决策。有人认为行动研究只是一线教师的一些个案研究，方法欠严谨，无法做规律性概括，这种对个案研究的见解是不妥当的，因为研究能否有一般结论不取决于撰写报告的研究者，而是由读者来判断的。换句话说，其他教师在阅读研究报告时若能有所启发，反思现状，从而触发他们去正视自身的教学问题，这些个案研究便十分有用。在行动研究中最重要的，不是严谨，而是教师有没有对教学反思，寻找证据去帮助了解现状，从而做出适切的判断，改善教学实践。进行行动研究的教师会抱着务实而怀疑的态度，怀疑是因为他们不相信什么翻天覆地的伟大变革，务实是因为他们愿意一试："我会验证这是否可行""我会探讨哪种策略奏效"。他们一方面对伟大理论抱怀疑态度，另一方面亦会从实际考虑其可行性。我们所需要的，正是这些相信能从实证中寻求变化的反思型教师。唯有此，教师的专业成长才是真正可行的。

思考题

一、选择题

1. 学前教育研究方法的层次有（　　）。

A. 方法概论　　B. 方法论

C. 一般方法　　D. 具体研究方法

2. 下面属于幼儿园教师反思特征的有（　　）。

A. 过程性　　B. 实践性

C. 针对性　　D. 反省性

3. 学前教育实验法的开创者是（　　）。

A. 普莱尔　　B. 梅伊曼

C. 比奈　　D. 莱布尼茨

4. 儿童脑功能成像研究的技术有（　　）。

A. ERP 技术　　B. fMRI 技术

C. PET 技术　　D. NIRS 技术

5. 学前教育量化研究常用的统计软件有（　　）。

A. SPSS　　B. SAS

C. LISREL　　D. Multilevel Analysis

二、名词解释

1. 广义研究　　2. 狭义研究　　3. 方法论

4. 一般方法　　5. 具体研究方法　　6. 基础研究

7. 应用研究　　8. 开发研究　　9. 质性研究

10. 量化研究

三、简答题

1. 学前教育研究过程由哪六个环节组成?
2. 学前教育研究技术专业化表现在哪些方面?
3. 简述质性研究的特点。
4. 简述量化研究的特点。
5. 简述基础研究的特点。
6. 简述应用研究的特点。

四、论述题

1. 试述学前教育研究方法的演进。
2. 为什么说幼儿园教师可以成为行动研究者?
3. 为什么说成为研究者是幼儿园教师专业成长的需要?
4. 试述学前教育研究的特点。
5. 试述学前教育行动研究的特点。

五、案例分析题

李笑笑是一位幼儿园教师,入职时进了一所经济开发区新办的中心幼儿园,该幼儿园教师紧缺,班容量大,工作高速运转,李笑笑日常被琐事忙得晕头晕脑。不觉间15年过去了,李笑笑要评高级职称,她的教学功底还不错,被评为市教坛新秀,但高级职称需要研究课题和论文。同事们告诉她,评职称的论文需要的是文笔和写作技巧,有论文就能申请到课题。

根据这一事例回答下列问题:

① 论文写作主要靠文笔吗?申请课题靠论文吗?

② 工作缠身能否做研究?如何把工作与研究结合起来?

③ 分析李笑笑入职后没有做专业研究的意识的原因。

第二章　幼儿园教师的研究课题从哪里选择

学习章节与目标

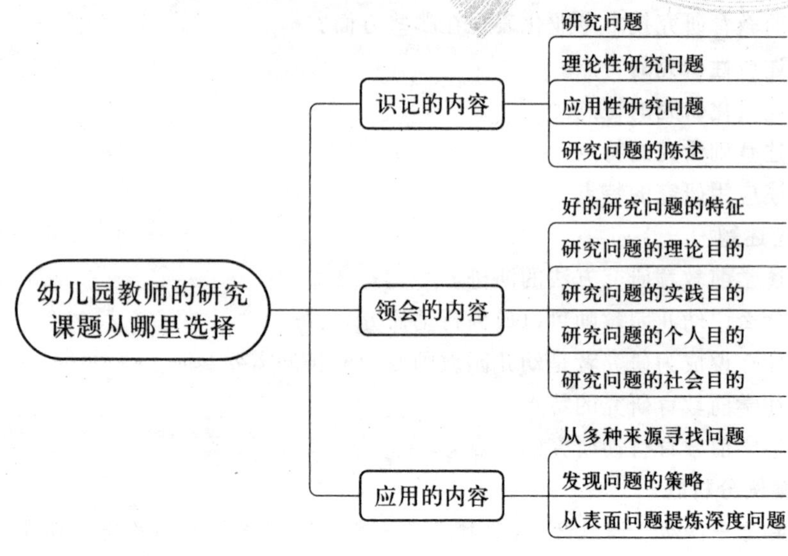

建议学时

6 课时。

老师导学

本章主要有三个方面的内容：一是确定研究课题，明确研究问题的来源、研究问题产生的过程、研究问题的类型；二是研究问题的目的指向与价值判断，理解各类问题的目的指向和好问题的价值判断标准；三是研究问题的陈述方式，理解问题发现与问题表达的内在关联。研究问题从关注、发现、深度挖掘、系统总结、精确表达是一个过程，问题的陈述不仅是“言是否达意”，也是思维方式的自然流露。

学习者在自学时，首先，应理解研究问题的产生同生活、工作、读文献紧密相连；其次，多角度理解研究问题目的的多元性和差异性，好问题的不同价值判断；最后，了解问题陈述的话语分析和思维方式分析。

研究人员具体从事某项教育科学研究时，一般要思考两个问题，即研究什么和怎样研究。前者是指研究课题，是研究的先决条件；后者是在科学研究中解决问题。在实际研究工作当中，研究课题常常被表述为研究问题。本章主要探讨研究课题的产生、类型、特点、意义以及课题的陈述等问题。

第一节　幼儿园教师如何确定研究课题

研究课题涉及研究者关注的领域，想改善的条件，想克服的困难以及想回答的问题等。当面对一些处于无序状态的问题时，许多人可能会束手无策，无从下手。因此，如何发现研究问题？如何从问题堆里剥离需要研究的课题？这是首先需要解决的问题，是研究工作的起点。

一、 问题的来源与课题的产生过程

（一）问题的来源

课题可以从人们发现不太满意或未解决的任何事情、某种困难、某种需要改变的态度、任何运转不理想的事物等发展而来。问题的存在是研究课题产生的根本。从问题普遍性与涉及范围大小考虑，可以通过以下三个层面探讨问题的来源。

1. 关注幼儿园自身的保教问题

幼儿教师做课题的根本立足点应该是本园，甚至本班的教育与养护问题。幼儿园与教师身边存在的各类问题、困难与积累的经验往往就是课题生成的源泉。

幼儿园自身发展中由来已久的困难与缺点。教育中的“两难问题”，如个性发展与集体意识形成，幼儿主体与教师主体的定位，幼儿兴趣与活动常规，幼儿园向社区开放与经费、管理的矛盾等。对于这些两难问题，不可能有现成的模式照搬，幼儿园教师可以结合幼儿园或者班级的实际情况进行研究予以解决。

幼儿园当前面临的突出问题。这类问题往往与幼儿园现实发展密切联系，也与时代的发展相关联。像目前幼儿园的改制问题，幼儿园教师的专业成长问题，幼儿园教师的待遇问题，幼儿园的规模化发展问题，等等，这些都是目前幼儿园发展过程中亟待解决的问题。

幼儿园与教师自身的定位问题。由于幼儿园在整个教育管理层级当中的性质、类型的不同而处于不同的位置，每个幼儿园在长期的发展过程中都会有意无意地积累一些经验、思想观念、行为方式。从教师的个体成长过程来看，同样也会有自己的发展目标、轨迹与积累。所以，在确定幼儿园和教师个体的研究问题时，应该对这类问题进行必要的分析，把握幼儿园、教师的定位，使得问题选择具有针对性。

幼儿园与教师已有的成功的经验。对已有的经验进行总结、分析并探讨可能存在的规律、检验某种经验与教育教学和管理效果之间是否有必然的联系，都是一些较好的研究发现。当然，进行这些方面的研究，幼儿园、教师都应该注重平时的积累。经验是研究问题生成的一个重要条件。

总之，幼儿园、教师、儿童的许多问题和特征都会隐藏在一日活动与日常生活当中。诸如幼儿园课程，幼儿园与家庭之间的关系，幼儿园与社区之间的关系，一般儿童的发展，教材、教法、教具，午睡问题，儿童的常规行为，区角活动创设，特殊儿童，就餐习惯等，凡是有关幼儿园的一日活动各环节的问题都应该是教师要关注并且可能产生研究问题的地方。在突出幼儿园基本问题的同时，学会向外辐射是幼儿园教师寻找研究问题的基本思路。

2. 关注国内保教热点问题

对国内保教问题的关注应该立足现状，回顾历史，展望未来。现在我国整体教育正处于改革与高速发展时期，基础教育改革的力度前所未有。随着《幼儿园教育指导纲要（试行）》的颁布与实施，学前教育领域对教育与保教的研究的重视程度明显提高。在这样的氛围下，幼儿教师的视角应该放在哪里，寻求怎样的课题做研究显得尤为重要。

目前，我国学前教育课题研究主要有事业发展、儿童发展、政策研究、幼儿教师专业成长、教育家教育思想研究、课程建构研究（包括园本课程研究、游戏理论与实践研究）等。由于各地的地域特征、教师研究能力、经济发展等方面的不平衡，导致各地幼儿教育研究水平落差比较大。但各地也都取得了一些研究成果。如上海第四轮课改的课程领导力研究、走向户外自主游戏探索,浙江安吉游戏经验,山东利津游戏经验,浙江安吉新农村儿童友好型社会建设,提高我国幼儿师资素质的研究,等等,这些课题都对本地乃至全国产生了较好的影响。上海的探索式主题活动使得儿童成为活动的主体;浙江安吉的农村幼儿教育研究从根本上改变了农村幼儿教育的管理体系,极大地激发了基层幼儿教师的积极性;提高我国幼儿师资素质的研究为幼儿教师的专业成长提供了实践策略。因此,幼儿园课题研究必须根据本地、本园的特点,遵循实事求是、取人之长的基本原则。

幼儿教师还要学会关注我国基础教育改革,从教育信息资料中提炼课题。教育信息资料往往能及时反映一些新的教育思路、教育经验体会、教育科研成果以及教育动态。通过收集、筛选、整理其中的一些信息,可以从中受到启发,发现和提出问题,形成研究课题。

3. 关注世界性保教前沿问题

对儿童的教育与养护是一个全球性问题,随着社会开放程度的不断提高,世界各个国家与地区之间教育交流与共同研究也日渐频繁。虽然世界各个国家与地区间的发展有着极大的差异,但在儿童教育与养护的研究方面都会有自己丰富的个性内涵。

被称为过去30年欧洲教育典范的意大利瑞吉欧·艾米利亚教育体系引发了几乎是全球性的对学习者的儿童本位、教师、学校组织者与管理者的角色、物理环境的设计和利用以及课程计划的新的思考。珍妮·古道尔博士研究主持的“根与芽”(Roots and Shoots)的项目,致力于鼓励青少年参与有助于人类和动物共同生存和发展的环境行动。该项目目前在全球已经在40多个国家拥有成员,2000年他们出版了中文版研究成果《儿童参与》,其对环境保护与环境教育起到了极大的推动作用。其他还有德国的保教融合教育、美国哈佛大学霍华德·加德纳教授和塔夫茨大学大卫·亨利·费尔德曼教授的多元智能理论研究、蒙台梭利教学法等都在近些年对全球儿童教育与研究起到极大的推动作用。美国幼儿教育协会提出的适宜性发展与教育,联合国儿童基金会提出的儿童友好型社会建设、社区建设、家庭建设等都是目前的国际前沿热点问题。

关注世界性教育与养护问题有助于研究人员与教师及时了解世界儿童教育研究的发展动态和信息,汲取先进教育理念,展开相关保教研究。例如蒙台梭利教育对儿童秩序、规则意识养成的促进作用,“根与芽”项目关于儿童参与的社区环境保护策略,瑞吉欧·艾米利亚教育体系中美术活动的作用等,对我国学前教育领域开展教育研究有着极大的启发作用。当然,这些研究还涉及本土化问题。

(二)研究问题的产生

知道了研究问题可能的来源与好的研究问题的特征,研究者就应该思考如何发现研究问题,按照一定的思维方法,将发现的问题具体化,成为可研究、可操作的课题。

1. 研究问题产生的一般思维策略

研究问题的产生需要依赖一定的思维策略。在教育科学研究中常用的思维策略有两种,即变换角度思考与怀疑。

(1) 变换角度思考

变换角度思考的思维形式为发散性思维和横向思维。它要求研究者努力摆脱原有的思维习惯和已有知识的影响,学习从不同角度去发现研究空间。

从不同角度进行观察、分析,发现问题的可能性极大。例如,幼儿园传统美术技能教学,一般程序是教师示范—幼儿练习—教师指导,此程序中幼儿学习、模仿的内在需求比较难以激活。我们不妨试试下面的程序:教师创设操作情境—幼儿探索性操作—教师发现、记录并引导幼儿发现问题—教师结合幼儿问题进行示范—幼儿练习。该程序可以为幼儿提供尝试错误的机会,教师依据幼儿对自己问题的体验进行相关的技能教学,幼儿学习的主动性比较容易被激活。这种从不同视角探讨不同美术技能教学程序的思维策略对每个人都是开放的,关键取决于个体大脑的思维习惯与方式。

变换角度思考可以在同一层次上进行转换,也可以在同一问题的不同层次上进行转换。发散性思维最大的特点就是灵活性强,它的不定向性可能导致多样化的思维结果。在运用发散性思维策略的同时,务必要利用逻辑思维对前者产生的新问题进行完善与拓展。横向思维的特点是思维面比较宽,且善于举一反三,但是欠缺的是深度不够,如果在运用横向思维策略时有一个统一的重心和指向的话,那么横向思维才可能是既有宽度又有深度。

(2) 怀疑

怀疑应该是每个个体的天生的能力,在日常生活中运用得非常广泛。在教育学科发展水平相对比较低的地方,值得怀疑的地方就比较多,通过怀疑产生新问题的机会也就相对会多一些。关于在教育教学过程中,教师与学生关系问题的探讨经历了由“教师主导,学生主体”发展到“教师与学生互为主客体,有时称为双主体”,现在又提出了“多向互动,动态生成”①的关系说。对师生关系不断思考、质疑,对其的认识与分析也就越来越深刻。

当结论与经验不相符时,怀疑就产生了。例如,某教师要进行幼儿美术教育的改革,准备以增加幼儿的生活经验为突破口。一段时间后,他发现教学效果不明显,就有理由怀疑,进而产生一系列问题:教学准备是否合理?教学方法是否合理?等等。通过具体分析后,就要改进教学准备方式,如开展准备的时间,明天的活动不能在今天仓促准备,应给孩子一个逐步积累的过程,有机会消化与理解,甚至于有机会进一步观察。这样,课题就产生了。

一般通过怀疑提出问题,结果可能有两个:一是证明怀疑是对的,得出新的结论;二是证明怀疑是错的,维持原有结论。

总之。批判精神是人类的优秀品质,敢于挑战权威、敢于质疑规定,学习从不同角度提出怀疑是一个研究者应该具有的基本素质。

2. 研究问题产生的过程

研究问题的产生一般可以通过归纳与演绎两条路线来完成。归纳是以实践为着眼点,而演绎则以理论为着眼点。不管通过什么样的路线寻找研究问题,都必须遵循一定的程序。

---

① 叶澜:《重建课堂教学过程观》。其基本含义为:把师生的教学活动当作有机整体,把教学过程看作是师生为实现教学任务和目的,围绕教学内容,共同参与,通过对话、沟通和合作活动,产生交互影响,以动态生成的方式推进教学活动的过程,

通常研究问题的产生有以下几个步骤：

（1）初步确定研究问题的大致范围

确定初步的研究问题范围可以使得研究者在教育教学实践以及查阅文献资料过程中目的性更加明确，有助于研究者逐渐确定某一个具体方向与范围的课题进行研究。一个研究课题范围的形成需要研究者有一定研究动机，对研究问题要有兴趣，要有相关的教育教学、研究的经验。一个研究课题范围的形成是多种因素综合作用的结果。

（2）研究问题具体化

研究问题具体化也称为课题聚焦。它的主要任务就是将已经确定的研究问题范围缩小，并对研究问题进行分解，逐步使问题变得具体、清晰、明确、具有可操作性。

研究问题具体化主要就是罗列与其相关的因素，通过选择，逐步缩小研究问题范围的过程。例如，初步确定研究问题的范围是对幼儿的美术表现进行研究。幼儿美术表现研究是一个很大的研究范畴，从中可以分解出许多与幼儿美术表现有关联的因素，如，幼儿的美术表现能力、年龄、兴趣、动机、教师、美术技能水平、生活经验、美术教学方法、美术教学组织策略、教学资源、教学媒体、教学评价等。研究者可以将这些影响幼儿美术表现的因素尽可能地罗列，但不可能全部罗列，而是只能选择其中的某一个或几个进行研究。这样研究问题的范围就会大大减小，研究问题也就具体化了。当然有时研究问题可能还要进一步具体化，一直到可以进行研究为止。如要进行美术教学方法与幼儿美术表现之间的相关研究，可以罗列各种美术教学方法，依据研究问题的特征对项目进行筛选。比如确定示范法进行研究，那么对示范法还可以进行分解。经过三个层次的分解、选择，最后可以将课题具体到"完整示范与部分示范对幼儿美术表现影响的比较研究"。具体过程见表 2-1。

研究者在研究问题具体化过程中，对可能影响的因素进行罗列与分解应尽可能按分类的规则去排列，因素之间不要有交叉。另外，研究者要注意，一个研究问题在开始的时候可以大一些，然后逐步地缩小范围，这样也比较容易扩展研究问题，研究的系统性可以更强。

表 2-1　研究问题聚焦举例

研究问题	第一层次	第二层次	第三层次
	以往的学习经验		
	美术表现能力		
	兴趣		
	师生关系		
	性别		
	智力	对话法	
为什么幼儿会有不同的美术表现	美术教学评价	实践练习法	完整示范
	美术教学方法	示范法	部分示范
	性格	言语分析法	不示范
	生活经验与体验	观察法	
	美术技能	情境激励法	
	美术教学资源		
	美术教学媒体		
	美术教学组织策略		

(3) 决定研究方法

在一个研究问题具体化了以后，就必须依据研究问题的特征决定研究应该采用的基本方法。如可以是质的研究方法，也可以是量的研究方法。“完整示范与部分示范对幼儿美术表现影响的比较研究”要探究完整示范与部分示范两个不同自变量对幼儿美术表现这个因变量的影响，就需要处理两对变量之间的关系，一般以量的研究方法为好，可以通过实验研究方法进行检验。

(4) 撰写研究问题的论证报告

在前面三个方面的工作完成之后，研究者必须要写研究问题的论证报告。

撰写研究问题论证报告的目的在于对研究问题生成过程的各个方面的工作做一个总结，综合反映课题研究的有关情况。研究问题论证报告的完成标志着选择与确定研究问题工作的结束。

二、研究问题的类型

学前教育研究问题比较复杂，为了能深入地把握各种研究问题的实质，一般将根据各种分类的标准进行类别划分。常见的分类有：

1. 理论性研究问题与应用性研究问题

理论性研究问题有时也称基础性研究问题，主要是指旨在探索学前教育现象的本质和学前教育过程的基本规律、丰富学前教育基础理论、拓展研究领域的研究问题，不强调研究结果的直接应用。

因理论的不同概括水平，一般把理论性研究问题分为三个层次。

第一层次是指那些对构成学前教育理论体系具有全局性影响的核心概念、基本范畴和基本原理等进行的突破性研究的问题，如学前教育与经济发展的关系、幼儿主体的发展等。这类研究问题研究难度较大，对研究者的理论水平要求更高，同时还要具备较宽的知识面和较强的批判性的理论思维能力。因此，幼儿教师一般不涉及这类研究问题。

第二层次是指对学前教育的某一方面的概念、原理原则或某个具体的领域进行探索的理论性研究问题。如“生活化幼儿园美术课程框架建构”“幼儿园科学教育层次化探究”“生活中幼儿数学教育的研究”等多属于这一层次。对该层次进行研究，要求研究者对相关领域的基础理论要有较深入的了解。

第三个层次是指对学前教育中个别概念、原理做出修正或更详细说明的研究问题。如“幼儿结构性游戏的年龄特点的研究”“幼儿自主性区域活动特征研究”“陈鹤琴幼儿教育思想研究”等可以列入这一层次。由于该层次的研究问题涉及范围小，理论要求比较低，研究相对难度比较小。

依据工作实际，幼儿教师可以尝试进行第二、第三层次理论性研究问题的研究，但最好要有专家指导。

应用性研究问题是指以改进学前教育实践活动为目的，在理论的指导下，探究具体的各种学前教育活动的途径和方法的研究问题。这类研究问题的研究成果一般多为操作性和程序性知识，对于学前教育实践活动具有直接的指导价值。它与理论性研究问题一样可以分为三个层次。

第一层次涉及的是全局的学前教育的实际问题。如“学前儿童发展评估标准体系的研究”“学前教育如何适应市场经济的研究”等。

第二层次是指涉及学前教育在某一方面、某一地区、某一部门的实际问题。如“民办幼儿园的管理体制研究”“浙江省民间游戏的整理与运用研究”等。

第三层次是指涉及学前教育工作中个别的实际问题。如“生活化数学教育的实践研究”“幼儿规则意识养成研究”“大班幼儿入学准备的研究”等,这类研究具体明确,研究难度相对较小,比较适合幼儿教师进行研究。

上述的分类是相对的,大量的研究当中既有理论性,又有实践性,例如幼儿园的教学活动设计、幼儿园课程、幼儿园管理等。两者的区别在于,理论性研究问题更注重对问题的理论层面的探讨,应用性研究问题更注重解决实际问题。

2. 描述性问题、因果性问题、预测性问题

这三类研究问题的划分依据是研究活动对问题探讨的深度。

描述性研究问题是指对学前教育的某种现象进行具体描述和分析的研究问题。如“幼儿在美术活动中的行为表现的观察研究”“幼儿就餐习惯的调查与分析”等。这类研究问题往往涉及现状研究,理论性比较低,研究难度小。

因果性研究问题是探索和揭示学前教育中几种现象之间的因果关系的研究问题。如“自主性游戏与幼儿独立性发展关系的研究”“幼儿教师交流风格与专业成长的关系研究”“美术教育与幼儿情感发展的关系的研究”等。这类研究关心的是“为什么”的问题,其研究层次较高,难度也比描述性研究要大。

预测性研究问题是指在了解一些学前教育现象及其因果关系的基础上探索其未来的发展趋势或发展状况的研究问题。如“新时期幼师生教育目标养成研究”“浙江省民办幼儿园未来五年发展预测研究”等。这类研究关心的是“未来将会怎么样”“未来应该怎么样”。由于事物的发展要受制于多种因素,预测性研究必然要涉及许多因素与变量,研究难度相对比较大。

按照其他的分类标准进行分类,研究问题还可以分成其他不同的类别。如按研究问题来源分类,可以分为纵向研究问题、横向研究问题与自选研究问题等。对研究问题进行分类的目的在于帮助研究者了解不同研究问题的特征与对研究问题的基本要求,便于研究者结合自身的实际有针对性地选择研究问题。

第二节　研究问题的目的指向与价值判断

一、研究问题的目的指向

对一个研究问题进行研究的价值取向可能是多元的。结合研究问题的性质,从不同的视角剖析研究问题,其一般具有理论目的与实践目的、个人目的与社会目的两个维度的价值取向。

(一) 理论目的与实践目的

研究问题的理论目的是指研究的目的在于理论的拓展,比如新理论的建构、发展、完善,对原有理论的检验或者突破等,其对于探索学前教育规律,发展学前教育科学,建立和逐步完善学前教育的学科体系意义重大。通过对研究问题深入探讨,如系统地总结学前教育工作多年来的实践经验、进行跨文化比较教育研究、开展学前教育改革

实验研究等，可以建立相对完善的学前教育理论体系，促进我国学前教育事业的发展。

研究问题的实践目的体现在对现实问题的解决上，如提高学前教育质量、促进幼儿教师的专业成长、学前儿童的健康发展、研究结果的社会与经济效益等。开展研究的终极目的应该是实践性目的，但不考虑研究的理论目的，研究问题的实际价值可能会极大地削弱。因此，研究问题的理论目的与实践目的应该是相辅相成的关系。

（二）个人目的与社会目的

进行教育科学研究，必然要涉及研究者的个人目的与研究项目的社会性目的。一个成功的研究往往能带来个人与社会双赢的局面。

研究问题的个人目的一般是指通过研究可以提高学前教育与研究工作者的研究意识和从事科研的能力。幼儿教师参与教育科学研究，对于个体的专业成长十分有利。对研究问题的探讨过程是一个不断思考、不断发现问题与解决问题的过程。幼儿教师可以在研究过程当中通过不断与幼儿、合作者（教师与专家）、问题产生互动，寻求理想的教育教学策略。此外，一个成功的研究可能还会为研究者带来潜在的经济与社会知名度的收益。

研究问题的社会目的要求对问题的研究应该奉行立足于社会、服务于社会的宗旨。学前教育事业的发展、为家长服务、促进学前儿童的健康发展等应该是学前教育科学研究的核心目的。将学前教育研究问题置身于社会背景下展开，有利于提高研究与学前教育教学的质量，通过研究促进学前教育改革，推进幼儿教育实践的深入。教育改革的目的是为了学前教育事业更符合教育发展的规律，以适应我国社会与经济发展的需要，而教育改革要以研究成果作为有效的指导。《幼儿园教育指导纲要（试行）》精神的落实必须依赖于对若干研究问题的探讨，必须通过教育科学研究寻求不同地区、不同幼儿园的落实途径与有效方法。

在学前教育科学研究当中，研究问题的社会目的与个人目的之间有一种互相依存的关系，其中社会目的是核心，个人目的为问题的研究提供个体研究动机。

二、 好的研究问题的价值判断

一个研究课题的形成最初经常是由一个问题提出来的，它是研究的焦点。但是必须注意，并不是所有的问题都是可以研究的。比如：我应该把孩子放到幼儿园吗？幼儿学习英语的最好方法是什么？这些问题往往存在无法收集资料、缺乏研究和实践经验等困难。如果将其分别变成：上幼儿园的孩子是否比不上幼儿园的孩子在合作能力上发展得更好？在哪一个年龄阶段学习英语最好？问题就变得具备研究价值了。

寻找到可以研究的问题，并不代表就是一个好的研究问题。一般而言，好的研究问题具有以下几个基本的特征。

（一）研究问题是可行的、可通达的

研究问题的可行性是研究设计中的一个重要问题。一个切实可行的问题就是可以利用现有的资源进行研究的问题。研究问题的现有资源包括研究者的主观条件与客观条件。

研究者的主观条件是指研究者的研究能力、知识结构、技术水平、个人专长、研究热情等。选择研究问题时应考虑个体的特征，并结合个体的实际工作。幼儿教师的研究问题可以较多地关注教育教学问题；幼儿园管理者可以较多地关注管理问题，如评

价教师教学质量、提高教师工作积极性、构建家园联系的网络平台等。

研究问题的客观条件主要是指研究资料是否充足，是否具备相应的物质条件（如研究设备、技术条件等），是否拥有一定的研究经费，是否拥有一定的研究场所等。上述的各种客观条件对研究能否顺利进行影响较大。

在现实研究工作中，有些问题（如涉及太空的研究、儿童成长的长效研究等）需要大量的时间与资金；而另一些项目（如儿童合作性研究、儿童色彩感知能力研究等）则只需要比较少的资源。幼儿教师日常工作比较繁杂，课题研究往往缺少经费与时间的保证，这些都可能影响他们选择研究问题的范围，如课程研究、教材开发等对幼儿教师来说，其可行性就值得探讨。当然，有时可以通过主观努力创造客观条件为课题研究提供必要的保障，但如果通过主观努力无法解决时，这样的研究问题就应该放弃。

（二）研究问题是清楚的、明晰的

研究问题要清楚，准确地说就是知道到底要研究什么。当我们找到了一个可以作为研究的问题时，就要考虑具体的研究内容，这对明确研究方向、理顺研究思路十分必要。

例如，“是否要为有学习障碍的学前儿童开设特殊班级”是一个可以发展成为研究课题的问题，其中“特殊班级”“学习障碍”等术语需要阐明。关于“学习障碍”儿童有一个合法的定义：由于明显的学习或行为失调，不能适应正常的课堂情境的年幼儿童。这种失调应该与神经障碍或情绪障碍有关，而不是由智力落后、文化剥夺或外国语言问题等原因造成的。

我们应该注意到，该定义的本身包含了一些模糊的语词，如行为失调、文化剥夺，这样的情况在研究当中是很常见的，不同研究者、不同幼儿教师可能会有多种不同的解释。如果研究者不清楚研究问题中的关键术语与语词，将会影响他们对研究资料的查询。因此，为使得研究问题更清楚、更明确，有必要将问题中的模糊术语、语词依据研究的需要提出可以操作的研究解释。

一般而言，定义术语或语词的方法有两种。第一种方法就是概念性定义，常常被称为字典途径定义。概念性定义是从抽象的文字意义上对变量的共同本质进行概括。按照这种方法，“旁观”可以解释为：置身局外，在一边看。然而，这种定义还存在不清楚的地方。置身局外的制约性条件是什么？具备什么样的特征才叫作在一边看？等等。可以看出用字典途径进行定义，有着一定的局限性。

第二种方法就是对重要的术语或语词进行操作性定义。操作性定义是指从具体的行为、特征、指标上对变量的操作进行描述，是将概念和事实联系起来的桥梁。操作性定义的方法一般有以下三种：

（1）条件描述法：是指对所解释对象的特征或可能产生的现象进行描述，对达到某一结果的特定条件做出规定，指出用什么样的操作去引出什么样的状态。即规定某种条件，观察产生的结果。

如，饥饿是指24小时剥夺食物的结果；竞争关系是指两个以上的同伴，所处环境相似，大家都有相同目标，但只能允许其中一人能达到目标，这时同伴之间的关系为竞争关系；人本主义课堂可以定义为“由一个在4到5周内，每周至少能有一天进行观察的观察者得到的具有以下所有特征的任何课堂：

A. 在同一时间里使用同样材料的学生不多于 3 个。

B. 教师每天用于集体授课的时间不多于 20 分钟。

C. 每堂课至少有一半时间可供学生做按照他们自己喜欢的进度选择的项目。

D. 有几套(多于 3 套)不同种类的教材可供每个学生在课堂上使用。

E. 非传统的座位安排——学生可以坐成一个圆圈,按小组安排座位,甚至就坐在地上,完成他们自己的项目。

F. 经常(每周至少 2 次)进行讨论,在讨论中,鼓励学生就他们在课本上所阅读的话题表达自己的观点和意见。”

(2) 指标描述法:是指对所解释对象的测量手段、测量指标、判断标准做出规定。

例如,概念理解能力可以定义为要求能准确理解五个概念的时间;发散性思维可以指对同一物体多种用途的设想能力,具体指标为在 60 秒内回答砖头的不同用途达 10 项以上;阅读能力是指用阅读测验量表上中等难度的文章进行测验,要求阅读速度达 200 字/分以上,辨别率达 90%以上,理解率达 80%以上,记忆率达 70%以上。

(3) 行为描述法:是指对所解释对象的动作特征进行描述,对可观测的行为结果进行描述。通常这种操作定义用以解释客体的行为,常用于给因变量下操作定义。

如,饥饿可以定义为小白鼠为获取食物而在一分钟内压杠杆十次以上;旁观可以指注视别人的活动达 2~3 分钟,自己未参加;学习兴趣可以指学生投入某门学科有效学习时间的总量以及上课时的行为表现。

研究者要注意,具有以下特征的关键性术语需要做出操作性定义:

① 确保整个研究聚焦于研究问题的必要的术语。

② 理解研究内容的必需的术语。

③ 研究领域局外人可能不理解的术语。

④ 有多种含义的术语。

⑤ 规定自编或选用工具的说明精度的术语。

总的说来,操作定义有许多的优点,但其本身不具有说明性,所以研究者在给出一个术语或语词时,最好能同时给出其概念性定义。

(三) 研究问题是有意义的、有价值的

研究问题应该是值得研究的。应当考虑是否要决定花时间、精力甚至资金去研究某个问题,获取相关答案的时候,研究者应该思考很多问题,比如:研究这个问题有没有价值?它对教育教学有什么贡献?它能否促进幼儿的发展?通过研究获得的知识是否重要?等等。这些问题可以促使研究者思考这个问题为什么值得去研究。

问题研究的意义可以体现为理论的与实践的两个方面。问题研究的理论价值往往为专业的研究者所追求。幼儿教师在开展问题研究时应该更多地解决现实的、急需解决的教育教学问题,研究应强调实践价值。

在现实当中,可能存在研究者凭兴趣研究某个问题,因为个人兴趣会导致人们去研究一些琐碎或者毫无意义的事,而且可能会耗费一些时间、经费、精力或者其他的资源。兴趣是一个问题研究的重要动因,但如果缺乏其他理由的支持,问题研究是不应该成立的。

问题研究必须要有一些有用的结果或者收获作为回报,应该为教育领域增添一些有价值的知识，为教学方法改进、教师自身成长、儿童成长等方面做出一定的贡献。总的来说，当试图对某个问题开展研究前，应该试着问问自己：研究这个问题为什么重要？对改善实践是否有意义？对某个重要的问题是否有启发？仔细思考诸如此类的这些问题，可以帮助研究者判断某个研究问题的重要性，研究可以趋于理性。

（四）研究问题是符合伦理道德的

研究问题要符合伦理道德的要求是指该研究问题不会造成对研究对象甚至整个人类在心理或者生理上的伤害，也不会损伤人类所生存的自然环境与社会环境。

以下是一些不符合道德要求的行为：某研究者未经儿童父母同意，询问儿童某些敏感问题；删除收集到的数据中不支持假设的部分；未经教师同意，管理者擅自提供个人的资料；未经培训而对幼儿进行智商测试，并公开测试结果。这些问题关系到一个或者多个道德问题，研究者进行研究的时候必须时刻注意研究的道德问题。

美国心理学协会科学与专业道德委员会发布了用人类被试做研究的一系列道德准则。我们不妨仔细参阅其中一些内容：

做某项研究的决定是建立在教育研究者个人对如何最好地贡献于科学和人类福利的判断的基础上。在决定进行研究之后，教育研究需要考虑到研究精力和资源的投入方向。在此基础上，开展研究时，应该尊重和关心研究对象的尊严和福利，并遵守联邦和州的相关法律规定和用人类被试做研究的专业标准。

A. 在制订研究计划时，研究者有责任仔细评估道德的可接受性。在权衡某项研究对科学及人类的价值是否值得我们在某一原则上做出让步方面，研究者相应地负有一种严肃的责任，去寻找道德方面的忠告和建议，并有责任遵守严格的安全措施来保护人类被试的权利。

B. 研究者关心的主要道德问题是：依据公认的标准，参加某个研究的被试是否会“处于危险中”或是“处于最小危险中”。

C. 研究者应该一直确保研究工作符合道德的责任，研究者还有责任使其合作者、研究助手、学生雇员对待被试的行为也符合道德，当然，这些人本人也负有同样的责任。

D. 除风险最小的研究以外，在所有研究中，被试在参加研究之前，研究均与他们达成一种明确而公平的协议，以阐明各自的义务和责任。研究者必须信守协议中的所有承诺和义务。研究者应该告知被试研究中所有可能影响到其参加意愿的方面，并且向被试解释其提出的所有其他有关研究的问题。所有在获得同意之前，没有向被试做出充分解释的研究，都需要另外的保护措施来保护研究被试的尊严和福利。此外，在以儿童或有某种缺陷会限制其理解或沟通的人做被试的研究中，必须有一些特殊的保护措施等手段。

E. 某研究在方法学上可能要求我们运用必要的隐瞒或欺骗。在进行这种类型的研究之前，研究者有一种特殊的责任：以研究的预期科学价值、教育价值或应用价值来判断是否有必要运用这样的手段；判断是否有其他不需要采用隐瞒或欺骗方法的方案；确保尽快向被试做出充分的解释。

F. 研究者尊重被试拒绝参加或在研究过程中任何时间退出研究的个人自由。保护这种自由的责任要求研究者仔细地思考和体谅，当研究者处于一种较有权威或对被试施加影响的地位时的情况。研究者处于权威地位的情境包括(但并不局限于):把研究作为工作的一部分要求被试参加,或者被试是研究者的学生、来访者或是雇员。

G. 研究者要保护被试免受可能由研究程序引起的任何身体或心理上的不适、损害和危险。如果存在产生上述结果的危险,研究者要预先告知被试这一情况。不能使用那些有可能对研究对象造成严重或持续伤害的研究程序,除非出现下列情况:不使用这些程序就可能使被试暴露于有更危险的伤害中,或研究有极大的潜在意义,而且每个被试在充分了解可能存在的风险的前提下自愿同意参加研究。应该告知被试,在参加研究后的相当一段时间里,当出现压力感、潜在的伤害或相关问题与顾虑时,如何与研究者取得联系。

H. 在收集到数据之后,研究者应该向被试提供有关研究性质的信息,并尽量消除可能引起的任何错误概念。如果因科学或人类价值的考虑使研究者需要延迟告知或不告知这种信息时,研究者有一种特殊的责任要监控好研究,并确保研究不给被试造成任何伤害性的结果。

I. 当研究过程给个别被试造成了不良后果时,研究者有责任检查、消除或校正这些后果,包括长期的影响。

J. 在研究过程中所获得的有关被试的信息,除非经过事先同意,否则都应该是保密的。如果其他人有得到这种信息的可能性,那么获得被试同意之前,这种可能性以及保密性的计划,都需要向被试解释清楚。①

上述研究道德原则实际上涉及了保护被试免受伤害,确保研究问题的保密以及对被试欺瞒的问题。这些原则对于我国教育研究工作同样应该遵守,并且应该积极探讨如何在具体的研究工作中落实。

幼儿教师在选择研究问题时也应特别注意思考道德问题:该研究会不会对幼儿产生危害?能否有其他方法进行研究以获得我想要的信息?有没有让无关人员知道研究数据?会不会出现欺骗的倾向?等等。另外,幼儿教师进行研究涉及的研究对象一般为学龄前儿童,可能会面临一些相对特殊的问题。学前儿童在某些方面可能比较脆弱,而且他们也不一定理解征求其同意的协议中的文字。因此,幼儿教师必须明确以下几点:

(1) 在以幼儿作为研究对象,特别是实验研究被试时,幼儿教师务必要征得其父母或者监护人的同意。必须以文字的形式向签名人提供必要的信息,签名人必须有拒绝的机会。

(2) 幼儿教师在向幼儿家长报告结果时,不能把自己表现成临床专家或咨询师,也不能向他们报告幼儿要求保密的信息。

(3) 永远不能强迫幼儿在研究中充当被试。

(4) 因幼儿参与研究而获得任何形式的报酬都不影响这些研究道德原则的应用。

(五) 研究问题有新颖性、创新性

教育研究是一个探索未知世界的过程。研究问题应该是别人未曾解决或者没有

---

① Committee on Scientific and Professional Ethics and Conduct(1981). Ethical principles of psychologists. American Psychologist,36:633-638.

完全解决的问题。研究问题的创新性并不是指前无古人后无来者的创新，时代在变迁，原来已经解决的问题在新的历史时期可能会遇到新的挑战。研究问题的创新性要求研究者要立足于新的时代、立足于自我发展，能从不同的角度探究问题。一般而言，研究问题的创新有以下几种情况：

（1）前人未曾研究过的问题。

（2）前人虽有研究，但需要充实完善，或提出新的依据和认识。

（3）国外研究课题的中国化研究。如“瑞吉欧教育理念的中国化研究”。

（4）将其他领域的先进研究成果引进到教育研究领域。

要保证研究问题的创新性，研究者必须关注自己研究领域和研究方向上研究活动的发展变化，站在研究的前沿，把握研究的动态，及时发现可以研究的问题，这些问题往往有着较大的创新空间。

这里需要特别指明的是，在具体的学前教育科学研究中，必要的重复与拓展他人的研究也应该纳入创新的范畴当中。比如检验某一突破性的进展，通过研究不同的人群来检验原有研究发现的效度，检验历史趋势或者变化，运用不同的方法来检验重大研究成果，研究效力更强或效率更高的介入因素等，这些都可以在已有研究的基础上重新探究。重复研究的必要性在教育学科中尤为突出，这是因为有可能干扰研究的外部因素更难以得到有效控制，教育研究中所使用的工具往往会带来严重的误差。

第三节　研究问题的陈述

对研究问题进行必要的陈述是教育科学研究的一项重要的工作程序。一个研究问题的选择并不意味着该问题已经有了恰当的陈述，通常的情况下，一个研究问题需要反复几次处理才能成为有效研究的恰当形式。明确研究问题陈述的一般要求，对幼儿教师学习开展有效的教育科研工作有着极大的帮助。

一、研究问题陈述的要求

一般而言，研究问题陈述具有以下几方面要求：

1. 对提出的研究问题的陈述要简洁明了，并确定研究活动的关键内容

在研究问题陈述中，含义不清、语义不明的语词应该尽量避免在问题中出现，如果必须出现，那么至少要对相关语词提出自己的界定。例如“幼儿自主式‘关心自己’健康教育模式研究”这样一个研究问题陈述中，对于什么是“自主式‘关心自己’健康教育”有必要进行界定，否则很容易造成人们的不理解。

2. 对研究问题的陈述一般涉及名词术语的界定和研究范围的限定两个问题

需要界定的名词和术语是指研究问题中相关的重要概念与一些不常见的、容易引起误解的术语。名词与术语的界定通常要使用操作性定义。例如在研究问题“学前儿童语言障碍的早期发现与矫治的研究”当中，这里需要对有关的概念进行界定，语言障碍有什么特征？如何才能称得上语言障碍？对研究问题中相应的语词与术语进行界定的目的在于使它们变得具体，在一定程度可以观察与操作。

对研究范围的限定也是研究问题陈述的一项重要的内容。研究问题如果不能限定在一定的范围内进行，将会导致研究工作的困难与名不副实。研究范围的表述是对

研究问题所涉及的研究对象的总体范围做出具体的规定，主要在于明确研究的角度。

一个研究问题，可以从不同角度进行界定，同时规定相应的研究对象的范围。例如要研究探索式主题活动对幼儿能力发展的影响，可以通过对幼儿的实际观察并通过对家长的访谈收集信息，或借助有关的理论进行探讨。从中可以看出明确研究问题角度的重要性。

3. 研究问题的陈述可采用叙述或描述的形式，也可采用问题的形式

在实际的教育研究工作中，大多数的研究者偏向于采用问题的形式，其实叙述或描述形式也是可行的。但相对而言，陈述采用问题形式对焦点问题的研究较好，尤其是在大问题中还有小问题的情况下效果更好。问题陈述最大的优势在于它能为研究提供充足的焦点与明确的发展方向。

依据上述情况，我们有必要区分哪些陈述是合理的，哪些陈述是不合理的。如“幼儿园教学模式”这样过于宽泛的陈述是不能作为问题陈述的，其中并不包含任何问题。再如“材料的种类、年龄、性别和问题的复杂程度对幼儿概念理解成绩的影响研究”应该是一个可行的陈述，也可以改用问题形式进行陈述，如“材料的种类、年龄、性别和问题的复杂程度对幼儿概念理解成绩会有怎样的影响”。

下面例子中是原陈述和经过修改后的再陈述，包括问题形式的陈述。

原陈述：幼儿对幼儿园的喜爱。

再陈述：表扬与大班幼儿喜爱幼儿园程度间关系的研究。

问题形式的陈述：在某幼儿园，教师表扬类型对大班幼儿喜爱幼儿园的程度有什么影响？

问题陈述得好，可以为研究者提供该研究计划的方向。在以上陈述中，原陈述显得比较笼统，后两种陈述把研究对象限定在“大班幼儿”，对幼儿园的喜爱限定在“喜爱幼儿园的程度”，显得更为具体了。在问题陈述中更是将表扬具体化为“表扬类型”。

总的说来，研究问题的陈述是否采用问题形式一般取决于个人的喜好。陈述研究问题的形式并不重要，重要的是陈述要精确和无可置疑。

二、 研究问题陈述易犯的错误

初次进行教育研究者在陈述研究问题时是很容易犯错误的。在教育研究中常见的研究问题陈述易犯的错误有两种：

（1）研究问题的陈述含糊笼统，没有对重要的语词和术语进行界定。

（2）没有对研究范围做出限定，有可能导致研究结果适用范围无限扩大。

思考题

一、选择题

1. 学前教育研究问题的来源可以通过（　　）这几个层面探讨。

A. 世界性保教前沿问题　　B. 国内保教热点问题

C. 幼儿园自身的保教问题　　D. 幼儿教师自身的问题

2. 从文献产生研究问题的有（　　）。

A. 专业论文　　B. 专著

C. 日记　　D. 教案

3. 研究问题产生的一般思维策略有（　　）。

A. 变换角度思考　　B. 怀疑

C. 概念　　D. 判断

4. 研究问题产生的步骤有(　　)。

A. 确定问题范围　　B. 问题具体化

C. 决定研究方法　　D. 撰写论证报告

5. 好的研究问题的基本特征有(　　)。

A. 清楚的、明晰的　　B. 可行的、可通达的

C. 有意义的、有价值的　　D. 新颖的、创新的

二、名词解释

1. 研究课题　　2. 理论性研究问题　　3. 应用性研究问题

4. 描述性问题　　5. 因果性问题　　6. 预测性问题

三、简答题

1. 简述研究问题陈述易犯的错误。

2. 简述研究问题的个人目的。

3. 简述研究问题的社会目的。

4. 简述研究问题的实践目的。

5. 简述研究问题的理论目的。

6. 研究问题的创新性体现在哪几个方面?

四、论述题

1. 试述好的研究问题的特征。

2. 为什么研究问题来源于多层面的实践?

3. 试述研究问题产生的思维策略。

4. 试述研究问题产生的过程。

5. 试述研究问题的陈述。

第三章　如何进行文献信息收集

学习章节与目标

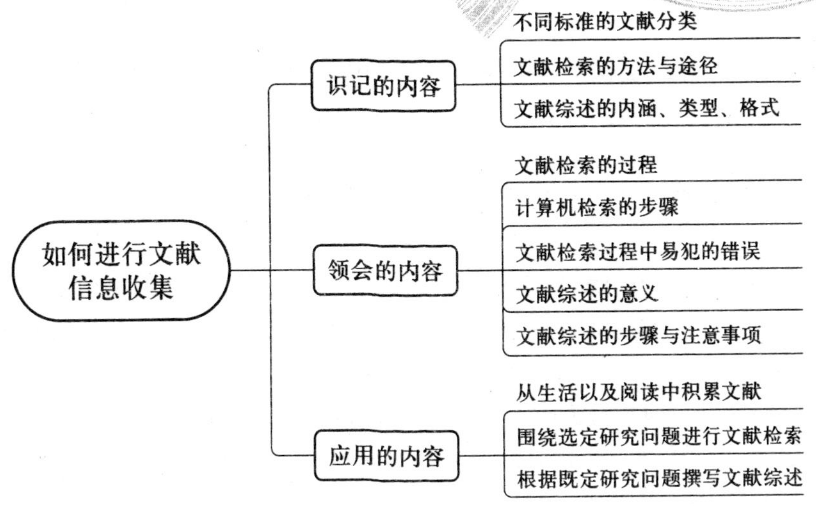

建议学时

9 课时。

老师导学

一个电视节目曾设想了这样一个“穿越”的情形：如果一个距今约 30 000 年前的山顶洞人的新生儿“穿越”到现代并在现代社会中长大成人，那么这个新生儿就会成长为一个“现代人”；同样的，如果一个现代人的新生儿“穿越”回 30 000 年前的山顶洞人时代并长大成人，那么这个新生儿就会成长为一个“山顶洞人”。这不由得引发我们的深思：到底是什么决定了相距 30 000 多年的新生儿最终成长为“山顶洞人”还是“现代人”？我们会发现，不是他们的遗传基因，而主要是其所生活的社会，是这个社会积累的所有物质与精神文化。换言之，关键要看“新生儿”是站在“谁”的“肩膀”上？如果是站在“山顶洞人”的“肩膀”上，则充其量只能成为那个时代的“弄潮儿”；而如果是站在“现代人”的“肩膀”上，则可能会成为现代社会的“弄潮儿”。这个“肩膀”就代表了每个时代的最高成就，是截止到那个时代所积累的文化财富。

俗话说，“站在巨人的肩膀上才能看得更高更远”。在学前教育研究领域，这个“巨人的肩膀”就是我们这个时代所积累的所有伟大的研究成果。唯有站在这些“巨人的肩膀”上，一个研究者才可能在吸收借鉴迄今为止所取得的伟大研究成果的基础上，继续探索并推动该研究领域的进步；否则，你只能“从头开始”，永远处于人类知识的蒙昧阶段。

在学前教育研究领域中，这些“巨人的肩膀”的具体存在形态是怎样的？有哪些类型？从哪里可以找到呢？如何才能发现和构建“巨人的肩膀”？本章将带领大家一一解答这些难题，并帮助大家找到通往这些“巨人的肩膀”的路径。

研究课题确定之后，下一步就是文献检索。研究者根据课题的目的和要求，寻找研究所需要的相关文献资料。通过查阅检索到的文献资料，研究人员能及时地吸收和借鉴他人的研究成果、思想、经验,扩大研究视野,掌握相关研究的动态。在为课题确定与论证提供充足依据的同时,使自己的研究能够站在更高的起点上,同时也可避免研究工作出现不必要的重复,造成人才与资源的浪费。

第一节　幼儿园教师学习工作中的文献积累

幼儿园教师的研究是基于其专业生活的研究,是在学习、工作与生活中不断积累的基础上的研究,而在学习、工作以及生活中的文献积累是专业研究的基础。

幼儿园教师在学习和工作中的文献积累主要是阅读,通过阅读的积累,并进行整理,进而开始专业写作。阅读中的写作,写作中的阅读,它们有紧密的关联,不可分割。

写作中的学识、见识主要来源于大量的阅读和思考,没有一定量的阅读和思考,就不可能有一定深度、一定质量的写作。没有写作的驱动,也很难进入深度阅读的境界。阅读不仅是一个量的积累,也是一个发现新的视角、新的体验、新的境界的过程。阅读专业经典、阅读专业书刊、阅读同行专业感悟、阅读当今世界的林林总总……这本身是一个寻找自我、发现自我、提升自我的过程,也是超越个人专业经验局限的破茧之路。这种独特的自我、厚实的自我、专业的自我、超越的自我,就是有效写作最不竭的源泉。

阅读与写作是一个互动的过程。在阅读中放飞想象,通过写作找到专业心灵的港湾,体悟专业知识的奥秘;在写作中回眸阅读的作品,感悟专业的不同视角;通过阅读的独到发现,才能激荡心灵、寻觅知音、发现自我、塑造自我、超越自我。阅读与写作的分离常常是新手的表现,外在压力下的阅读与写作通常也会导致阅读与写作无法产生碰撞。

第二节　学前教育文献的类型

了解学前教育文献的分类及其特点是文献检索的前提,便于文献检索过程中有的放矢。文献是利用文字、音频、视频等手段记录信息的载体,按不同标准可划分为不同类型。

一、 根据文献载体形式划分①

根据文献载体形式,学前教育文献一般可分为印刷型与非印刷型两类。

(一) 印刷型文献

印刷型文献以纸为媒介,通过铅印、油印、胶印等方式记录、保存信息,主要有书籍、报纸、期刊、档案资料等。这类文献数量巨大,是信息最主要的载体。

(二) 非印刷型文献

非印刷型文献以其他介质记录保存信息,又可以细分为机读文献、缩微文献、声像文献三类。

1. 机读文献

机读文献是通过计算机磁盘、光盘等来记录、保存信息的文献,因阅读信息需通过计算机,故名机读文献。机读文献存储密度高,易于复制,且检索快速方便。

---

① 陶保平编著:《学前教育科研方法(修订版)》,华东师范大学出版社,2006年版,第53页。

2. 缩微文献

缩微文献是通过缩微技术将印刷型文献按一定比例缩小复制到胶卷或平片上形成的文献。缩微文献存储密度高,保存时间长,但阅读要借助缩微阅读机才能实现,不太方便。

3. 声像文献

声像文献是通过声像和图像来记录保存信息的文献,主要包括幻灯、电影、唱片、录音带、录像带等。声像文献形象、直观,易于传播。

二、 根据文献编辑出版形式划分①

根据文献编辑出版形式的不同,学前教育文献可以划分为书籍、期刊和报纸、教育档案、电子文献四类。

(一) 书籍

书籍是各种形式的文献中数量最大、种类最多的一个门类,主要包括教科书、专著、资料性工具书等。其中,资料性工具书主要包括辞书(辞典)和百科全书两种。辞书中既有通用的辞书,如《辞海》《辞源》等,又有专业性辞书,如《幼儿教育百科辞典》;百科全书是对人类一切门类或某一门类知识进行完备概述的书籍,如《中国大百科全书》《教育国际大百科全书》《学前教育百科全书》等。

(二) 期刊和报纸

期刊是定期或不定期的连续出版物,其中定期出版的期刊根据出版周期的不同,又分为周刊、月刊、双月刊、季刊等。期刊和报纸出版周期短,更新速度快,能及时反映研究活动的新动向,是科学研究者重要的参考文献。学前教育领域中影响比较大的期刊主要包括《学前教育研究》《幼儿教育》《学前教育》《早期教育》等,其中《学前教育研究》由中国学前教育研究会主办,和《幼儿教育·教育科学》是目前我国学前教育领域中理论性较强的期刊。学前教育领域相关的报纸主要包括《中国教育报》《发展导报》《中国教师报》《教育与教学研究》等。

(三) 教育档案

档案资料是人类在社会实践中直接形成并具有保存价值的原始文献资料,主要包括教育年鉴、学术会议文献、学位论文以及有关教育机构的档案资料等。其中,年鉴是系统汇集一年内重要事件和统计资料的工具书,我国有关教育的年鉴主要包括《中国百科年鉴》《中国教育年鉴》《中国教育统计年鉴》等;学位论文是高等学校或研究机构的学生为申请学位而撰写的科研论文,一般具有较高的研究水平,学术性较强,具有重要的研究参考价值。

(四) 电子文献

电子文献是以数字形式存储在光盘、磁盘上,需借助于计算机阅读的各种文献资料。随着计算机技术尤其是网络技术的迅速发展,电子文献的数量急剧增加,并且获取越来越方便,因此受到众多研究者的青睐。相比于其他种类的文献,电子文献具有便于检索、容易保存等特点。

---

① 杨爱华主编:《学前教育科学研究》,南京师范大学出版社,2001年版,第71-75页。

三、根据文献内容加工程度划分[①]

根据对文献内容加工程度的不同,学前教育文献可分为一次文献、二次文献和三次文献三个等级。

(一)一次文献

一次文献指未经加工的原始文献,是直接反映事件经过、研究成果,产生新知识、新技术的文献,主要包括专著、科学论文、研究报告等。一次文献以事件或成果的目击身份出现,是为科学研究添砖加瓦的文献,是离事实最近的文献。此类文献具有较高的参考价值,也是研究者在研究过程中应重点查阅的文献。

(二)二次文献

二次文献指对一次文献加工、提炼、压缩后得到的文献,是关于文献的文献,主要包括书目、题录、索引、提要、文摘等。二次文献本身不直接产生新知识、新技术,它的目的是使原始文献系统化、条理化,为查找一次文献提供线索。

常见的索引主要有:

(1)《全国报刊索引》(月刊),上海图书馆编辑出版,这是查找新中国成立后报刊资料的工具之一。教育类的论文资料收入索引的"哲学、社会科学"分册里,其类目编排如下:G31 打头的为"中国教育",G38 打头的为"世界各国教育",G312 打头的为"学前教育"。

(2)《复印报刊资料索引》(年度索引),中国人民大学书报资料中心编辑发行。教育类是索引第 4 分册,分 17 个专题,其中有"幼儿教育"专题。

(3)《中文报刊教育论文索引》(季刊),中国教育科学研究院教育情报研究室编。该索引将论文资料分类列出,其中在各级教育中有学前教育、幼儿教育资料。

常见的教育类文摘主要有:

(1)《新华文摘》(月刊),新华文摘杂志社编辑出版,1979 年创刊。

(2)《高等学校文科学术文摘》(双月刊),上海师范大学期刊社编辑出版,1984 年创刊。

(3)《教育文摘周报》,教育文摘周报社编,中国教育科学研究院主办,1984 年创刊。

(4)《教育学文摘》(月刊),中国人民大学主办,1986 年创刊。

另外教育论著、教育学术论文或教育研究报告中的参考文献及资料也是文献检索的重要方面。

(三)三次文献

三次文献是指对前两类文献分析、概括后撰写的参考性文献,是文献研究的成果,主要包括动态综述、进展报告、专题评述、辞典、年鉴、手册等。这类文献是派生的文献,本身也不直接产生新知识、新技术,但概括较全面,浓缩度高,覆盖面宽,信息量大,既有综合性,又有参考性。

常见的教育类参考工具书有:

(1)《教育大辞典》,顾明远主编,上海教育出版社,1990—1992 年出版,共有 12

---

① 陶保平编著:《学前教育科研方法(修订版)》,华东师范大学出版社,2006 年版,第 53-54 页。

卷。幼儿教育分册在第 2 卷中。

(2)《中国大百科全书(教育)》,中国大百科全书出版社,1985 年出版。这是新中国成立以后第一部教育专科的百科全书。

(3)《幼儿教育词典》,李沐明主编,黑龙江科学技术出版社,1987 年出版。

(4)《幼儿教育百科词典》,祝士媛、唐淑主编,上海教育出版社,1989 年出版。

(5)《中国教育年鉴》,中国教育年鉴编辑部,每年一卷。

文献主要来自社会文献的交流系统。教育文献资料主要集中在图书馆、档案馆、博物馆、研究机构和学校等。

第三节 学前教育文献检索的过程与方法

对于一项设计理想的研究而言,文献检索是一项重要的基础工作,一般在研究过程的前期进行,对于研究的各个部分都将提供有益的信息。

一、 文献检索的过程

文献检索是查找所需文献的过程,必须在检索系统中实现。与一项普通工作中的多数活动或步骤一样,文献检索也有高效与低效之分。因此,研究者明确文献检索的流程进而有系统地进行检索,就显得十分必要。

文献检索一般要解决四个问题,即“需要找什么信息”“信息从哪里来”“找到的信息如何进行加工处理”“是什么构成这些信息”。

文献检索过程中,研究者首先要明确课题研究的方向与要求,确定所需文献的主题范围、载体类型、时间跨度及地域等。

其次,确定检索工具的检索标志,一般要求研究者根据现有条件,在自身所熟悉的检索工具和能把握的信息源中查找文献(如知网数据库)。

再次,确定检索的途径与方法,根据文献的既定标识,即文献的外表特征(如作者名、文献名、相关的代码等)或内容特征(如分类目录、主题词等)筛选查找。

最后,根据页面导引,下载查看所需文献,复制重要资料。

至此,文献检索的过程基本完成。然而,一次完整的文献检索过程还应对所检索到的文献进行加工处理,涉及对文献的分类整理、筛选鉴定。对于重要的文献要做好摘要、笔记,有些重要的研究课题还要求写出文献综述或评论(见图 3-1)。

二、 文献检索的方法

文献检索的方法多种多样,不同方法有着不同的特点和不同的适用范围。在学前教育研究中常见的文献检索方法有以下几种。

(一) 一般检索法

一般检索法是指利用索引、文摘、题录等各种检索工具查找所需文献的方法,可分为顺查法和逆查法两种。

1. 顺查法

顺查法是指在一定的时间范围内,以所检索的课题研究的发生时间为检索始点,按事件发生、发展的时间顺序,由远及近,由旧到新地进行检索。查阅时,可随时进行筛选、比较,查阅结果一般可比较全面地反映某个研究的全貌。这种方法较常用于范

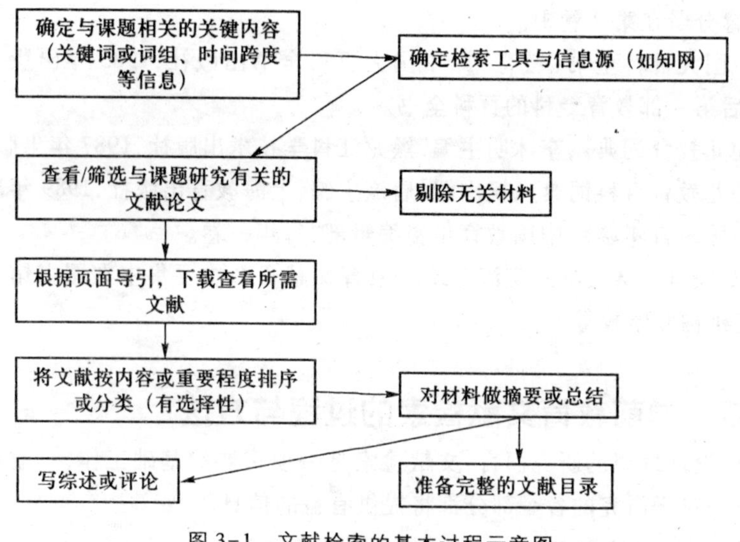

图 3-1　文献检索的基本过程示意图

围较广、项目复杂、所需文献较系统全面的研究课题以及学术文献的普查。

2. 逆查法

逆查法与顺查法相对，又称倒查法，是根据由近及远的时间逆序进行检索。这种方法可节省检索时间，能查到最新且有价值的文献，但查全率较低，不太关注资料的历史渊源和全面系统。这种检索方法一般适用于检索最新课题。

（二）跟踪法

跟踪法又称引文查找法，是以已掌握的参考文献或参考书目，以及期刊上发表论文所引用的参考文献为线索，跟踪查阅有关主题的文献。这种方法能在比较集中的范围内查找文献资料，获取文献资料方便、迅速，针对性强，能抓住主要问题，并可以不断扩大文献检索线索，往往容易找到有关领域中重要的、丰富的原始资料。但通过这种方法获取的文献经常受原作者引用资料局限性及主观随意性的影响，资料可能会比较杂乱，容易漏检。因此。一般在检索工具缺乏时使用跟踪法，但要注意文献的可靠性。

（三）计算机检索法

在几乎所有的大学图书馆和大多数的公共图书馆中，都可运用计算机检索文献。网络计算机的终端与一个或多个计算机检索系统相连，该系统就能从多个数据库中寻找信息。

学前教育研究者经常使用的中文数据库主要包括：中国学术期刊镜像、中国优秀博硕论文库、万方数据资源系统、天宇全文检索系统、新华社多媒体数据库等。常用的外文数据库主要包括：ERIC 数据库①、中国高校人文社会科学文献中心、EBSCO 电子期刊数据库、WSN 全文期刊数据库等。可以通过计算机检索的数据库有 200 多个，在

① ERIC 数据库是由美国教育资源信息中心整理的有关教育书刊的书目信息数据库。该数据库由两个文件夹组成：Resources in Education，它包含了文献专著，由研究报告、课程和教学指南、学会论文以及书籍组成；Current Index to Journals in Education，它覆盖了出版的 775 种期刊。ERIC 数据库还收录了 ERIC Digest Records 的全文数据。这些记录专为教师、管理员和其他从业人员写就，提供了特定课题的概述信息，并带来更为详细的参考书目信息。ERIC 的订购者可选择多个内容范围。

绝大多数图书馆中都可以得到这些数据库的资料。其中有一些是收费的信息服务，在计算机检索时需支付一些费用。

与手工检索相比，计算机检索具有速度快、免费（即使不免费也比较便宜）、可打印出检索结果（包括资料的摘要）、可同时检索多个检索词等优点。一般情况下，计算机检索包括以下基本步骤。

1. 尽可能准确地定义研究问题

与手工检索一样，研究问题应得到尽可能具体的陈述，有助于确定检索的关键词。过于笼统的陈述，很可能会检索出过多的文献，而很多文献与研究者的要求可能相去甚远。因此，我们应使检索词具体，如“提问怎样才有效”的检索效果就要比“哪些提问方式能够有效地激发幼儿的学习兴趣”检索效果差。

2. 确定检索的范围

开始检索前，研究者必须决定需要获得多少数量的参考文献。一般要写期刊的文献综述，研究者可以只看最近的25篇左右的文献；如果需要写详细一些的综述，就需要更多的参考文献。

3. 确定数据库

可以使用的数据库很多，研究者可以根据自己的需要选择相应的数据库。研究者在运用检索词时需要仔细阅读相应数据库的使用指南，因为有些检索词是不能应用于有些数据库的。

4. 选择检索词

检索词是研究者指示计算机检索具体方面、具体内容的词汇。检索词含义过宽或过窄都会影响文献检索的实际效果。如在外文数据库ERIC中选择研究者需要的检索词，可以使用单个检索词，也可以把多个检索词进行组合，检索词的组合一般可以通过“and”和“or”等逻辑运算符完成。在中文数据库中也有相应的逻辑运算符号“并且包含”“或者包含”“不包含”。研究者在检索文献过程中，可以通过巧妙使用不同逻辑运算符号进而调整检索范围。例如，将“提问方式”用“and”和“学习兴趣”连接起来，检索范围就会缩小；如果使用“or”连接，就可以扩展检索的范围，因为包括其中任何一个检索词的文献都会被找出来。

选择检索词的过程中需要注意的是，不同研究者在研究同一问题或类似问题时有时会使用不同的概念，如“乡土课程资源”“本土课程资源”这两个概念的内涵基本相同。因此，研究者如果要检索这方面的文献，就应使用逻辑运算符号“或者包含”将“乡土课程资源”与“本土课程资源”连接起来，这样就可以检索到包含“乡土课程资源”或“本土课程资源”中任何一个检索词的文献。

5. 进行检索

确定了检索词以后，就可以将其输入计算机并进行检索。计算机将会呈现出检索的输出结果。假如检索出的文献太少，研究者就应该使用更为普遍的检索词进行拓宽检索。

检索过程中，学会调整检索范围非常重要。当检索到的文献太少时，可以通过调整检索词及其出现的位置等方式拓展检索。如在检索“幼儿园教师职业幸福感”方面的文献时，如果发现过少，可以将检索词由“幼儿园教师职业幸福感”调整为“教师职业幸福感”，或者可以将“幼儿园教师职业幸福感”拆分成“幼儿园教师”与“职业幸福感”两个检索词，还可以调整检索词出现的位置，如由原来的“篇名”可以调整为“关键词”“摘要”甚至“全文”，此外还可以调整匹配程度，将“精确”调整为“模糊”，等等。总之，研究者应综合运用多种策略和技巧调整检索范围，使检索到的文献的数量较为适宜。

6. 输出想要的文献

文献的输出一般有多种选择。在一些数据库中，只能得到文献的题目和索取号。由于有时文献的题目可能有误导倾向，而且从标题中可以获得的有用信息非常有限。因此，建议研究者要选择获取更完整的信息，包括索引信息、索取号、文件类型、出版年代、文献摘要等。

三、 文献检索的途径

（一）网络检索

网络检索法是一种以计算机网络为工具的文献检索的方法。随着计算机网络的飞速发展，网络检索已成为最为简便的检索方式，研究者可通过计算机终端共享世界各地的文献资源。

在网上查找资料的途径一般有两种：一是关键词查找，即在搜索框中输入关键词进行快速查阅。二是分类目录链接，分类目录链接是按树形结构组织，从点击主页的根目录链开始，一级一级深入，一直达到所需网站。这种方法往往由于层次多而影响查找速度。要想迅速、有效地获取自己所需的信息，研究者需借助网络搜索引擎，了解并收集常用的教育类网址。

（二）馆际互借

实际研究过程中，馆际互借资料也是一种获得文献资料的有效途径。当研究者需要的文献在某个图书馆里没有时，可以通过图书管理员将信息键入计算机终端，在极短的时间内就能够找到指定的区域内有哪些图书馆有研究者想要的文献，然后，图书管理员通过馆际互借来安排检阅该文献。这种服务一般要收取一定的费用。

（三）摘要与索引

摘要与索引也是一种重要的文献资料获取的手段，常见的摘要与索引有以下几种：

（1）新华文摘

（2）高等学校文科学术文摘

（3）国外社会科学文摘

（4）中国社会科学文摘

（5）心理学摘要（Psychological Abstracts）（PA）

（6）高等教育摘要（Higher Education Abstracts）

（7）教育管理摘要（Educational Administration Abstracts）

（8）语言与语言行为摘要（Language and Language Behavior Abstracts）

（9）特殊儿童教育摘要（Exceptional Child Education Abstracts）

（10）全国报刊索引

（11）艺术与人类科学引用索引（Arts and Humanities Citation Index）

(12) 教育索引(Education Index)

(13) 科学引用索引(Science Citation Index)(SCI)

(14) 社会科学引用索引(Social Science Citation Index)(SSCI)

(15) 社会科学索引(Social Science Index)(SSI)

(16) 教育期刊通用索引(Current Index to Journals in Education)(CIJE)

四、 文献查阅时易犯的错误

教育研究中,文献查阅时的易犯错误主要有以下几方面:

第一,没有花充分的时间来界定最好的主字码,没有确定在查阅与主题相关的文献中使用的最佳资料。

第二,没有把文献查阅的结果与研究者自身的研究问题有效地联系起来。

第三,查阅文献时,过多依赖二手资料而不是原始资料。

第四,没有说明文献查阅的查阅过程。

第五,毫不批判地接受一个研究者的结果和解释并将其当作有用的资料,没有检查该研究的设计与分析的所有方面。

第六,在综合定性文献时,未考虑相反的结果与诠释。

第四节 如何撰写文献综述

通过文献检索,得到所需文献,然后通过阅读、思考,就应该考虑如何处理搜集到的信息。一般而言,首先要剔除无关信息,然后对有用的信息进行总结,并以某种有用的形式保存下来,以便在需要时提取。常用的做法有写文献综述、进行书目登录、写摘要等。书目登录的内容一般包含题目,作者(译者),书刊名称、卷数或期数,出版年份、页数。摘要是关于一份文献的主要信息的总结,比书目登录的信息要多。如果文献是书,摘要内容主要包括主题、概述、评论三部分。如果文献是研究报告,摘要内容主要包括问题、方法、结果。而文献综述是对某个时期或某一方面的专题搜集大量情报资料进行系统组织和叙述性的概括,是经综合分析而写成的一种学术论文,是科学文献的一种。

一、 文献综述的内涵与意义

(一) 文献综述的内涵

文献综述反映当前某一领域中某分支学科或重要专题的最新进展、学术见解和建议,往往能反映出有关问题的新动态、新趋势、新水平、新原理和新技术等。

文献综述与“读书报告”“文献复习”“研究进展”等有相似之处,都是从某一方面的专题研究论文或报告中归纳出来的。但是,文献综述既不像“读书报告”“文献复习”那样,单纯把一级文献客观地归纳报告,也不像“研究进展”那样只讲科学进程,其特点是“综”,“综”是要求对文献资料进行综合分析、归纳整理,使材料更精练明确,更有逻辑层次;“述”就是要求对综合整理后的文献进行比较专门的、全面的、深入的、系统的论述。总之,文献综述是作者对某一方面问题的历史背景、前人工作、争论焦点、研究现状和发展前景等内容进行评论的科学性论文。

(二) 文献综述的意义

学前教育研究过程中,撰写文献综述有如下几方面的意义:

第一,通过搜集文献资料过程,可进一步熟悉教育类文献的查找方法和资料的积累方法。

第二,查找资料的过程中,同时扩大了研究者的知识面。

第三,查找文献资料、写文献综述是学前教育实践科研选题及进行实际科研的第一步,因此,学习文献综述的撰写也是为今后学前教育科研活动打基础的过程。

第四,通过文献综述的撰写,能提高研究者的归纳、分析、综合能力,有利于研究者独立工作能力和科研能力的提高。

第五,文献综述选题范围广,题目可大可小、可难可易,研究者可根据自己的能力和兴趣自由选题。

二、 文献综述的类型

文献综述一般可分为目录性综述、文摘性综述、分析性综述。

(一) 目录性综述

目录性综述是按某一专题或某种共同特征将一定时段内出现的内容相似的原始文献题目加以综合描述,既不反映原始文献的质量,也不涉及作者的观点,只是就事论事地提供信息,如某研究者做过什么研究等。

(二) 文摘性综述

文摘性综述是对文献研究的问题进行综合性的描述,反映的内容比目录性综述要具体,但对信息不加以分析、评论,只是将收集的文献论述的问题予以归类,并加以描述。如在某些问题上,某研究者如何论述,提出了什么观点,其他研究者又是如何论述的,等等。这是一种常见的课题研究综述形式。

(三) 分析性综述

分析性综述要求将原始文献中涉及的内容加以归类、浓缩、综合、分析,附有综述撰写者的见解、评论,有的甚至做出结论。分析性综述要求高、难度大,是一项创造性研究工作,对撰写者的分析、概括能力以及对专业的熟悉程度都要求较高,一些期刊上的“动态”“述评”“进展”“综述”等都属于分析性综述。

三、 文献综述的步骤

文献综述的撰写一般包含选题、搜集文献、阅读文献、撰写文献综述四个阶段。

(一) 选题

撰写文献综述通常出于某种需要,如为某学术会议的专题讨论、从事某项科研、为某方面积累文献资料等。因此,文献综述的选题,作者一般是明确的,不像科研课题选题那样困难。文献综述的选题范围比较广泛,题目可大可小,大到一个领域、一个学科,小到一种疾病、一个方法、一个理论,可根据自己的需要而定。初次撰写文献综述者所选题目宜小些,这样查阅文献的数量相对较少,撰写时易于归纳整理。否则,题目选得过大,查阅文献花费的时间太多,归纳整理困难,最后写出的文献综述可能会出现大题小做或文不对题等现象。

选题确定好之后,就要确定文献综述的题目或名称。需要注意的是,文献综述的题目一般要比研究者的具体研究题目大,如研究者确定的研究题目是“幼儿园教师职业幸福感的调查研究”,那么研究者要撰写的文献综述的题目就应比这个研究题目大,应是这个研究题目所属的研究领域,如“幼儿园教师职业幸福感的研究述评”“教师职业幸福感的研究述评”甚至是“职业幸福感的研究述评”。在这三个不同层级的题目中,具体要选择和确定哪一个题目,主要取决于研究者查到的相关文献的数量。

(二)搜集文献

选定题目后,就要围绕题目搜集相关文献。关于搜集文献的有关方法,前面有关章节已经介绍,如看专著、年鉴法、浏览法、各类检索法等。搜集文献要求越全越好,因而最常用的方法是用检索法。一般新课题的综述,所引用的文献最好是近五年内的;用于发表的文献综述,参考文献要在6~7篇以上。需要注意的是,研究者搜集的文献数量一般要多于最终撰写的文献综述中所引用的参考文献的数量。

(三)阅读文献

搜集好与研究问题有关的参考文献后,就要对这些参考文献进行阅读、归纳、整理。如何从这些文献中选出具有代表性、科学性和可靠性大的单篇研究文献十分重要。从某种意义上讲,所阅读和选择的文献的质量高低,直接影响最终撰写的文献综述的水平。因此,在阅读文献时,要写好“读书笔记”“读书心得”,做好“文献摘录卡片”,用自己的语言写下阅读时得到的启示、体会和想法,将文献的精髓摘录下来,不仅为撰写综述时提供有用的资料,而且对于训练自己的表达能力、提高自己的阅读水平都有好处,特别是将文献整理成“文献摘录卡片”,对撰写文献综述极为有利。

(四)撰写文献综述

在充分研读搜集的文献资料的基础上,根据综述撰写目的,将搜集的文献资料通过归纳、整理、分析,拟定提纲确定分哪几个方面论述。需注意的是,文献综述提纲的确定是根据所查相关文献的研究内容或主题进行归纳的过程与结果。论述的每个方面越明确越好,应尽可能地包含最新的研究信息,这对保证综述的高价值很有益处。

四、格式与写法

文献综述的格式与一般研究性论文的格式有所不同。这是因为研究性论文注重研究的方法和结果,而文献综述要求向读者介绍与主题有关的详细资料、动态、进展、展望以及对以上方面的评述。因此,文献综述的格式相对多样。但总体看,一般包含前言、主题、总结和参考文献四部分。撰写文献综述时可按这四部分拟定提纲,再根据提纲进行写作。

(一)前言

前言部分主要说明写作的目的,介绍有关的概念及定义以及综述的范围,简明扼要地说明有关主题的现状或争论焦点,使读者对全文要叙述的问题有一个初步轮廓。

(二)主题

主题部分是文献综述的主体,其写法多样,没有固定的格式,可按年代顺序综述,也可按不同的问题进行综述,还可按不同的观点进行比较综述。不管用哪一种格式综述,都要将所搜集到的文献资料归纳、整理及分析比较,阐明有关主题的历史背景、现状和发展方向,以及对这些问题的评述。主题部分应特别注意代表性强、具有科学性和创造性的文献引用和评述。

(三)总结

总结部分与研究性论文的小结有些类似,将全文主题进行扼要总结,对所综述的主题，研究者最好能提出自己的见解。

（四）参考文献

参考文献虽然放在文末，但却是文献综述必不可少的重要组成部分。因为它不仅表示对被引用文献作者的尊重及引用文献的依据，而且为读者深入探讨有关问题提供了文献查找线索。因此，研究者应认真对待。参考文献的编排应条目清楚，查找方便，内容准确无误。关于参考文献的格式，应遵守国家标准《信息与文献　参考文献著录规则》（GB/T 7714—2015）。

五、注意事项

文献综述的写作既不同于“读书笔记”“读书报告”，也不同于一般的科研论文。因此，在撰写文献综述时应注意以下几方面的问题：

（一）搜集文献应尽量全

掌握全面、大量的文献资料是写好文献综述的前提，否则，随便搜集一些资料就动手撰写，是不可能写出好的文献综述的，甚至写出的文章根本不能称为文献综述。

（二）注意引用文献的代表性、可靠性和科学性

在搜集到的文献中可能出现观点雷同的情况，有的文献在可靠性及科学性方面存在着不足，因此在引用文献时应注意选用代表性、可靠性和科学性较好的文献。

（三）引用文献要忠实于文献内容

由于文献综述有作者自己的评论和分析，因此在撰写时应分清作者的观点和文献的内容，不能篡改文献的内容。

（四）参考文献不能省略

有的科研论文可以将参考文献省略，但文献综述绝对不能省略，而且应是文中引用过的，能反映主题全貌的并且是作者直接阅读过的文献资料。

总之，一篇好的文献综述，应有较完整的文献资料，有评论和分析，并能准确地反映主题内容。

思考题

一、选择题

1. 信息最主要的载体是（　　）。

A. 机读文献　B. 印刷型文献　C. 声像文献　D. 缩微文献

2. 具有便于检索、容易保存等特点的文献类型是（　　）。

A. 书籍　B. 期刊和报纸　C. 教育档案　D. 电子文献

二、名词解释

1. 文献综述　2. 一次文献　3. 二次文献　4. 三次文献

5. 目录性综述　6. 文摘性综述　7. 分析性综述

三、简答题

1. 简述文献检索的一般过程。
2. 简述计算机检索的基本步骤。
3. 简述文献检索过程中容易出现的错误。
4. 简述文献积累中阅读与写作的关系。

四、论述题

结合自己所学的知识点，分析文献综述的特点、格式及其写法。

本章建议参考资料

1. 中国学前教育研究会编：《中华人民共和国幼儿教育重要文献汇编》，北京师范大学出版社，1999 年版。

2. 胡森主编，李维等译：《国际教育百科全书》，贵州教育出版社，1991 年版。

3. 吴文侃主编：《当代国外教学论流派》，福建教育出版社，1990 年版。

4. 刘晶波著：《师幼互动行为研究》，南京师范大学出版社，2006 年版。

5. 卡西尔著，沉晖等译：《人文科学的逻辑》，中国人民大学出版社，1991 年版。

6. L.W.安德森，L.A.索斯尼克主编，谭晓玉，袁文辉等译：《布鲁姆教育目标分类学：40 年的回顾》，华东师范大学出版社，1998 年版。

7. 李晓东：《关于学业求助的研究综述》，载《心理学动态》1999 年第 1 期。

第四章　如何设计研究方案

学习章节与目标

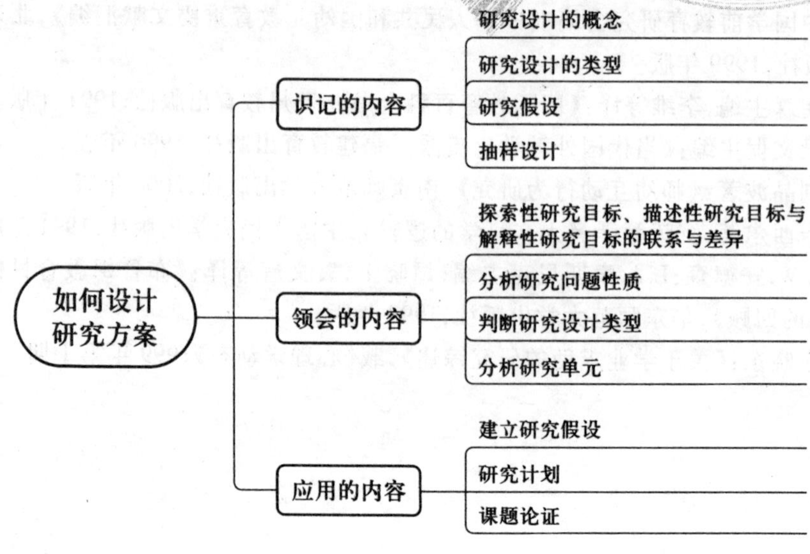

建议学时

8 课时。

老师导学

科学研究活动之所以区别于一般的经验活动就在于它的目的性、计划性。设计一项研究课题就是对一项学前教育研究课题进行全过程的设想、规划，是对一项研究课题全方位的思考、运作的过程。因而研究设计对学前教育研究具有全局性意义，要认真体会研究设计在研究知识体系中的统领意义。

本章知识体系展开的逻辑是从学前教育的研究目的、学前教育研究课题的选择、学前教育的研究动机、学前教育的分析单位、学前教育研究的概念界定、学前教育研究的抽样规律、学前教育研究计划的制订等方面系统讨论研究课题的设计。本章力图体现学前教育研究中量化研究与质性研究在研究设计中的区别，便于读者形成一个整体印象，该部分是学习的难点。

研究设计是研究者对研究进行的计划或策略选择。通俗地讲，研究设计就是研究者在研究前或研究中对研究全过程的通盘考虑或总体筹划。广义的研究设计包括：研究问题的选择，研究者的选择，具体研究方法的制定，资料的收集、整理与分析。由于方法论的不同，质性研究与量化研究在设计思路上存在较大的差异，但一些基本原则还是有相通之处的。

本章我们就研究设计中研究目标的确定、研究问题的选择、研究设计类型的选择、研究动机、研究分析单位、概念界定、抽样设计等基本问题进行介绍。

第一节　研究方案概述

研究设计的形式化体现是研究计划。研究计划是表达研究者的研究意图，说明研究的目的、意义、方法、步骤等方面的书面陈述。不管是撰写学位论文还是申请研究课题，都需要向答辩委员会或评审委员会提交研究计划。

提交一份完整的研究计划至少有以下几点好处：首先是研究者可以用书面的形式向他人阐明自己的研究意图，便于他人判断自己意图的有效性和可行性。其次，它促使研究者以书面的形式陈述自己的全部思想，并反思自己的研究历程，以便加以改进。再次，它可以作为研究者的行动指南，避免研究者依靠个人记忆而忘记研究中的某些程序细节。最后，一份好的研究计划还可以帮助研究者以最佳的陈述方式撰写研究报告或研究论文，一般认为，一份好的研究计划的结构与最后的研究报告或研究论文的结构相差无几。

一、 一般研究计划的写法

一份研究计划一般由以下几部分组成：

1. 导论

导论部分一般要陈述研究课题的目的、意义，说明研究课题与研究文献间的关系，指出研究课题的理论与实践意义，陈述研究假设以及研究所要达到的目标。

2. 文献综述

文献综述部分是整个研究的基础。所有的研究课题和研究方法一般都建立在研究者对文献中所涉及知识的深刻理解的基础上，这种深刻理解的表现形式便是一篇漂亮的文献评论文章。文献综述一般会涉及以下的内容：某一研究领域在各个时期的关键性发现；说明各个时期的相关研究与本研究的关系；分析前期研究所存在的问题；讨论前期研究所使用的方法；梳理前期研究在实践领域中的应用价值。

3. 研究设计与方法

介绍研究方案的基本思路，包括研究假设、研究变量、选择被试方法、测量工具、调查方法、可能的分析工具等。

4. 资料分析

预期资料的类型、资料的分析方法、资料的处理方式、研究资料与已有资料的关系等。

5. 预期结果

主要指研究的成果、各研究可能的成果形式、数据结果和其他文字资料的结果形式。

6. 研究进程与时间安排

该部分主要是列一个研究时间表清单。

7. 研究条件与物质保障

主要是阐明本单位及相关单位可能为本研究课题提供哪些实验室支持条件、实验仪器条件、数据处理与分析条件以及水电等其他物质设施保障。

8. 经费预算

指明各阶段、各研究项目可能需要的经费开支。

二、 学位论文或毕业设计中的研究计划

学位论文或毕业设计中的研究计划常以论证报告的形式体现，即开题报告。开题

报告的主要内容包括选题意义、文献综述、研究的内容及可行性分析、论文拟解决的关键问题及难点、论文框架、资料收集方法、论文撰写的进度安排以及参考文献。

三、申请立项课题的论证报告的写作

申请立项课题的论证报告的主要内容包括问题的提出即研究意义、课题研究定位、课题研究目标与主要内容、课题完成条件,以及课题研究步骤及人员分工等,其中课题研究定位又包括课题的核心概念及界定、国内外研究现状以及研究定位。

根据前面两类论证报告的介绍,我们会发现学位论文论证报告(开题报告)与申请立项课题论证报告的差异在于:

(1) 报告选题类型不同。学位论文论证报告的选题属于自由选题,而申请立项课题论证报告的选题一般属于规定选题。立项课题一般都以选题指南为依据,在规定范围之内选题论证。

(2) 报告所涉研究类型不同。学位论文论证报告的选题具有基础性、普遍性、前沿性等特征,一般属于基础研究或理论研究;申请立项课题论证报告的选题有多种类型,既有基础研究,又有应用研究,既有单一研究,又有综合研究。

(3) 报告完成主体不同。学位论文论证报告由学位申请者个人单独完成,研究的主体是个人;申请立项课题论证报告一般由群体完成,它需要一个团队合理分工来完成。

是否会写课题论证报告,能否独立写课题论证报告,是判断一个研究者能否独立开展研究工作的重要标志,它是一个人综合研究能力的反映。多参与、多练习,有助于一个研究者由辅助走向独立、由不成熟走向成熟。

第二节 研究前的设计

一、确定研究目标

学前教育研究的目标可分为三类,即探索性研究目标、描述性研究目标和解释性研究目标。

(一) 探索性研究目标

当研究者新接触一个课题或这个课题前人未曾涉足时,这样的研究往往是探索性研究。探索性研究也适用于更持久的一些现象。如某学生对学校的宿舍管理规则不满意,因而想改变它。他可以研究这个学校宿舍管理规则的历史,访谈有关人员以了解制定这些规则的原因,与部分学生交谈,了解他们对宿舍管理规则的大致看法,等等。与部分学生交谈的目的不在于要对学生的意见做出描述,而是为今后更为周密的研究提供指导。

探索性研究主要有三个目的:

(1) 为了满足研究者了解某事物的好奇心或欲望。

(2) 探讨周密研究某一问题的可能性。

(3) 选择更为周密的研究方法。

(二) 描述性研究目标

描述性研究的主要目的是对某一事物或事件进行描述,它通常要对该事物发生的

时空特征、事物间的内在联系进行全方位的描述。观察、调查是描述性研究收集资料的主要手段。描述性研究的主要作用是:有助于鉴别重要的行为现象;可以为进一步的研究提供关键的自变量;可以使研究者指向记录某种特定的行为和特定的测量。

描述性研究的主要方法有以下几种:

(1) 简单列举法,即观察、测量、计算事件或特性出现的次数或频率,也可以采用访谈或问题清单的形式,访谈和问题清单一般由研究者根据特定研究目的来设计,除了特定的研究内容外,还包括被研究者的年龄、性别、受教育情况、经济状况等。

(2) 自然观察法,是指对在自然的或正常状态下所发生的行为进行观察和测量。观察可采用连续观察和间断观察两种形式。连续观察是在一定的时期内连续观察被试所发生的各种行为并加以记录;间断观察采取时间取样的方式,要求在随机时间段观察被试的行为。间断观察的优点是不必观察被试的全部行为,所以可节省研究者的时间和精力,但也存在着失去对重要行为观察的风险。观察可用肉眼进行,也可利用望远镜、照相机、录像机和录音机进行观察或记录。自然观察的一个重要特征是必须在被试不知道或未发觉的情况下进行观察,这样可使被试的行为保持自然或正常状态。如果被试知道自己正在被观察,那么他们的行为往往是不自然的。自然观察的另一个特点是,研究者往往要在被试平常活动的场所去搜寻他们。

(3) 个案研究法,是指在相当长的时期内追踪单个被试的发展的研究。在个案研究中,研究者一般不干扰事件的过程,仅根据事实来描述被试的行为和经验。在个案研究中,虽然研究者在短时期内有可能会观察到感兴趣的事件,但是,绝大多数的情况下必须依靠其他人,如被试自己或其亲朋好友来说明环境对被试的影响以及被试的行为。有时研究者也采用比较个体行为的方式。例如,比较在不同环境下成长的双胞胎有机体。这种比较与实验有相似之处,但不同于实验。在实验研究中,研究者会有意识地在控制组和实验组被试之间造成不同,所以关于被试不同行为的来源,研究者有相当清晰的知识;但在比较个体行为的研究中,关于被试不同行为的来源,研究者只有间接的知识。因此,这种比较个体行为方式不同于实验研究。但是由于道德和实际因素限制不能用实验研究时,此种方式是较好的研究方法。

(三) 解释性研究目标

解释性研究就是对事物或事件发生的前因后果进行分析、探讨,其主要目的是确定事物之间的关系,特别是因果关系。解释性研究的主要方法是实验和测量。在解释性研究中,研究者操纵被试环境中的一些因素(称为自变量),并向被试呈现这些因素,其目的是要研究这些因素的变化会导致被试行为上的哪些改变。如果被操纵的因素有规律地引起一种行为的特定变化,一般把它们看作这种行为的原因,因为因果的假定始终是一种超出目前收集到的证据的推论。但如果研究者在其他所有条件保持恒定的情况下,通过一个或多个自变量的系统操纵,能确定在因变量中一种特定的变化,那么因果关系存在的可能性就增加了。支持因果关系的最有力的证据是,被操纵的变量在先,结果变量的变化在后,并且它们单独存在时结果变量的变化决不发生。操纵研究策略正是在这种情况下运用的,所以操纵研究策略的使用,使因果关系的推论变得更合理。

在多数研究中,上述三种设计都是必要的,只是在某一具体研究中各有所侧重。

二、 对研究问题性质的分析与判断

选择研究问题首先要分析研究问题的性质。学前教育研究问题的性质可分为三类。

1. 状态特征分析判断

主要研究不同分析单位的各种存在状态。对个人状态的描述可包括性别、年龄、身高、体重、婚姻状况、出生地等。对社会群体和组织状态的描述可包括规模、结构及其成员的概括性描述。对物质性社会产品的描述可包括大小、重量、颜色等,也可从它们与人发生关系的角度加以描述。对人际关系产物的研究则可包括对其在何时何地发生、涉及哪些人等状况的描述。

2. 内部心理变量分析判断

主要研究态度、信仰、个性特征、偏见、素质等。对个人意向的描述可包括宗教信仰、智力水平、道德水平等特征。对社会群体和正式组织的研究可包括其目标、政策、规范、过程及其成员的集体意向。对人际关系产物的研究内容也很丰富,如可以把暴动事件区分为有政治性动机和无政治性动机的两类加以研究。心理倾向主要包括认知特征、情感特征、态度、信仰、偏见、个性特征、心理结构等。

3. 特征性行为分析判断

主要包括教学行为、学习行为、工作行为、教育选择行为、不良行为。在学前教育情境中的特征性行为,常见的有:师幼互动行为、亲子交往行为、课堂教学行为、儿童游戏行为、同伴欺负行为、幼儿团体互动行为、室外活动行为、入园适应行为、依恋行为、卫生行为、饮食行为等。

三、 研究设计类型的选择

1. 横向设计

横向设计是指在同一时间内,对不同年龄组被试进行观察、测量或实验,以探究发展的规律或特点。例如,为了研究儿童了解自身和他人心理状态的能力,我们运用横向设计对 3 岁至 5 岁儿童进行了实验,结果发现,4 岁左右的儿童开始了解自身与他人的心理状态。

横向设计最突出的优点是可以在短时间内收集到较多的资料,有助于描述发展的规律与趋势;此外,样本也易选取与控制。因此,这种设计成本低,省时省力,见效快,目前发展心理学的研究多采用这一设计。其不足之处在于,由于被试的取样是几个年龄点,带有人为拼凑的性质,故不足以确切地反映出个体发展的连续性和转折点。依据横向设计所描绘出的发展曲线有可能受到“世代效应”的影响,即不同世代群体由于所处社会文化、历史条件和遭遇历史事件的不同而表现出发展上有差异的现象。例如,如果测量青少年、成年人、老年人对摇滚音乐的兴趣,可能会得到这样的结论:兴趣随年龄增长而减弱。但事实上,这更可能与不同的社会时代对音乐的兴趣变化有关。还有一个典型的例子就是,利用横向研究得出的数据表明,60 岁以后智力大幅度下降。那么,这种下降是年龄发展本身引起的呢,还是由于老年组被试的受教育程度不及年轻被试引起的呢?这就需要做进一步的深入分析。可见,由于时代变迁,被试经历的环境不同,根据横向研究得出的发展趋势极有可能带来谬误,而随着社会变革的速度越来越快，这种谬误出现的可能性也会增大。此外，横向研究不能说明发展的因果联系，如无法解释个体的早期经验对其后期发展的影响。

2. 纵向设计

纵向研究又称追踪研究，是指在较长的时间内对同一群被试进行定期的观察、测量或实验，以探究发展的规律或特点。例如，为了考察智力的成长过程，美国的推孟从1921年开始对1 528名超常儿童进行追踪研究，积累了这些被试从童年到老年的智力发展资料。

纵向研究的特点是，通过长期的追踪研究，可以获得发展连续性与阶段性的资料，从而系统、详尽地了解个体量变与质变的规律。纵向研究还有助于探明个体的早期发展与未来发展的联系，对了解发展的原因与机制十分有益。这些都是横向研究所无法达到的。当然，纵向研究也存在周期长、费用大的缺点，故被试的数量往往受到局限；在研究期间，样本的恒定非常困难，会因死亡、搬迁、厌烦而流失被试，从而有可能影响取样的代表性；此外，纵向研究需要被试反复做一些测验，这就不可避免地会使被试产生"练习效应"；纵向研究也同样存在着"时代变迁"效应，即"时代—历史的混淆"。

3. 交叉设计

交叉设计是将横向设计与纵向设计融合在一起，以更好地探查发展变化的特点与转折点。以成人的性别角色态度为例，看看交叉设计是如何来考察性别角色态度怎样随年龄、社会生活事件的变化而变化的。

假设在1945年对20岁群体样本(1925年出生的群体)进行性别角色态度评定，然后在他们40岁(1965年)和60岁(1985年)时再重新评估。在1965年，对另一组20岁群体样本(1945年出生的群体)进行性别角色态度评定，以后也是每隔20年再重新评估一次。在该研究中，包括两次纵向研究，同时也有横向研究，如1965年就分别对20岁和40岁的样本进行了评估。

四、 研究动机的审视

任何研究都有研究的内在驱动和外在诱因，尽管有的研究者意识不到自己的研究动机，但其研究动机都会对其研究产生实质性的影响，因而一个成熟的研究者应自觉地审视自己和他人的研究动机，这样才有利于深入理解他人的研究和调控反思自己的研究。学前教育领域的研究者选择研究问题的动机主要有以下几种：

1. 检验理论或研究假设

理论是对某类现象的系统阐释和概括性解释，假设一般是对某一现象或事物状态所做的猜测。一个理论通常包含一系列的关联假设。用某种方法对假设的真实性做出的判断就是检验假设。科学研究的首要目的就是检验理论或假设，它是学前教育学科的基本使命，也是学前教育研究的最基本动机。

2. 契约研究

契约研究就是科学家与国家、政府、团体或其他机构及个人签订合同从事某项研究。一般来说，各类基金项目，如国家科学基金项目、地方政府基金项目、学校式研究机构基金项目、企业事业单位基金项目都具有契约研究的性质。申请者与资助方在研究资助前需签订合同。

3. 学习目标研究

学习目标研究一般适用于学习群体,如中小学生开展研究性学习,在老师指导下确定研究课题,本科学生要完成学士论文,研究生要完成硕士、博士论文。这样的研究主要是为学习而研究,或是为体现自己的学业水平成就而开展的研究。

4. 专业成长研究

幼儿教师为促进自己的专业成长,结合自己的教学实践开展的研究就是专业成长研究。专业成长研究是国际教师教育发展的新趋向,这样的研究既不是基础研究,也不是具有全局性的应用研究,而是启迪教师实践智慧、形成教师实践性知识的研究。

5. 无框架研究

无框架研究是指研究者根据自己的兴趣爱好自主发现、选择研究问题,在现有清晰的看法或观念指导下的研究。无框架研究通常具有探索性,往往会得到令研究者始料不及的新发现,因而更容易产生原创性的成果。

五、质性研究与量化研究选择的条件

(一)质性研究选择的条件

由于质性研究遵循的是自然主义态度原则,因而研究者不需要对研究情境进行操纵和干预,也不需要控制变量和形成某种假设,并将这种结构性的假设强加于被试。质性研究设计所具有的这种自然性、灵活性、自动性,使得其设计风格同量化研究设计有较大的差异,为了以示区别,质性研究也将这种设计称为工作设计,也有人将其称为发展设计。

任何一项研究都必须提出或选择研究问题,那么质性研究一般选择什么样的问题呢?质性研究选择的问题有哪些特点呢?一般认为,质性研究适合于研究下列问题:

(1)不成熟的概念,这些概念明显缺乏理论基础,且以前尚未有人研究过。

(2)一些理论的内涵是不精确、不适合的,带有偏见甚至是错误的。

(3)为发展理论需要探索的和描述的现象。

(4)事物的性质不适宜量化。

质性研究问题有下列特点:

(1)被研究的问题是不熟悉的问题。

(2)被研究的问题是探索性的问题,其相关的概念与变量对研究者来说并不清楚。

(3)被研究的问题属于深层的探索性问题,且问题有模糊广泛的背景。

(4)探求研究问题的意义比数量更为重要。

(5)被研究的问题是意外发现的或突然降临的。

(6)被研究的问题属于独特的事件、独特的现象。

从这里我们可以看出,质性研究所选择的问题具有特殊性、意外性、模糊性、意义性、陌生性、深层性等特点。值得注意的是,质性研究问题的陈述方式同量化研究也是有很大差异的,质性研究不像量化研究那样把研究问题表述为"某某为某某的影响""关于某某特点或属性的研究",这样一些具体的、隐含因果关系或相互关系的陈述不是质性研究追求的,质性研究关注的是事物的整体性与其文化意蕴,因而其研究问题的陈述具有一定的涵盖性、总括性和模糊性。质性研究问题一般陈述为如“某某的生活研究”“某某的跨文化研究”“某某的行为或观念”等，很难从研究问题的陈述看到研究的具体内容，然而这些陈述依然暗含着研究者需要探询的事实和研究指向，这种陈述中的暗含指向就是陈述中的预示性问题，预示性的问题应是研究者所关注的焦点。

（二）量化研究选择的条件

量化研究选择的条件通常是在确定研究问题后，事先形成假设，然后设计特定的程序来检验假设。量化研究假设通常是在已有的研究基础上，利用统计学等量化方法来建立可测试的假设，以验证或推翻已有的理论或假设。这种假设的建立通常需要基于一定的理论基础或实证证据，并且需要在研究过程中进行精细的操作和测量，以确保研究的可靠性和有效性。通过检验这些假设，研究者可以对相关领域的理论或假设进行验证、补充或修改，从而推动该领域的发展和进步。一般认为量化研究适合于下列类型的研究：

（1）数据驱动决策：量化研究通过收集和分析大量的数据来获取信息和知识，帮助决策者做出更准确、更理性的决策。

（2）预测和解释：量化研究可以用来预测未来的趋势和行为，并为已知的社会、经济、政治或自然现象提供解释。

（3）系统和结构理解：量化研究可以帮助我们更好地理解复杂的系统，如社会系统、经济系统或生物系统，并找出其中的结构和关系。

（4）理论构建和检验：量化研究可以帮助我们构建和检验理论，尤其是在社会科学领域。

（5）政策制定：通过量化研究，政策制定者可以更好地了解问题的性质，制定出更有效的政策。

量化研究也需要大量的资源，包括资金、数据收集和分析的技能等。因此，在选择量化研究之前，需要仔细考虑研究问题的性质、资源和能力等因素。

量化研究问题的特点主要包括：

（1）可量化性：量化研究的问题应该是可以量化或可测量的。这意味着研究者可以使用数字或度量来描述和测量所研究的现象。

（2）客观性：量化研究强调研究的客观性。它假设社会现象是客观存在的，而不受主观价值因素的影响。

（3）逻辑性：量化研究认为事物内部和事物之间必然存在着逻辑关系。因此，对事物的研究需要找到这些关系。

（4）可重复性：量化研究的前提之一是研究对象独立于研究者并具有内在固定的、可以重复发生的规律。因此，量化研究需要能够重复验证其结果。

（5）系统性：量化研究需要有一套系统的理论框架和研究方法，以确保研究的可靠性和有效性。

（6）可推论性：量化研究的结果可以用来推论其他类似的情况或现象。这意味着研究结果具有普遍性和可应用性。

以上是量化研究问题的主要特点，但并不意味着每个量化研究问题都完全具备这些特点。在具体的研究实践中，不同的研究问题可能会有不同的侧重和特点。

第三节 研究中的设计

一、 选定分析单位

确定研究主题,判定研究类型、性质后,还需要选定分析单位。分析单位就是研究中所采用的最基本的研究单元。任何研究的目的就在于以分析单元的特征描述来揭示由这些分析单元组成的更大群体的特征。如幼儿入园适应性行为研究,其分析单元为每个入园的幼儿,通过有限的研究样本中每个幼儿的入园适应性行为,揭示某一国家、某一地区、某一类型幼儿园中幼儿的入园适应性行为特征。所谓研究中研究对象的千差万别,指的就是分析单位的不同层次、不同类型。

学前教育研究中的分析单位通常有以下几种情形:

1. 个人

这是教育研究中最常采用的分析单位,以个人为单位的研究旨在揭示个人组成的群体特征或总体特征以及总体中个人之间的关系与动力特征。学前教育群体中的分析单位可以是幼儿、教师、家长、社区居民、同伴、朋友、长辈中的每一个个体。

2. 个体内的某一特征或状态

通常主要是个体的体质(如身高、体重、肌肉、骨骼等)、生理(如血压、血流量、分泌物、神经结构、细胞活性等)、心理(如认知、情绪、社会性、个性等)、行为(如退缩、攻击、亲和、遵从、服从、适应等)。上述分析单位都是以每一个个体为载体的某些局部特征与现象,而不是以整个个体为分析单位。

3. 群体

群体也是学前教育研究分析的基本单位。群体作为分析单位是以群体作为研究单元,而不是以群体中的个人作为研究单元。如以家庭作为研究单位,就不能以家庭中的父亲、母亲、爷爷、奶奶、儿子、女儿作为研究抽样的单元。群体作为分析单位常见的有:家庭、班级、同事、朋友、学习小组、研究共同体等。

4. 组织

组织是指制度化、模式化、规范化的正式社会团体。正式的社会组织也可以作为学前教育研究的分析单位,这样的常见分析单位有:幼儿园、亲子学校、托幼机构、日托机构、幼教集团等。

5. 社会文化产品

学前教育研究中不容易引起关注的分析单位是同儿童、学前教育有关的社会文化产品,如书籍、教材、活动材料、玩具、诗歌、绘画、歌曲、工艺品、木屋、童话、故事、游戏等。

二、 研究假设的建立

研究假设是以已知的事实和科学知识为基础,能够真正揭示未来事件的出现、未知事实出现的原因以及规律性的假定。研究假设分为事实性假设和统计假设。

(一) 研究假设的特点

1. 研究假设具有可推测性

任何假设都是外界的各种事件或现象的猜测。研究假设也是这样,当尚未达到确切可靠的认识之前,它也具有推测性。这种推测是否正确,有待于通过科学实验来检验。

2. 研究假设以事实和科学知识为基础

猜测可分为有根据的猜测和无根据的猜测两种。研究假设是属于有根据的猜测。它是以真实的事实材料为基础的,是人类高级思维活动的产物。因此,科学假设同无根据的瞎说或迷信的胡说是根本不同的。

3. 研究假设是人类的认识逐步接近客观真理的方式

虽然假设是对于未知事件或现象的假定性的、推测性的解释,是否把握了客观真理尚属疑问,但是,研究假设是对于未知事实和现象有根据的推测,因而,通过科学实验的检验,可不断修正、补充假设。这样人们会逐步地、更多地接近客观事实的某些方面。因此,研究假设是人类认识客观真理的逐步接近的方式。

(二) 研究假设提出的方法

研究假设是在一定条件下提出的,各有其客观必要性和根据。若单从主观愿望出发,任意创立假设,这不仅不会给课题的研究带来任何好处,反而会把研究者引入歧途。

那么,在科学研究中,如何提出假设呢?总结人类科学研究时提出假设的经验,大体上,提出研究假设的具体方法有如下几种:

1. 由特殊到一般的方法

假设是人们对活动的规律的猜测的解释。活动的规律往往具有普遍性。既然是普遍的,它必然在一些个别特殊的事件中也有所表现。因此,我们在研究个别、局部的事件时若有某些发现,这些发现就可以提高成为在一般情况下的假设。这是提出假设的一种方法。麦克勒从图形知觉研究中提出的神经心理学假设,就是应用这种方法。

2. 类推的方法

在研究中,如果研究者看出了表面上互不相关的现象之间有共同点,就可以加以类推,建立假设。例如,许多研究动物心理的研究者发现,动物有机体对外界信息加工具有特征觉察现象。人与动物虽然不同,但两者都是神经系统支配下行动的,这一点是共同的,所以他们通过类推建立人类对外界信息加工也具有特征觉察现象的假设。然后,利用行为研究方法,证实了这个假设。

3. 移植的方法

在科学研究中,有时可应用或移植其他学科领域里发现的新技术来研究本学科的问题,而提出假设。例如,信号检测论原是通信工程中的一种方法学,美国两位心理学家把这种方法学移植到心理学中。因信号检测论具有 D 和 B 两个指标,其中一个是客观辨别力指标,另一个是表示主观倾向的指标,因而,心理学家在研究人类感知觉时,将其中的主观因素的作用与客观辨别力分别标出,并提出假设。信号检测论适用于研究人类的感知觉,后经实验研究得以证实,从而使感知觉研究的结果更准确、更科学。

4. 经验公式的方法

对于实验数据,经数学方法处理之后,往往可找出经验公式。这种经验公式虽然是根据有限次数的实验获得的，带有很大的局限性，但是，研究者可在此基础上提出假设，以便为进一步的研究提供新线索，这也是提出假设的方法之一。例如，费希纳曾用差别阈限法制作等距量表的实验，把等距量表的实验数据在半对数坐标上作图，作为心理测量的函数是一条直线，从而取得了如下经验公式：$S=K\lg R$，其中 S 是心理量，R 是物理量，K 是经验常数，从而提出，心理量和物理量的关系是物理量按几何级数增长，心理量按算术级数增长的假设。尔后的许多等距量表的实验证实了这一经验公式，后成为心理物理学定律之一——对数定律。

5. 分类归纳的方法

在科学研究中，经调研后常常把收集到的资料加以分门别类地分析、整理，并从中找出某些规律或提出相应的假设，这也是一种建立假设的常用方法。例如，史蒂文森收集了费希纳的对数定律以及对对数定律的批语的资料。经分析整理提出，费希纳的对数定律依分辨能力作为测量感觉的单位，是无法形成一个和心理量成比例的量表的。因而，他以数量估计法来制作比例量表，从而得出了新的定律。

6. 由因推果的方法

科学研究中更常用的是提出因果假设的方法，即“如果 A，则 B”的形式。A 是指假设的前项条件，B 是结果事件。例如，如果对被试自己所喜爱的活动进行奖赏，那么会提高被试对此活动的兴趣。为了检验此假设，心理学家设计了许多实验。德西和莱恩在 1975 年经一系列实验之后，提出了一种认知评价理论。

（三）形成研究假设的注意事项

在科学研究工作中，若形成的假设不当，那么不仅不会有所得，反而会影响研究工作的顺利进行。因此，形成研究假设应注意：

1. 形成假设必须以事实为基础，但也不能等待事实材料的全面系统的积累

形成假设一方面要以事实作为依据，因为事实是形成假设的出发点。另一方面，也不能等待事实材料全面系统的积累之后，才提出假设。因为这样就等于停顿了科学研究工作，对科学发展是无益的。

2. 假设必须能解释已有的事实，预言未来的事件并能以实验予以检验

假设既然是为了指出现象之间的规律性联系，那么提出的假设应对已有的有关事件能给予正确解释并预见未来的事件。如果所形成的假设无法解释已掌握的有关事实，那么，这个假设就毫无意义了。当然，要求一个新形成的假设对已有的事件做完美无缺的解释是困难的，但起码应做到，对某些令人费解的关键性的现象，应力求完满解释。

假设既然有推测性，那么假设必须能预言某些结果并能用实验来检验这些预言是否正确。如果预言被实验否定，则表明该假设是错误的；反之，若假设的预言被实验所证实，就表明这个假设很可能是正确的。

3. 所形成的假设必须充分运用科学原理和新的线索，而不要被错误的传统观念所束缚

形成假设的过程是人类认识的扩大和深入。因而，一方面应当运用和遵循已有的科学原理，另一方面，也不要被现有的理论所束缚。这是因为认识本身是个辩证的过程，许多现有的理论并不都是完美无缺的。特别当原有理论与新的事实发生矛盾时，我们就应放弃原有理论而另创假设。例如，在 19 世纪 70 年代末，德国权威心理学家

冯特断言，高级心理过程不能进行实验研究。但是，冯特的学生屈尔佩在艾宾浩斯的记忆实验研究的启示下，毅然冲破了他的老师的断言，开创性地采用实验法研究了高级心理过程——思维、判断和意志等，并建立了符兹堡心理学派。

4. 审慎地对待不同的假设

有时几位不同的研究者同时对某一问题提出几个假设，甚至有对立的假设。此时，研究者应审慎地对待不同的假设。因为每位研究者在提出假设时总是有其自己的根据。因此，审慎地对待不同的假设，对于完善自己的假设是有利而无害的。有时，要解决一个问题，自己也会提出不同的假设，对这几个假设一时还无法做出明确的判断。此时应通过进一步的观察、测验、实验来一一加以检验，而不应轻率地主观判定。

5. 假设的结构应简明

假设内容的复杂程度随研究问题的性质而定，从最初萌芽状态到最后完成状态，是一个逐渐明晰的过程。在这个过程中，往往有主次混杂、不精练、不简明之处。因此，在形成假设过程中要加以精练，力争假设的结构简明，抓住关键。

三、 概念的界定与操作化

教育理论的基本构成是教育概念和教育变量，它们相互联系形成的陈述就是命题。因而概念的界定和操作化是教育研究的基础性工作。

一项研究中的教育概念在综述前人或相关研究的相应内涵与外延的基础上，要对研究中的该概念重新进行定义，特别是如智力、非智力、个性、性格、人格、学习、教学等有多种解释的概念需要详加辨析，重新定义。

概念的操作化是一种概念描述的规定，它需要被研究的概念特征具体化，其实质是描述用什么办法来测量概念。例如要研究“疲劳对识记的影响”，其中“疲劳”就是一个含义不明确的概念。为了进行实验研究，就要对这种含义不明确的自变量做出一个严格的规定，使之能加以具体操作。为了从操作上定义“疲劳”，我们首先确定某种操作，然后确定操作方法、程序以及标准。因而疲劳就可按“工作效率的降低”来定义。这样，操作定义把一个不易定量的概念规定了一个标准。通过这一个操作定义，不仅研究者自己可以操作“疲劳”这一自变量，其他人也可以依此操作这个自变量。许多概念都无统一固定的操作定义。一般按研究的目的、要求，研究者自己要想方设法去规定。例如，手动作稳定性的操作定义，可由在九洞稳定器上，被试能通过的最小洞的直径的倒数来定义。九洞稳定器：有 9 个洞，其中最后一项“倒数×2”，目的是把“倒数”一项中最大的数变成“1”。有了这一操作定义，我们可测量任何一个人的手的动作稳定性。若一个人只能连续三次无误地通过第 7 个洞，那么他的手动作稳定性是 0.66；若另一个人能连续三次无误地通过第 8 个洞，那么他的手动作稳定性是 0.76。因为操作的标准一样，他们可以相互比较（见表 4-1）。

表 4-1　手的动作稳定性的测量

洞	1	2	3	4	5	6	7	8	9
直径/mm	13.00	8.00	6.50	5.00	4.00	3.50	3.00	2.60	2.00
倒数	0.08	0.13	0.15	0.20	0.25	0.29	0.33	0.38	0.50
倒数×2	0.16	0.26	0.30	0.40	0.50	0.58	0.66	0.76	1.00

四、抽样设计

抽样设计是指研究中如何抽取样本的计划安排。抽样设计分为随机抽样设计和非随机抽样设计。

（一）随机抽样设计

随机抽样设计是指抽取样本时按照随机抽样的方式进行，它是建立在统计学的抽样分布理论基础上的。随机抽样设计主要有四种基本类型，即单纯随机抽样设计、机械抽样设计、整群抽样设计、分层抽样设计。

1. 单纯随机抽样设计

从调查总体中完全按照随机的方式抽取调查样本，这样的设计称为单纯随机抽样设计。单纯随机抽样必须遵循：① 抽样的随机性，即总体中每个个体被抽取的机会均等；② 抽样的独立性，即抽取一个个体之后总体内成分不变。

单纯随机抽样可采用抽签法、随机数码表法以及摇号机摇号来实现。

抽签法：先将总体中每个个体都编上号码，再将每个号码写在标签上，将签充分混合后，从中抽取几个签，这样被抽到的签号对应的个体就进入抽取样本。

随机数码表法：随机数码表中所包含的 0~9 这 10 个数字出现的概率是均等的。先将总体中的每个个体编上号码，然后从随机数码表中任意一个数字开始向任何一个方向摘录数字，直至摘录样本容量达到要求为止。

单纯随机抽样从理论上讲是最符号随机原则的，在分析抽样误差时也比较简明；但这种方法在实践中常会受到限制，如总体数量很大或总体比较复杂时，此法就难以实施。

2. 机械抽样设计

机械抽样就是把总体中的所有个体按一定的顺序编号，然后按照固定的间隔抽取样本。间隔的大小应由样本容量与总体中个体数目的比率来确定。如要调查某校大学生学英语的情况，拟从 1 500 名大学生中抽取 150 人作为样本，那么抽样间隔就是 $\frac{1}{10}$，即每 10 人抽取 1 人。

机械抽样比单纯随机抽样更能保证抽到的个体在总体中分布均匀，而单纯随机抽样比机械抽样更能保证其随机性。

3. 整群抽样设计

从总体中抽取的研究样本，不是以个体作为单位，而是以一个群体作为抽样的单位，以此种方式抽取的设计就是整群抽样设计。如果要了解某市物理学科高考的成绩，就可以以学校为单位来进行抽样。

整群抽样的优点是便于调查实施，缺点是若取样的群体特征与总体的特征差异较大时，取样的代表性就较差。

4. 分层抽样设计

分层抽样就是按照总体已有的某些特征，将总体分成几个不同的部分（每一部分叫一个层），再分别在每一部分中随机抽样。由于分层抽样充分利用了总体已有的信息，因而分层抽样设计是一种非常实用的教育调查方法。

对于一个总体究竟应该如何分层，分几层，要视具体情况而定。总的原则是：层内的个体差异越小越好，而层与层之间的差异越大越好，否则就失去了分层的意义。显然如何合理地将样本容量 n 分配在各层是分层抽样的关键，通常各层人数抽取比率是样本容量与总体容量之比。分层抽样一般分三步进行：① 分层；② 计算各层抽取比率；③ 计算抽取单位数。例如，某市要从 7 个区初一年级的 1 049 个班中抽取约 200 个班检查中学生的健康状况，已知 7 个区初一年级的班数分别为 222，147，216，135，124，125，80，问对这 7 个区的 1 049 个班应如何分层抽样？根据分层抽样的基本步骤，抽样结果如表 4-2 所示，可据此分配各层的应抽取班级。

表 4-2　分层抽样设计

	一区	二区	三区	四区	五区	六区	七区
班级数/个	222	147	216	135	124	125	80
抽取比率/%	0.19	0.19	0.19	0.19	0.19	0.19	0.19
抽取班数/个	42	28	41	26	24	24	15

在学前教育研究中并不是所有的条件下都适合随机抽样设计，大量的研究并不具备随机抽样设计的要求。这是因为，在有的研究中从总体中选取一个随机样本从逻辑上是行不通的，而且由于伦理原因，某些情况下随机抽样可能不符合道德要求。在这样的情况下，非随机抽样就显得非常重要。

（二）非随机抽样设计

非随机抽样设计也称目的性抽样设计，它是指研究者为了达到研究目的，而选择一个并不具有随机条件的样本。这些非随机的样本个体对研究者所研究的问题有深刻的了解，可以为研究者提供丰富的信息。非随机抽样设计主要有以下类型：

1. 全面抽样设计

全面抽样设计是指样本中包含的所有单元都被抽取的样本设计。全面抽样设计主要是用于抽样框中被抽取的单元十分有限，都具备抽样的条件。如某幼儿园要研究随班就读的智力落后幼儿，而整个幼儿园只有 8 名智力落后幼儿，因而这 8 名幼儿都具有抽取的条件，即使这 8 名幼儿全部抽取，该研究的样本容量也并不大。在这样的条件下，就需要全面抽样设计。

2. 最大差异抽样设计

最大差异抽样设计是指在研究中为了对某种特征提供最大的差异，在研究总体中，抽取差异最大的样本个体。如在汉族、藏族、蒙古族三个民族混合的一所幼儿园中研究幼儿的生活方式认同，研究者可能分别抽取一个藏族男孩和一个藏族女孩、一个蒙古族男孩和一个蒙古族女孩、一个汉族男孩和一个汉族女孩分别进行同年龄的生活方式认同比较。

3. 极端个案抽样设计

极端个案抽样设计是指从抽样框中选择某一特征连续体中的两端个案作为抽取对象进行研究。如评价两所幼儿园幼儿生活习惯的养成情况，在抽样时可分别从最好的班级和最差的班级中抽取幼儿。

4. 典型个案抽样设计

典型个案抽样设计是从研究对象中选择具有典型性的研究单元或个体，以最大限度地反映该单元或研究个体的独特性。

5. 同质性抽样设计

同质性抽样设计是指在研究中抽取具有同质的群体、亚群体或个体单元，以发现它们的共同特质或行为心理模式。

6. 深度抽样设计

深度抽样设计就是研究者选择跟研究目的有关并特别感兴趣的对象作为研究样本的抽样设计方法。如研究者想研究幼儿教师的人格特质，他就可以选择感兴趣的不同类型教师进行特质资料的收集。

7. 关键个案抽样设计

关键个案抽样设计就是研究者选择对某一理论或研究方案特别有利的样本。如伽利略选择不同重量的球体来探知物体的重量是否影响降落的速度，而不选择其他重量的物体，这是因为用不同重量的球体做个案来印证物体重量对降落速度的影响具有很好的推广度。

8. 滚雪球抽样设计

这种抽样设计方法适合于某一研究中的研究被试难以大量获得，研究者先寻找某一对象，然后让其推荐更多的人选，这种由先前的被研究对象逐层推荐越来越多的研究对象的方法就像滚雪球一样，故得名为滚雪球抽样设计。

9. 分层目的性抽样设计

分层目的性抽样设计与最大差异抽样设计的不同在于，分层目的性抽样设计需要先将研究对象划分为几种不同的类型或水平，然后有目的地选取样本。

10. 方便抽样设计

方便抽样设计是指研究样本的选择是以便于研究者研究为出发点，主要表现为研究者容易获得被试，或容易收集数据，或研究成本较低等。

非随机抽样设计的方法还有很多，用什么样的抽样设计取决于研究者的偏好，更取决于研究的具体情境，需要研究者在研究设计时做出选择。

思考题

一、选择题

1. 学前教育研究的目标可分为(　　)。

A. 探索性研究目标　　B. 描述性研究目标

C. 解释性研究目标　　D. 表达性研究目标

2. 研究设计的类型有(　　)。

A. 横向设计　　B. 纵向设计　　C. 平行设计　　D. 交叉设计

3. 研究设计的分析单位通常包括(　　)。

A. 个人　　B. 群体　　C. 组织　　D. 社会文化产品

4. 分层抽样设计的环节有(　　)。

A. 分层　　B. 计算量数

C. 计算各层抽取比率　　D. 计算抽取单位数

5. 单纯随机抽样的基本原则是(　　)。

A. 随机性　　B. 独立性　　C. 关联性　　D. 有效性

二、名词解释

1. 探索性研究　2. 描述性研究　3. 解释性研究
4. 横向设计　5. 纵向设计　6. 交叉设计
7. 研究动机　8. 分析单位　9. 研究假设
10. 概念操作化　11. 随机抽样设计　12. 非随机抽样设计

三、简答题

1. 简述学前教育研究目标的分类。
2. 简述研究设计的类型。
3. 简述学前教育研究分析单位的类型。
4. 简述研究假设的特点。
5. 简述研究假设提出的方法。
6. 举例说明如何使概念操作化。
7. 简述随机抽样设计的类型。
8. 简述非随机抽样设计的类型。

四、论述题

1. 试述研究计划的基本构成。
2. 试述研究假设提出的方法。
3. 试述质性研究与量化研究选择的条件。
4. 试述形成研究假设的注意事项。
5. 试分析研究者选择研究问题的动机。
6. 试论述开题报告的研究计划。
7. 试论述课题申请的研究计划。
8. 试论述开题报告与课题申请的研究计划的区别。

本章建议参考资料

1. David R. Krathwohl: Methods of educational & social science research: an integrated approach(2nd ed.). Addison-Wesley Educational Publishers, Inc, 1993.

2. Best, J. W. & Kahn, J. V.: Research in education (7th edition). Boston: Allyn & Bacon, 1993.

3. Bogdan, R.C.& Bilklen, S.K.: Qualitative research for education: an introduction to theory and methods. Boston: Allyn and Bacon, 1998.

4. 董奇,申继亮:《心理与教育研究法》,浙江教育出版社,2005 年版。

5. 梅雷迪斯 · D.高尔等:《教育研究方法导论》,江苏教育出版社,2002 年版.

6. 杰克 · R.弗林克尔等:《教育研究的设计与评估》,华夏出版社,2004 年版.

7. 维尔斯曼:《教育研究方法导论》,教育科学出版社,1997 年版.

8. 陈向明著:《质的研究方法与社会科学研究》,教育科学出版社,2000 年版.

第五章　如何进行观察研究

学习章节与目标

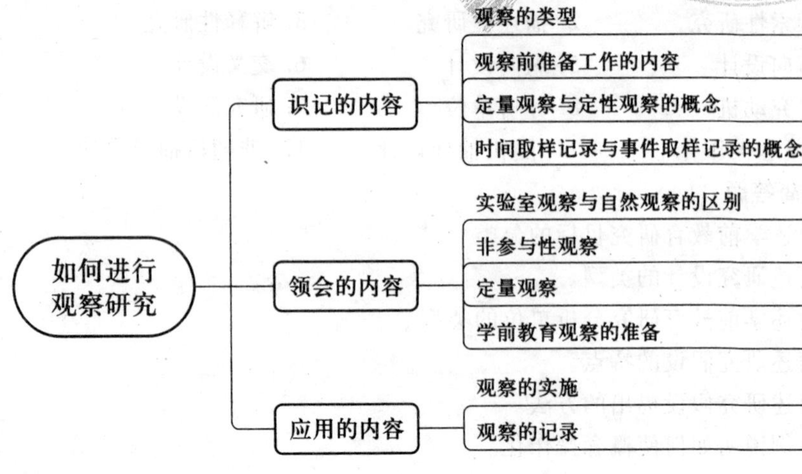

建议学时

3 课时。

老师导学

某些研究问题是可以通过观察人们的行为以及事情的状况来得到最好的解答的。虽然研究者可以通过访谈家长了解学前儿童在若干方面的表现，但学前儿童具有的情感外露、思维行动性等特征决定了观察法应该是了解他们的最有效的方法。有关学前儿童表现的准确细节可能只有通过观察才能获得。

第一节　观察研究概述

学前教育观察的类型很多，按照不同分析角度，可以将观察分为不同的类型。

一、 自然情境中的观察与实验室中的观察

按照观察的情境条件可以分为自然情境中的观察与实验室观察。

自然情境中的观察也称现场观察，是指在现场的自然情境中不加以控制的观察，观察者一般不做任何努力去操纵变量或去控制个体的行为，而只是观察与记录自然发生的事件和行为。比如，教师与幼儿在教学活动中的相互影响，或者幼儿在游戏中的表现等都可以通过自然情境中的观察得到最好的理解。

自然情境中的观察是教育研究中最古老的，也是最基本的观察，能系统地记录幼儿的发展变化，获得相对比较客观的资料。它的弱点在于需要花费较多的时间与精力，而且观察所得的资料一般是观察对象的外在的行为与相关的现象，往往不能确定行为或现象之间的内在因果关系。同时，这种观察比较难以克服观察者的主观倾向性，对观察对象的细节容易忽略。

实验室观察又称控制观察或条件观察，是指在实验室有控制的条件下的观察，需要设置特定的情境，规定刺激的性质，观察特定条件下的特定行为。

实验室观察由于在相对严密的控制下进行，能较好地克服由于观察者的主观选择

而产生的误差。观察者往往会告诉研究对象该做什么,而不是应该怎么做,从而帮助观察者获得那些在幼儿园或其他教育环境中不容易观察到的事件。由于实验室观察对环境条件的人为控制要求比较高,对于一般的幼儿教育机构来说,实施起来比较困难。而且该种观察的生态效应较差,其研究结果的推广性比较差。

二、 参与性观察与非参与性观察

按照观察者是否参与被观察者的活动,可以划分为参与性观察与非参与性观察。幼儿教师最主要的还是采用参与性观察。

在参与性观察研究中,观察者实际地参与了观察对象所处的环境当中。观察者的身份可以是公开的,也可以是隐蔽的。公开的参与性观察,研究者的身份容易被确认,可能会影响到研究对象的行为表现。

例如,一位观察研究者在得到一位大班幼儿教师的同意后,在一学年内研究他们的班级,教师与幼儿都将知道研究者的真实身份。公开的参与性观察往往要求观察研究者在进行正式观察之前,需要有一段时间让观察对象适应研究者的存在,以保证较高的观察有效性。

又如,在隐蔽的参与性观察中,研究者需要掩饰其真实身份并像其他成员一样活动。采用这种观察方式的研究者,可以本身就是某个班级的教师,也可以是外在研究者通过一定的周折后获得某个幼儿园教师的资格,同时花上一些时间在幼儿园内一边从事教育教学活动,一边观察身边发生的一切。其他人不容易发现研究者的真实身份。隐蔽观察容易获取可信的事实资料,但往往会由于缺少道德上的依据而受到批评。

参与性观察对于学前教育研究者来说,有着显著的优点。首先,由于研究者与观察对象的心理距离被缩短,有利于发现研究问题,研究可以比较深入,可以追究根源。其次,参与性观察还是行动研究的重要基础和必备的方法。但是如果研究者对参与尺度把握不当,如可能成为左右活动的人物,就会影响观察的客观性。

非参与性观察是指观察者不介入观察对象的活动,以局外人或者旁观者的身份进行的观察。在非参与性观察中,观察可以是公开的,即观察对象知道观察者的存在;也可以是隐蔽的,观察者利用单向玻璃或暗中设置仪器进行观察。非参与性观察由于不干预观察对象的活动,得到的资料与相应结论的客观性会较强。但观察内容易停留于表面,难以获取深层次的信息。

三、 定量观察与定性观察

按照观察过程记录方式和结果处理手段的不同,观察可以分为定量观察与定性观察。

定量观察是事先运用一套定量的结构化的记录方式进行观察。该种观察也被称为结构性观察或系统性观察,它要求指标体系明确具体;严格对观察行为、事件进行分类并下操作定义;在一定控制程度下进行观察;进行必要的观察者培训,建立信度;经过统计分析的量化方式处理观察所得资料等。由于这种观察运用了标准化的观察程序,对于观察者的主观倾向可以进行相对有效的控制,科学性较强,对观察者与观察手段要求较高。

定性观察是研究者依据简要的观察提纲，在观察现场对观察对象做详细的、多方面的记录，并在观察后根据回忆加以必要的追溯性的补充与完善的一种观察。该观察也称非结构性观察，是一种观察计划周密性较差、结构较为松散的观察，观察结果的呈现形式是非数字化的，分析手段是质化的，并且资料分析在观察的周期中就可以开始进行。定性观察一般需要较长的时间，比较适合教师在日常教育、教学中获取信息，多用于探索性研究当中。

定量观察记录方式的特点是预先设置行为的类目，然后对在特定的时间段内出现的类目中的行为进行记录。

定性观察研究与定量观察研究相比，观察者对被观察现象不保持中立，他们在阐释观察内容时可以融入自身的情感与经验；观察的重点更突出，而且观察重点通常要广泛得多。

常见的定量观察记录方式有四种样式：时间取样记录表、事件取样记录表、项目清单、等级量表。常见的定性观察记录方式有描述体系、叙述体系、图式记录与仪器记录等。这部分内容将在本章后面具体讲述。

第二节　观察前的准备

与人们的日常观察相比，学前教育研究中的观察有着明确的目的与具体的任务。为进入现场观察做好充分的准备是使得观察研究活动得以顺利进行、保证观察任务达成的必要工作。

一、确定观察的问题

确定观察问题在于明确观察活动中应该观察什么。观察问题往往是由研究问题决定的，反映的是研究问题所涉及的观察对象的行为表现与相关事件。所以，要使观察问题准确地反映由研究目标决定的研究问题，研究者务必要保证观察问题的操作性，即能运用观察法清晰地将其从观察对象多样而复杂的行为表现与事件中剥离出来。这对定量观察来说尤为重要。

一般而言，要使得观察问题能有效地反映课题研究的内容，一方面研究者应该对课题研究的内容进行分析，主要确定内容所涉及的范围。在观察研究当中，确定观察对象的哪些行为与相应的事件需要关注，研究者要尽可能详细地罗列这些行为与事件并对行为与事件进行明确的操作定义，要注意避免遗漏。

另一方面，研究者应该按照一定标准将罗列的行为与事件形成一个体系，可以使得观察问题更加明确，以帮助研究者按类别进行观察，提高观察研究的效果与效率。

需要注意的是，对具体的行为或者事件进行详尽描述后，应按照特定的分类标准进行归类，并形成体系，这将有助于研究者准确把握观察问题，对研究的顺利展开有着极大的帮助。另外，在一些研究中，针对研究的目标要求，研究者除了要关注观察对象行为表现的类别之外，还要考察观察对象各种行为表现在水平或程度上的差异。研究者在对观察问题各类别给出操作定义的同时，还应对同类观察问题划分等级，给每个等级下好操作定义。

二、制订观察计划与观察提纲

在确定了观察问题后，制订一份详细的观察研究计划是必需的。详细的观察计划可以帮助研究有序展开，按照研究要求收集系统、客观的资料，并得到科学的研究结论。

观察研究计划的制订一般应考虑研究问题的特征、观察对象的活动特点与要求、观察者自身所具备的主客观条件等方面，力求在科学设计的基础上，保证观察研究计划的切实可行。

一份完整的观察研究计划应该包括观察内容、观察时间（包括在什么时间观察、观察时间有多长、要经过几次观察）、观察对象的选择、观察地点、观察方法、观察方式与手段（即观察是公开式还是隐蔽式，是否使用录音与录像设备）、对观察资料的整理和分析、观察者之间的分工以及观察报告撰写规划等方面的内容。

观察研究计划是对一个观察研究的总体规划，对于指导课题研究顺利展开有着极为重要的意义。而对于每次具体的观察来说，则需要观察者设计必要的观察提纲，以明确观察的具体问题。观察提纲是观察计划的具体化、细化。一般情况下，观察提纲在遵循观察目标与观察计划的基本要求下，应包括：

(1) 观察谁？具体指有谁在场？他们是什么人？他们的角色、地位、身份是什么？有多少人在场？这是一个什么样的群体？在场的这些人在群体中各自扮演什么角色？谁是负责人？谁是追随者？

(2) 观察什么？发生了什么？在场的人有什么行为表现？他们说什么？做什么？他们说话或做事时使用了什么样的语调和形体动作？他们的行动类型、性质、细节、产生与发展的过程是什么？在观察期间他们的行为是否有所变化？

(3) 在何时观察？有关行为或事件是什么时候发生的？这些行为或事件持续了多久？行为或事件出现的频率是多少？

(4) 何地观察？如何发生？相关的行为、事件是在哪里发生的？这个地方有什么特色？这个行为或事件与其他地方发生的行为或事件有什么不同？在涉及定性观察时，行为、事件如何发生？各方面互相之间存在什么样的关联？有什么明显的规范或规则？等等。

(5) 如何观察？即运用什么样的方式进行观察。

(6) 为什么要这样观察？在定性观察研究中，研究者务必还要思考，为什么这些事情会发生？促使这些事情或行为发生的原因是什么？对于发生的行为或事情人们有什么不同的看法？人们的目的、动机和态度是什么？等等。

在实际运用中，定量观察与定性观察的提纲设计还是有一定区别的，研究者可以根据具体情况有所取舍。一般而言，定量观察在观察实施前常拟定观察项目清单、观察表、观察卡片，用其作为观察提纲。定性观察的提纲设计包括：观察的情境，包括实施观察的地点、时间、观察对象，观察的主题，观察的记录方式。观察提纲的合理设计与运用将保证观察计划的顺利实施，有利于观察目标的达成。

观察提纲是对某次具体观察活动所做的规划，但由于偶发事件的存在，观察提纲的设计应该要有一定的灵活性。比如观察样本流失、幼儿活动时间的临时变化等在观察过程中极有可能发生，观察者应该在观察提纲中设计相关的观察预案，这样观察者可以知道遇到这些偶发情况时应该怎么办。

三、选择合适的观察方法

研究者对观察方法与方式的选择往往会直接影响观察所收集到的资料的完整性、有效性、客观性。因此,研究者应该在研究设计时,慎重对待观察方法与方式的选择。适用于学前教育科学研究的观察方法有着不同的类别,而不同类别的观察方法有自身不同的优势与局限。研究者应在充分了解各类观察方法特性与用途的基础上,依据以下几个因素选择合适的观察方法。

(一)观察研究的目的

观察研究的目的是观察研究活动的统帅,直接影响对观察方法的选择。如果观察研究需要了解的是程度、好坏的水平等,就需要运用定量观察方法;如果观察研究还需要了解行为或事件怎样发生、为什么发生时,一般可以采用定性观察方法或者参与性观察。这里需要说明一点,在观察研究中,有时可以根据观察研究的目的选择两种或者两种以上的观察方法对观察问题的不同方面进行研究,可以使获得的资料更为全面、客观。

(二)观察对象活动的特点

观察对象活动的特点是指观察对象的活动在时间上的规律性和在生活空间上的分散与集中,以及活动中行为与事件的复杂性和变化的快慢等。如与观察研究对象的行为相关的活动有比较明显的时间规律,宜采用时间取样研究,"教学活动中幼儿注意分散状况研究""幼儿午睡入睡状况研究"等属于这种情况。如果观察所指的行为或者事件在空间上比较分散,参与性观察就比较困难。有时观察对象的行为发生种类多,变化又快,定性观察难度就很大。所以,研究者应该充分顾及以学前儿童为主体的研究对象的特点,了解幼儿园一日生活安排与一般教育教学活动特征,选择合适的观察方法,以便于观察者能观察到所要观察的行为与事件。

(三)观察者已具备的观察条件

在不同研究水平的观察中,对观察者的观察条件都有不同的要求。不同的观察条件会直接影响到观察者对观察方法的选择,观察者应考虑自身具备的观察条件来选择观察方法。这里所指的观察条件包括观察者能用的时间、观察设备(录音与录像器材等)、参与观察研究经验、观察者与被观察者间的关系等。就观察者能用的时间来分析,以幼儿教师做科研为例,幼儿教师的主要工作是教育与教学,科研工作只能在其力所能及的范围内开展。定性观察的结构性相对较低,所以比较适合采用这种观察方法,幼儿教师可以结合幼儿的成长档案进行运用。另外就观察者与被观察者的关系来说,幼儿教师与幼儿之间相互熟悉,假如教师能不受或者少受对幼儿成见的影响,参与性观察也是一种比较理想的观察方法。在观察设备方面,如果观察研究者拥有必要的而且能够正确使用的单向玻璃、照相机、录像机、录音机等设备,可以保证观察资料收集的全面性、真实性,间接观察才能得以开展。在现实生活中,幼儿教师学做科研,应该立足于本园经济能力、设备条件,选择合适的观察方法进行力所能及的观察研究。在条件允许的情况下,也应该创造条件提升观察研究的质量。

四、培训观察者

确定观察者的意见一致与减少观察者效应是培训观察者的重要目的。

确定观察者的意见一致需要通过建立标准关联观察者信度(指受过训练的观察者的分数与专业观察者的分数达到一致的程度)、观察者内部信度(指观察者在其观察编码中保持一致性的程度)、观察者间的信度(指观察者彼此间在实际数据收集中的一致性程度)来完成。其中观察者信度可能会出现波动,有建立的必要,但不足以成为收集可靠数据的条件。

观察者效应是指观察者对收集的数据或文字信息的效度或信度有着负面影响的行为。观察者效应主要表现在以下几个方面:

(1)观察者对被观察者的影响。降低这种影响的方法之一是观察者事先来访多次,以使幼儿教师与儿童将这种侵扰视为正常,从而表现自然。

(2)观察者个人偏见。观察者个人偏见指观察者的某种特征与观念可能会左右他们所"看到"的东西,与其相关的一个问题就是观察者期望。认真作好田野笔记、以团队的方式进行观察、利用录像等反思研究中可能存在的主观偏见都是比较理想的克服观察者个人偏见的方法。

(3)观察者污染。当观察者对某一课题特定数据的理解影响到他记录其他变量的数据时,会产生观察者污染。使观察者远离污染性信息是解决这个问题的有效措施。

(4)观察者遗漏。观察者遗漏是指未能记录与观察提纲中某个类目相符的行为。这种误差可以在观察者培训中重点予以解决。

(5)观察者倾向。观察者倾向是指观察者逐渐重新定义观察变量的倾向。观察者在受训以后马上开始收集观察信息可以有效克服观察者倾向。

培训观察者是提高观察信度与克服观察者效应的有效手段。下面着重讨论如何培训观察者。

观察研究有时可以由研究者自己完成,也可以训练其他人进行观察,或与别人共同承担观察任务。利用他人进行观察的优势在于可以控制观察者的偏见。如果两个或者两个以上接受了同等培训的观察者各自做独立的观察,则可以有效提高研究观察者的内部效度。同时,由于对学前儿童进行的观察研究专业性比较强,需要观察者具备一定的专业理论知识,对观察目的与问题有透彻的了解,且熟悉观察的方法与要求,这就要求观察参与者应该在观察开始前接受一定的培训。

对观察者进行培训,一般应包括与研究问题有关的理论知识、背景知识培训;观察目的和内容培训;观察对象及相关活动特点等因素培训;观察方式方法与相关技能培训;观察记录的方法、工具使用的培训;突发事件处理方法培训等。

培训观察者的具体步骤可以有以下两个方面:

第一步要与他们讨论观察的方式,培训者应该详细地描述观察计划或者观察提纲中的每一个构成要件,帮助受训者对被观察和被记录的内容以及方法形成深刻的理解。在条件允许的情况下,可以考虑用摄像机将此前记录的与课题研究相似的情境内容作为实际案例,帮助受训者领会。

第二步是进行实践观察,这种实践性观察可以进入幼儿园的班级进行,也可以利用剪辑过的观察培训录像进行。对于初学者来说,后者效果比较突出。这种方法是通过播放录像短片,指导受训者在每一项应该记录的行为发生时,计入相应观察表格。

训练者应该及时检查他们记录的情况，如果有不同意见，可以重复播放，讨论最佳记录方式并说明缘由。

五、获准进入现场

由于学前教育观察研究一般是在现场进行，这就涉及现场准入问题。要顺利进入观察现场，研究者必须做好两个方面的工作：一方面，研究者通过向观察对象所在的单位（如幼儿园、家庭等）详细解释观察的目的，争取相关人员的支持和配合，与他们建立良好的合作关系，力争为实施观察研究创造有利的氛围。另一方面，研究者要切实了解与熟悉观察对象的生活与活动规律、幼儿园一日生活的安排、家庭的作息习惯等，尽可能将研究与实际的情况联系起来，以免出现不必要的冲突。必要的时候，研究者可以参与观察对象的某些活动，使得进入现场前在观察对象与研究者之间建立相互信任的关系，以保证正式观察活动的顺利进行。

第三节　观察的实施

学前教育观察的实施是学前教育观察研究极为关键的一个环节，它直接关系到观察计划能否得到有效落实，能否收集到系统、真实的信息等。为保证观察研究的质量，研究者必须从进入观察现场、确定观察研究内容、观察记录等方面做好细致的工作。

一、进入观察现场

研究人员进入实际环境进行观察时，一方面研究人员要尽可能注意不干预观察对象的活动。不干预观察对象活动的目的在于不影响观察对象自然行为的发生，从而能获得真实、可靠的信息。

在具体的操作中，研究者可以根据实地环境、成员的特点、成员间的分工以及研究者是否想使自己处于从完全的参与者到完全的观察者的地位来设计程序。初次进行观察的研究者可以从埃文斯和埃德斯所做的关于“中学内社会孤独者”的研究中描述的进入学校餐厅的程序中获得启发。其具体程序如下：

> 当时我们的方法是作为同辈而不是权威人士进入餐厅环境，我们和大多数学生一样穿着牛仔裤或其他的一些随意的服装。我们坚持在这种环境中与不同教师或其他成人往来。我们进入餐厅环境时，把自己作为新生，或者是独处，或者是挨着某人坐，并与坐在附近的同学交谈……虽然我们告诉每个人，我们来自本地的一所大学，正在研究青少年友谊，但我们不公开做笔记……我们不把年龄告诉学生，尽管学生与研究者的年龄相差 10 岁至 20 岁，学生的评述自始至终都表明他们都普遍认为我们是大学生或者是研究生……研究者对其所在小组所持的典型立场是成为该小组的“一名安分守己的成员”。我们对其他成员采用倾听、接受、不判断的态度……当我们不报告他们的谩骂或者其他违反校规的行为时，他们对我们的信任急剧上升，并向其他学生夸奖我们很棒。

上述程序表明研究者向青少年表现出不具威胁性、友好的姿态的重要性。

在学前教育研究中，不管研究的指向对象是儿童、教师、家长还是学前教育管理者，研究者也应该保持中立、谨慎的态度，以证明研究者的诚信。幼儿是幼儿教师观察的重点对象，他们的行为易受环境影响的特征必须得到充分重视。如何保持观察环境的恒定，尽量排除观察研究中各因素可能造成的影响，如教师能否合理把握研究者与教师身份的转换就是一个重要的方面，这些都是进入观察现场时应该时刻注意的事项。

对于定量观察而言，进行现场的笔记记录是必需的。为减少对儿童实际状况的影响，可以适当安排观察预备期，帮助儿童适应观察者的研究行为。

另一方面，研究者要合理确定观察记录的方式、方法。观察记录的方法有很多种，研究者一般可以根据观察目的、观察内容、观察对象的不同特征进行选择。在进入观察现场后，研究者务必熟悉所采用的观察记录方法的具体操作程序，对于相关行为的操作定义、行为代码以及记录顺序做到心中有数。由于观察过程中往往需要几个研究者间的合作，这就要求每个参与观察的人员要明确各自的观察任务、观察对象、在哪个角度进行观察等。如果涉及一些观察仪器设备运用的话，研究者需要严格按照观察计划进行操作，应该在观察预备期中先让幼儿有一个适应过程。

此外，对于观察研究当中可能会发生一些突发事件，如生病、天气变化、活动安排的变化等，研究者要学会有效地处置。如果进行的是定性观察，突发事件的影响不会很大，但如果是定量观察，研究者就必须对研究计划进行必要的调整与修改。

二、观察记录

定量记录与定性记录是两种常用的又比较适合中国人思维习惯的观察记录方式。在学前教育领域的观察研究中，这两类记录方式并不相互排斥，相反它们相互补充、相互证明。在实际研究中，研究者往往可以进行综合利用。观察过程中还可运用摄像机、录音机、照相机等仪器对事件和研究对象的行为进行记录。

（一）定性观察记录

定性观察记录是以非数字的形式呈现观察内容，包括书面语言、用录音与摄像设备记录口头语言、行为等。

1. 描述体系

描述体系是在一定分类框架下对观察目标进行的除数字之外的各种描述，既属于分类体系，又属于开放定性的体系。描述体系往往抽取较大事件的片段，同时对行为的各方面进行记录，以形成对某个方面的整体认识或者概念。这种方法的运用需要考虑更多的背景因素，即在具体的情境和条件下考虑行为的意义。表 5-1 是对教学技能几个方面的观察，就属于描述体系。

表 5-1　对教学技能的观察记录表①

项目	表现
呈现或者导入	
间接教学	
直接教学	
声音	

① 郑金洲著：《教育研究专题》，华东师范大学出版社，2002 年版，第 71 页。

续表

项目	表现
提问策略	
反馈	
学科问题	
期待	

此外,描述体系还可以运用在研究者进入观察场所的初期,研究者可以按以下几个问题来观察、描述一个活动场所。

空间:物理位置或场所;

时间:观察的时间及事件发展的时间顺序;

环境:现场呈现的物质环境;

行动者:介入的人;

事件、活动:人们所做的系列相关行动;

行动:人们所做的单一行动;

目标:人们正在完成的事情;

感情:观察者的感受和被观察者所表达的情绪等。

2. 叙述体系

叙述体系与描述体系的区别在于不是预先设置的分类,而是事先抽取一个事件的片段,在观察的同时对相关事件与行为做详细真实的文字记录,必要时还可以加入观察者的一些主观评价。该方法的运用能帮助观察者找到真正需要研究的问题,可以避免在往后的深入研究中出现为观察而观察的现象。

(1) 田野笔记

田野笔记是人类学研究的一种重要的方法,主要是用书面语言的形式记录,观察者针对某个较大主题,在一段时间内(如半小时或一天)持续地、尽可能详尽地记录被观察对象所有的行为动作表现,包括目标对象自身的全部言行,以及该对象与环境及他人的相互作用与交往。田野笔记是定性观察最基本的记录方式。这种形式的记录为研究提供了大量的文字资料,不但要求观察者记录在现场所观察到的人、行为、事件和交谈,还要求对行为背后的意义进行诠释。但在具体的观察记录中,客观的描述和主观的印象不能混淆,描述要具体详尽,避免使用抽象、笼统和有偏见的描述。

表 5-2 同一事件的两种不同记录的比较

记录一	记录二
女孩在陌生人面前很不安	在这些陌生人面前,女孩显得很不安。她一直变换双脚的姿势,结巴地说话。她的声音低得很难被听见,还一直抠着自己的指甲,脑袋一直低着。当妈妈叫她自己去玩时,她使劲拉着妈妈的衣服,让妈妈陪她一起去……

从表 5-2 的记录中可以非常清楚地区分含混记录与具体记录的不同。不安背后

往往蕴含着特定的动作与情况，对具体的行为表现进行描述，可以使记录显得不那么单薄。在幼儿园、家庭中，同样的一个动作、一句话，其含义可能相去甚远。观察者要获得行为背后深远的意义，需要仔细地去观察和理解，并结合其他资料，来探究行为的本义。

以描述事件为主要特征的田野笔记意在根据研究者的观察描写情境、人物及其活动。它包括以下内容：

① 对象的肖像：他们的外貌、风格、姿势，他们如何说话、做事，等等。

② 交谈过程的再现：观察对象之间的对话，以及他们对观察者说的话。独特的话语要记录下来。

③ 物理情境的描述：房屋的布置、物件的摆放的素描。

④ 对特定事件的记载：谁、什么时候、在哪里和怎样参与这一事件。

⑤ 对活动的叙述：详细描述所发生的事件及其经过。

此外，观察者记录田野笔记时应注意以下事项：

① 用日常语言尽可能准确地做记录，记录过程中不做主观的推断、解释和评价。观察者所做的说明或解释性材料要括上括号，以便与客观事实的描述区分开来。

② 按行为和事件发生的原有顺序进行描述。记录中要根据观察对象的活动空间或内容的变化，及时分阶段记录，以便统计某个行为或事件发生的时间及持续的时间长短。

③ 分层次对行为事件进行描述记录。主要活动单元：说明主要的活动或行动，表明观察对象在做什么。如：纸塑工作坊里，小朋友们开心地开始了自己的工作。次级动作单元：进一步说明大的活动或行动中的小动作单元。如：天天和圆圆选择了气球塑型。分子的动作单元：具体描述主要的动作是怎样进行的，即做进一步的补充说明，确定行为或事件的性质特点。

④ 确定观察的时间界限。手记法一般控制在 30 分钟以内，条件允许的情况下可借助现代观察技术。

田野笔记对于观察者来说，它的好处是明显的，观察过程比较简单，没有太多外在的需要，长期记录能提供关于研究对象发展的连续而真实的“画面”，为研究提供大量有用的第一手资料，有助于观察者摸索对相似问题的解决办法以及其他教育规律。田野笔记也能为教师做成长档案和个案研究提供有用素材。

田野笔记的缺点在于观察记录时受观察者自身研究素养、理解能力、文字水平等的影响较大，主观性较强。

（2）日记描述

日记描述是对同一个或者同一组观察对象在一段较长的时间内进行反复的观察，把观察到的关于观察对象的新行为、新发展记录下来，进行研究。这种方式可以采用逐日记录，也可隔日记录，常用于长期对某个幼儿个体的各个方面或者某个方面进行记录，以观察了解幼儿行为、言语等方面的发展变化过程及其原因，可由教师或者观察者对自己的整个工作过程或者经验体会做记录。

日记描述能提供较长期、较详细的第一手资料；能记录观察对象发展的真实过程、连续行为；能描述观察对象的生活环境及其各种行为，有利于对这些行为进行质的分析。它的局限在于研究对象缺乏代表性,观察容易带有主观倾向性;观察的案例有限,较难概括出关于研究对象的一般特点;日记描述需要长期持续观察,比较费时费力。

(3) 轶事记录

轶事记录与日记描述的不同之处在于,轶事记录主要对与研究相关的某个事件的进程进行详细的描述,注重记录某种有价值的资料或信息,而不是连续记录一个特定儿童的行为及其发展。比如,记录幼儿如何解决问题,关注有关行为的发生和表现;研究幼儿的模仿行为,记录幼儿最喜欢的成人行为并将其模仿的过程记录下来。

幼儿教师可以将教育过程中有意义的行为、事件记录在教育笔记上,用轶事记录方法,记录幼儿的成长和发展,这可以帮助教师分析了解每个孩子的个性特征,从而有针对性地采取教育措施。

(4) 样本描述

样本描述是在一段特定的有代表性的时间内对发生的行为按顺序进行详尽的记录。例如某个班级每天下午 4 点到 4 点半的情况,或者某位教师一天的工作,或者某位幼儿每天晚上生活、学习的情况等。这种记录有利于形成个案研究的材料,随着时间推移、材料的积累,有可能显现出个体行为的规律性特征和模式。

在上述几种叙述体系形式中,日记描述、轶事记录与样本描述在本质上都是属于田野笔记这种形式,对它们进行划分的目的在于了解叙述体系可以用在哪些方面,在具体运用中没有必要进行严格的区分。

3. 图式记录

图式记录就是用位置图、环境图的形式直接呈现相关信息,是一种直观的观察记录的方式。图式记录是一种观察记录的辅助手段,它既可以用于定性观察,也能用于定量观察。在具体操作过程当中,观察者在进入观察现场时,一般都要求能对现场的环境与布置做一个记录,最好是在文字描述的同时,配以画好的位置图,使得描述更加清楚明了。

例如,教师要对不同区域活动中幼儿参与人数与进入区角的每名幼儿活动时间进行记录,考察幼儿对室内各活动区活动的兴趣与选择情况,配以图 5-1 所示的活动环境设置图,可以使叙述更加清楚简洁,理解起来更为直观。

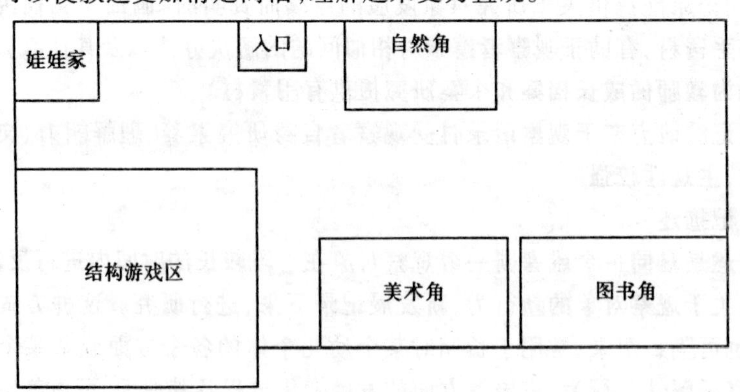

图 5-1　某幼儿园小一班区域活动环境设置图

图式记录除了对幼儿园或者活动室的位置图进行整体分析以外,还可以对具体的观察问题进行考察，画出有关的图式帮助说明问题。如研究幼儿教师在教学活动中对个体幼儿提问的倾向性，可以利用图式记录(如图5-2)。观察者可以绘制活动室内教师与幼儿的座位示意图，考察教师提问到的幼儿的位置有没有较为固定的倾向，还可以结合回答问题的幼儿的背景，考察教师提问与幼儿本身特点可能存在的相关关系等。

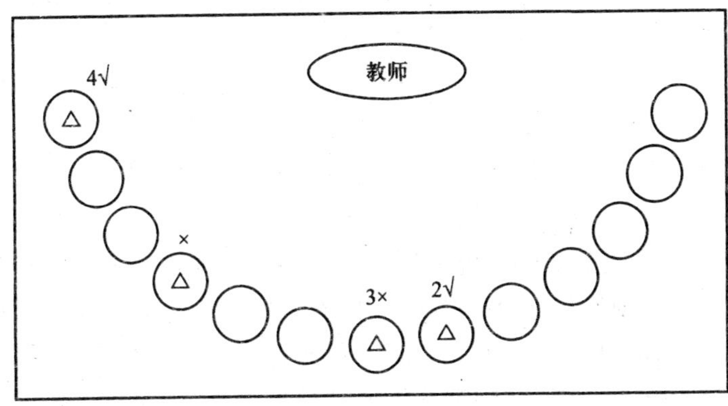

图 5-2　教师提问示意图

在图 5-2 中，一个圆圈代表一名幼儿。教师在进行记录前，务必要设计好相应的代码，如回答问题用“△”表示，自愿回答用“√”，被动回答用“×”表示，空白的代表没有回答问题。自愿回答几次就可以通过计算“√”的个数来表示。如图 5-2 中共有四名幼儿回答问题，两人主动回答，两人被动回答，左上角幼儿就是主动回答了四次问题。

由上述的实例可知，图式记录既能适用于定性研究，也可在定量研究中辅助使用，观察者可以根据需要予以选用。

(二) 定量观察记录

在定量观察中，研究者往往要对观察行为或事件进行结构分解，依据分解的类目和因素设计观察量表，收集事实性的量化的资料，通过统计分析的量化处理，以期获得科学、客观的结论。

1. 时间取样记录

时间取样记录是以一定的时间间隔为取样标准来观察记录预先确定的行为是否发生以及发生的次数的一种观察记录方式。

运用时间取样法进行观察记录，观察者在观察前要做大量的准备工作，如通过预备观察对所要研究的问题进行摸底，了解这类问题的研究是否符合时间取样记录的两个基本限定条件：行为或事件是外显的和经常发生的。编制时间取样编码表也是其中重要的一环。编制记录表格要考虑以下内容：

(1) 确定观察的时间单位。包括单位时间的长度、时间间隔和观察的次数。如每天 30 分钟，对每个幼儿观察 1 分钟，总共观察 10 小时。

(2) 确定所需资料的种类和记录方式。观察者要根据观察目的记录行为的呈现，或记录有关行为呈现的频率，或记录行为持续的时间。

(3) 在观察记录的行为类型、观察时间单位、观察人数三者之间取得平衡。因为观察记录的内容越多，在一定的时间间隔内可以观察的人就越少；如果观察的时间间隔短，观察的人数和行为类型就不能太多，否则就会出现记录困难、丧失研究数据的可能性。在一定的时间内，观察者所能观察与判断的行为比较有限，不宜超过10项。

（4）对所要观察的行为进行编码。对行为进行分解并编码是定量观察的一个基本特点与要求。建立行为的类型系统需要注意两点：第一，依据观察研究目的决定应包括的行为类型，观察研究者可以只关注行为的某一方面，如记录主要的或经常出现的行为，也可以记录有关行为的全部内容；第二，行为的各类型间应该是相互排斥、不相互交叉重叠的。

此外，编制时间取样编码表要尽可能运用简化形式，记录表格要设计得大一些，要留有空白，以便记录预先未曾想到的一些重要信息。

下面以5岁儿童捣乱行为的研究为例，具体说明时间取样编码表的编制与使用。

首先，研究者应明确捣乱行为的操作定义，确定捣乱行为的类型。这里将捣乱行为分为：粗鲁动作、捣乱、噪声、跪、说话、转头、侵犯行为、叫嚷、做其他事，分别用数字1,2,3,4,5,6,7,8,9表示。然后，研究者应确定观察每个对象的总时间与时间间隔。这里以观察每个对象10分钟，以10秒为一个记录时间单位确定儿童的捣乱行为类型编制时间取样编码表。例如有儿童发生叫嚷现象，就在8下加下划线。观察第一个10秒钟，将结果在第一栏相应的编码下加下划线，接着观察第二个10秒钟，在第二栏的相应编码下加下划线，依次类推，直到观察记录10分钟为止（表5-3所示的是第1分钟和第2分钟的观察记录）。假如在同一时间段出现同类型捣乱行为有两次或两次以上，观察者可以用画“正”字的形式记录。

表5-3　5岁儿童捣乱时间取样编码表

时间间隔/秒	0—10	11—20	21—30	31—40	41—50	51—60
第1分钟	12345 6789	12345 6789	12345 6789	12345 6789	12345 6789	12345 6789
第2分钟	12345 6789	12345 6789	12345 6789	12345 6789	12345 6789	12345 6789

注：以数字1—9表示9种行为的代码，即：1＝粗鲁动作，2＝捣乱，3＝噪声，4＝跪，5＝说话，6＝转头，7＝侵犯行为，8＝叫嚷，9＝做其他事；符号上，使用打钩、加下划线或画圈均可。

时间取样记录的优点在于非常客观，无论对于教师还是幼儿园行政人员来说，都较容易理解和接受，每种需要观察的行为都有编码和操作定义，单位时间内的任何行为都可以被记录，都可以转化为百分比，也可进行卡方分析。其不足之处在于行为或事件的一些特质不能被记录，如儿童捣乱的程度、背景；儿童回答问题的水平；教师的教学内容等。

附：弗兰德斯互动分析分类体系（FIAC）①

FIAC对师生的言语互动进行研究，它把课堂的言语活动分为10个种类，每个分类都有一个代码（即一个表示这类行为的数字），见表5-4。

① 郑金洲著：《教育研究专题》，华东师范大学出版社，2002年版，第61—62页。

表 5-4　弗兰德斯互动分析分类体系

教师说话	间接影响	1. 接受感情 2. 表扬或鼓励 3. 接受或使用学生的主张 4. 提问
	直接影响	5. 讲解 6. 给予指导或指令 7. 批评或维护权威性
学生说话		8. 学生被动说话(比如回答问题) 9. 学生主动说话
		10. 沉默或混乱

它主要采用时间取样的方法。在指定的一段时间内,每隔 3 秒钟观察者就依照上面的分类记下最能描述教师与班级言语行为的相应编码,记在下面的 FIAC 数据表中(见表 5-5)。

表 5-5　FIAC 数据表

	1	2	3	4	5	6	7	8	9	10	11	12	13	14	15	16	17	18	19	20
第 1 分钟	5	5	5	10	5	5	5	10	10	10	10	10	10	10	10	10	10	10	10	10
第 2 分钟	10	10	10	10	10	5	5	10	5	10	10	10	10	10	10	10	10	10	10	10

这样,每一行 20 个方格就记录下一分钟 20 个行为的编码。上表为一段两分钟的连续观察。通过对该表的分析,可以获得在记录的时间内,教师提问的总时间及时间的百分比。它除了可以评价教师的提问和反馈之外,还可以评估学生的参与水平。FIAC 体系的分类不是判断性的,只是呈现事实。

2. 事件取样记录

事件取样记录是从被试多种多样的行为中选出一种有代表性的行为进行观察,在自然的情境中,等待所要观察的行为出现,然后记录这一行为的全貌的观察手段。这里所指的全貌是所要观察的行为如何发生,如何变化,如何终止,结果如何。它的测量单位是行为事件本身,而不是行为所发生的时间间隔。事件取样记录不受时间间隔与时段规定的限制,只要事件一出现,便可记录,且可随事件的发展进行持续记录。

事件取样记录与时间取样记录的区别在于:事件取样记录获取的资料重在行为事件的特点、性质,并以此作为观察者注意的中心,时间在这里仅是说明事件持续性等特点的一个因素,而时间取样记录资料的重心在于事件行为的存在。事件取样记录不受时间的限制,运用的范围可以更为广泛。

事件取样记录一般采取现场记录为主,必要时可利用录像补充记录,有利于现场资料收集的完整性与客观性。运用事件取样记录应明确以下几方面要求：

(1) 要预先确定目标行为事件，并给需要观测的行为事件下科学的操作定义。如"任性"是指幼儿经常表现出来的以自我为中心，不顾客观条件、社会行为规范和周围人的正当要求，非要达到自己目的的不加以约束的行为。

(2) 观察研究者需要预先考虑观察记录所需的内容。如观察幼儿的任性行为，往往需要记录任性行为发生前的情境，各种任性的行为类型(包括不服从教师或其他幼儿的正当要求、犯了错误不承认、抢别人的玩具、玩时争先、争座位、破坏性行为和支配别人等)，任性行为发生的时间，任性行为事件的发生过程、结果，教师的处理方式等，观察者可以依据观察内容设计事件取样记录表(如表5-6)。观察者应在观察现场，当事件发生时开始计时，要求尽可能记录幼儿之间的真实谈话与交往。

表5-6 中班幼儿在自由活动中的告状行为的事件取样记录表

项目		性别	发生时间	事件背景	事件过程（说什么、做什么）	事件结果	事件性质	教师处理方式
对象	A							
	B							

(3) 每次观察记录应在相同的活动背景中进行。

(4) 观察正式开始之前要确定观察记录总时间。一般有如下两种方式：确定观察的总时间，每次进行观察的时间可以根据具体情况不同有所调整，记录发生的行为事件；确定所要观察事件的总数，每次记录发生的行为事件，最后统计记录事先确定所要观察事件总数的总时间。

(5) 观察记录前要先确定观察的样本人数，并要熟悉观察对象，根据行为事件发生频率的高低，确定每位观察者每次可同时观察的人数。要保证每位观察对象都在观察者的视野范围之内。

(6) 现场记录应按事件发生的时间先后顺序进行。

(7) 在事件取样记录的资料进行量化分析时，研究者应考虑量化指标，如要将观测的行为按男女性别、发生的背景、行为的性质、行为结果、教师处理方式等量化指标进行分类，分别统计行为发生的频率，可用图示统计进行描述或用χ^2检验(单向或双向表)进行显著性检验，亦可统计行为事件发生的次数，与观察总时间进行比较，获知行为发生的频率。

事件取样记录较好地保留了行为事件发生的背景，不仅可以获得有关行为事件"是什么"的资料，还可以了解背景、起因，可用于分析因果关系，它比时间取样记录适用范围更广。此外，研究者根据预先制定好的行为事件编码记录，目标明确，资料集中，整体化程度较高，时间比较经济、灵活。但是，事件取样记录和时间取样记录相比较，事件取样记录主要注重定性资料的收集，进行定量的统计分析有一定的困难。事件取样记录的是预定的某种完整行为资料，对导致其发生的条件与情境等信息的了解可能不充分。同时，由于幼儿在不同时间、不同场合发生的同类行为有时具有不同意义，因此，研究者运用事件取样记录时应特别关注行为事件发生的情境与背景以及量化指标的确定。

3. 项目清单

项目清单是指预先列出一些需要观察并且可能发生的行为或其他项目,观察者在每一种要观察的行为或相关项目发生时做记号,它的作用在于核查所要观察的行为或项目有无发生。项目清单的形式可以依据观察目的的不同而有所变化。如表 5-7 是幼儿不当行为项目清单。

表 5-7 幼儿不当行为项目清单

不当行为	时间段					
	1	2	3	4	5	6
拒绝参与活动						
不适宜的运动						
不经允许拿别人的东西						
侵犯其他幼儿						
违抗教师						
不恰当地使用材料						
损坏学习或活动材料						
吵闹或违纪说话						

注:时间段是指每隔 3 分钟对幼儿的不当行为做记录,总共观察 6 个时间段,共 18 分钟。

幼儿不当行为项目清单还可以根据需要进行扩展,比如要了解教师对幼儿的不当行为有什么样的反应(是点名、训斥,还是转移幼儿的注意力等),幼儿又是如何对教师的反应做出反应的(是安静,还是争辩),接着幼儿的不当行为又是如何的(是终止、减少,还是继续或增加),等等。研究者经过记录可以了解一个或几个教学活动中教师教学管理的大致情形。

有时项目清单有些类似于智力测验,在观察实施中应给予观察对象某些特定的指导语,要求幼儿完成某项任务,以观察幼儿的反应。总之,项目清单适用范围比较广,可以与其他研究方法如调查法、测验法等结合使用,操作简便,可以综合,可以比较,可以进行量化处理。但该方法只能判断行为事件发生与否,不能提供行为事件发生的详细情况与背景材料。

4. 等级记录

等级记录是指观察者带着某种目的,对观察对象进行多次观察,然后用某种等级评定量表对所要研究的特性加以评定的观察记录手段。观察者一般不需要马上进行记录,往往在事后依赖记忆对行为事件给予评定,是对行为事件做出评估,而不是描述。等级记录可以用于测量其他记录方式所不及的行为特征,如态度、性格等,其目的在于通过观察后按某种特性为某人或某个群体评定等级,就可以得出某人和某个群体的特征。

等级记录中经常运用的等级量表形式有数字评定量表、描述评定量表、累计评定量表等。

(1) 数字评定量表

数字评定量表是用数字来代替等级内容的描述,即对所要描述的等级类型赋予数字顺序。常用的形式有3点量表与5点量表。如评定幼儿穿衣服的能力,教师可以运用以下3点量表:

1—幼儿需要在教师帮助下穿衣服;

2—幼儿可以在教师的提醒下穿衣服或能自主穿衣服,但不能穿着正确;

3—幼儿能自主穿衣服,并能穿着正确。

这3个数字所代表的穿衣服的能力从差到好。又如,要测量集体活动中幼儿参与活动时注意力是否集中的情况,运用以下5点量表:

1—公开破坏活动,或离开集体;

2—注意力不集中,但无公开破坏活动的行为;

3—跟着教师看;

4—视线跟着教师,并伴有面部表情;

5—视线追随着教师,并伴有相应的言语与动作。

这5个数字所代表的行为从消极到积极,而且参与程度在逐步提高。

(2) 描述评定量表

描述评定量表是以文字来描述各类行为的价值程度,通常对文字描述的等级类型赋予数字就可转换成数字评定量表。如表5-8是幼儿自我照顾技能等级记录表,这个表是以描述评定量表的形式呈现的,如果分别将"总是能""有时能""从未能"赋予数字,这个表就可以转换为3点量表。

表5-8 幼儿自我照顾技能等级记录表

评定项目	等级		
	总是能	有时能	从未能
脱衣服			
扣纽扣			
穿衣服			
上厕所后穿好衣服			
使用餐具			
整理床铺			

注:运用这种评定量表必须明确每个等级的操作定义,以确保评定的客观性。

(3) 累计评定量表

累计评定量表是由一系列评定项目所组成,每个项目作为全部特征的一部分独立表现。评定者先对每个项目做出判断,然后以各项目的得分的和或平均数作为总得分,需要时可以依据总得分划定等级。例如,以幼儿穿衣能力为例,可以列出能自己穿和不能自己穿的项目清单,并明确能自己穿和不能自己穿的操作定义,观察者就可据此进行评定。如表5-9所示。

表 5-9　幼儿穿衣能力项目清单

项目		穿衣能力	
		能自己穿	不能自己穿
观察对象	1		
	2		

在运用累计评定量表进行记录时，要求观察者一般要持续观察相对较长的时间，以确保能准确地记录被观察者的相关特征。在进行结果汇总时，如果有常模就根据常模确定等级，如没有常模，可以根据实际情况，依据能做与不能做的次数确定相应的等级，再进行结果的汇总分析。

在教育研究中，等级记录是一种经常运用的记录形式，适用范围广，操作比较简单。但等级记录在本质上是主观的，常会伴有主观的偏见。另外，不同的观察者对同一等级的理解可能存在差异，容易造成评定等级误差。因此，在运用等级记录时，应注意以下问题：

第一，等级记录应在多次观察的基础上进行。观察次数多可以有效地避免观察的偶然性与片面性，提高观察的客观性与可靠性。

第二，对评定等级要确定具体的标准。如在等级评定记录中，要注重不同等级评定量表的综合运用，以提高研究的可操作性。在实际研究中，累计评定量表可以与描述评定量表、数字评定量表结合使用。以表 5-9 幼儿穿衣能力评定为例，观察者可以通过 10 次实地观察，然后按照 8~10 次能自己穿为“好”、5~7 次能自己穿为“中”、4 次或 4 次以下为“差”的顺序评定等级。

第三，尽量避免评分过高或过低的情况，防止可能会对评定者造成主观偏见因素的出现。

第四，最好由两个或两个以上的观察者进行评分。多个观察者的评分差异可以在讨论的基础上采用平均分来平衡，也可去掉最高分与最低分后再求平均分。

思考题

一、选择题

1. 观察者不介入观察对象的活动，以局外人或者旁观者的身份进行的观察是(　　)。

A. 参与性观察　　B. 非参与性观察

C. 现场观察　　D. 实验室观察

2. 事先运用一套定量的结构化的记录方式进行的观察是(　　)。

A. 参与性观察　　B. 非参与性观察

C. 定量观察　　D. 定性观察

3. 轶事记录属于(　　)的观察记录法。

A. 叙述体系　　B. 描述体系

C. 图式记录　　D. 仪器记录

4. 以一定的时间间隔为取样标准来观察记录预先确定的行为是否发生以及发生的次数的观察记录方式是(　　)。

A. 时间取样记录　　B. 事件取样记录

C. 项目清单　　D. 等级记录

二、名词解释

1. 实验室观察　　2. 自然情境中的观察　　3. 参与性观察

4. 定量观察　　5. 定性观察

三、简答题

1. 举例说明什么是参与性观察。

2. 举例说明自然情境中的观察与实验室观察的区别。

3. 简述完整的观察研究计划的主要内容。

4. 简述观察记录的主要方法。

四、论述题

1. 试述如何选择合适的观察方法。

2. 试述观察者效应的主要表现。

3. 试论述参与性观察的优点。

五、案例分析题

请结合工作或生活中遇到的实际案例,设计一份幼儿告状行为的观察研究计划。

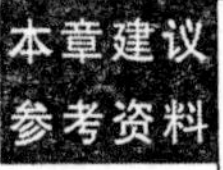

1. 梅雷迪斯 · D.高尔等:《教育研究方法导论》,江苏教育出版社,2002 年版.

2. 杰克 · R.弗林克尔等:《教育研究的设计与评估》,华夏出版社,2004 年版.

第六章　如何进行访谈研究

学习章节与目标

- 如何进行访谈研究
  - 识记的内容
    - 访谈研究与日常谈话的区别
    - 访谈研究的种类
    - 访谈研究的一般设计程序
  - 领会的内容
    - 访谈研究的设计程序
    - 访谈研究的实施过程与技巧
  - 应用的内容
    - 开展访谈实践
    - 体验访谈研究可能存在的问题
    - 如何克服在访谈研究中易犯的错误

建议学时

9 学时。

老师导学

很多工作，我们不可能一一进行观察，比如教育机关工作人员、幼儿园园长甚至是幼儿园教师，在这种情况下，我们就需要进行访问，了解他们工作的具体内容，为什么这么做与怎样做，由此获得分析的资料，这种方法就是访谈研究。要进行社会科学研究，尤其是教育研究，很多时候需要通过访谈来收集资料，不仅由于访谈这种方式有较大的灵活性，更在于这种方式能通过语言，深入人的内心世界，实现人与人之间的深度沟通。

同观察研究一样，访谈研究也是学前教育科学领域广泛运用的一种基础性研究方法。如果说观察研究了解的是外显的所作所为，那么访谈研究则是了解内心的所思所想。近年来访谈研究在学前教育研究中的意义和作用已引起越来越多的研究者的重视，尤其是在质化研究中更为突出。

第一节　访谈研究概述

一、访谈研究的概念和特点

（一）访谈研究的概念

访谈研究是研究者通过与受访者面对面的交谈，以口头回答的形式来收集资料的一种调查研究方法。其基本的研究方式就是研究者根据课题研究的需要，设计好调查研究的问题，由访谈人员探访受访者，面对面逐一向其提出问题，让其口头回答，通过记录、整理和分析受访者提供的口头资料来探讨和认识教育现象和教育问题。

（二）访谈研究的特点

访谈研究作为收集人类心理特征和行为表现的一种研究性交谈的方法，它具有如下一些特点：

（1）整个访谈过程是访谈者与受访者相互影响和相互作用的过程。它不仅是访谈者通过提问方式作用于受访者，而且是受访者通过回答等方式反作用于访谈者的过程。因此,在访谈研究中访谈者需要掌握访谈过程的主动权,积极影响受访者,尽可能使其按照预订的计划回答问题。

(2) 访谈研究是访谈者主动与受访者建立积极信赖关系的人际交往过程。访谈过程首先是人与人之间的交往过程。访谈者只有在与受访者的人际交往过程中与受访者建立起基本的信任和情感,并根据对方的具体情况,采取恰当的方式进行访谈,才能使受访者积极配合,坦率地表达自己的真实想法、态度情感和观点。因此,在访谈研究中,访谈者事先的准备工作应力求完备,而且要注意谈话技巧。

(3) 访谈研究具有特定的科学目的和一整套设计、编制和实施的原则。要保证访谈过程科学有效,访谈结果客观真实,就必须有一套科学、严格的程序来规范访谈过程,使访谈在访谈计划的制订、访谈问题的设计、访谈过程的实施、访谈技巧的掌握、访谈结果的整理和分析等方面有章可循。

二、访谈与日常谈话的区别

日常谈话是一种目的性比较弱、形式比较松散的谈话方式,访谈则是一种有特定目的和一定规则的研究性交谈。两种交谈方式都有自己的交流规则,谈话双方一旦进入交谈关系,便会自动产生一种默契,不言而喻地遵守这些规则。访谈与日常谈话的区别如表 6-1 所示。

表 6-1 访谈与日常谈话的区别

	访谈	日常谈话
谈话目的性不同	具有一定的目的性,有大致的访谈提纲	较随意
招呼方式不同	通常不会超过握手的范围,招呼过后即开始预定的访谈内容	通常以友好的招呼开始,不同的打招呼方式和身体接触方式表明交谈双方的亲密程度和关系
语言重复提问	访谈中可以就某一重要问题重复发问和追问,以便了解事情的来龙去脉和具体细节	双方经常有意避免重复,以免使对方感到自己心不在焉,或者使对方感到自己表达得不够清楚
相互或单向问问题	通常是访谈者向受访者发问,且主要是由访谈者发起新的话题,受访者一般需要向访谈者提供有用的信息	交谈双方可以相互问对方问题,双方的言语轮换是平等的,往往是有问有答,问题的内容多半与个人的生活和工作有关
相互或单向感兴趣	只要求访谈者向对方表示兴趣和热情,受访者一般不需要	交谈双方常向对方表示自己对话题很感兴趣,希望继续交谈下去
相互或单向使用无知的话语	主要是访谈者经常会做此表示,目的在于鼓励受访者尽可能多地说出自己的看法	为了使对方感到自己所说的话很有意思,双方会经常使用一些表示自己无知的话语,以衬托出对方话语的重要性

续表

	访谈	日常谈话
沉默时间的意义不同	通常不会长时间地保持沉默,如果受访者沉默不语,访谈者应想尽一切办法让对方说话	允许交谈双方如果在某一时刻都觉得不必说话,可以保持沉默
结束语的表达不同	结束语通常表达的是由于时间的限制或信息收集得差不多够了,而且访谈者还要表示对受访者的感谢	通常会使用结束语,但结束语通常表达某种想结束谈话的理由

第二节　访谈研究的类型

访谈作为一种常见的研究手段,在实际运用中也是多种多样的,根据不同的标准可进行不同的划分。

一、结构性访谈和半结构性访谈

根据研究者是否对访谈过程进行控制和访谈过程是否使用经过严格设计的问卷或提纲,可以将访谈分为结构性访谈和半结构性访谈。

(一) 结构性访谈

结构性访谈又称标准化访谈,是指访谈者按照统一的设计要求和事先规定的访谈内容依次向访谈对象提问,并要求受访者按规定的标准回答提问的正式访谈。

结构性访谈对选择访谈对象的标准和方法、访谈中提出的问题、提问的方式和顺序、被访谈者回答问题的方式、访谈记录的方法等都有统一要求,有时甚至对访谈的时间、地点、周围环境等外部条件也要求保持一致。结构性访谈的最大好处在于,访谈结果易于统计分析,对不同受访者的回答可进行对比分析。但这种方法缺乏弹性,较呆板,不利于对问题进行深入讨论,也不利于访谈双方积极性的发挥。

(二) 半结构性访谈

半结构性访谈又称非标准的访谈,它是一种只按一个粗线条式的访谈提纲进行的非正式访谈。这种访谈对访谈对象的选择、访谈提问以及访谈外在的各种条件只有一个基本的要求,不做具体的、严格的规定。半结构性访谈有利于访谈者和受访者充分发挥主动性、创造性,根据具体情况来把握访谈过程,有利于拓宽和加深对问题的研究,并灵活地处理在访谈设计中没有考虑到的新情况、新问题。但是其结果的标准化程度低,难以进行定量分析,此外,对访谈者的要求也比较高。

结构性访谈与半结构性访谈各有各的优点和不足,在学前教育研究中应尽可能将两种访谈结合起来。

二、直接访谈和间接访谈

根据访谈是否以面对面的方式进行,可将访谈分为直接访谈和间接访谈。

(一) 直接访谈

直接访谈就是访谈者和被访谈者以面对面的方式进行的访谈。直接访谈的优点在于:研究者可以看到对方的表情和动作等非语言信息,从而加深对谈话内容的理解,并可作为评价资料真实性的依据。其不足之处在于,访谈者的态度和行为可能会给被访谈者造成某些影响,从而影响访谈结果的真实性。

(二) 间接访谈

间接访谈是访谈者通过一定的中介物与被访谈者进行的访谈,其形式有电话访谈、网络访谈等。间接访谈的优势在于收集资料的时间快、效率高,而且适用于不易直接交谈的问题的调查。不足之处在于,这种方法要求双方都应有必需的设备,而且不利于对问题进行深入广泛的讨论,也无法观察被访谈者的非语言行为,难以评估所获资料的真实性。

三、 个别访谈和集体访谈

根据一次访谈对象的多少,可将访谈分为个别访谈和集体访谈。

(一) 个别访谈

个别访谈是指由访谈者对访谈对象逐个进行的单独访谈。个别访谈有利于访谈者和访谈对象之间的沟通,方式灵活,适应性强,且能对资料保密,但访谈效率低,获取的资料有限。

(二) 集体访谈

集体访谈是由一名或数名访谈者同时和两个以上的访谈对象进行的访谈。集体访谈往往以座谈会的形式进行,其优点是由于人多,谈话对象较轻松,还可相互启发,谈话内容能较全面深刻,同时集体访谈因扩大了调查对象,从而也提高了调查效率。不足之处在于,这种访谈很难保证每个访谈者都能充分地表达意见,对一些敏感问题也难以深入地调查。

四、 一般访谈和特殊访谈

根据访谈对象特点的不同,访谈可分为一般访谈和特殊访谈。

(一) 一般访谈

一般访谈是指对一般的访谈对象或正常的访谈对象所进行的访谈。这类访谈只需按照一般的访谈程序和方法进行就可以。

(二) 特殊访谈

特殊访谈是指对某些特殊访谈对象(社会名流、儿童、残障人士、犯罪人员等)或有身心疾病的非正常访谈对象所进行的访谈。由于访谈对象的特殊性,进行这类访谈时需要注意一些特殊的问题。例如,对儿童进行访谈时,应充分考虑儿童的身心发展的年龄特征,比如注意力短暂而不稳定、语言表达能力和理解能力较差等特点。

五、 一次性访谈和多次性访谈

根据访谈的次数,访谈可以分为一次性访谈和多次性访谈。

(一) 一次性访谈

一次性访谈是研究者与受访者之间进行的一次性完成的访谈,研究者通过此次访谈收集有关研究信息。因此,一次性访谈通常内容较简单。

(二) 多次性访谈

多次性访谈是通过多次的访谈收集有关研究信息。这种访谈通常用于追踪调查或深入探究某些问题,可以有一定的结构设计,逐步达到由浅入深、由表及里、由事实信息到意义解释。

第三节 访谈研究的设计程序与实施技巧

在访谈研究中，研究者必须根据研究目的进行严格而缜密的研究设计。

一、访谈研究的设计程序

访谈研究的设计程序通常包括以下方面：

（一）确立研究的目的

访谈设计的首要一步应明确访谈研究的目的，并将其进一步具体化。在进行访谈设计时，首先需要将一个比较笼统的大的研究目的和问题转化为一个比较具体的和确定的研究目的和问题。

（二）考虑具体的访谈方式和访谈对象

访谈的方式有多种，每一种各有其优点与不足，通常研究者可根据访谈研究的具体问题和目的、访谈对象的具体情况、访谈者的知识经验和组织技能等来选择合适的访谈方式，也可多种访谈方式兼用。

（三）设计访谈问题

在访谈研究中，研究者必须事先根据研究的要求对访谈中要提出的问题进行设计，以保证访谈者能准确高效地收集到研究所需要的各种资料。

访谈中问题的类型主要有两种：封闭性问题和开放性问题。

封闭性问题又称限定性问题，它在问题中包含了可能的答案，要求受访者对问题中提供的若干种可能的答案进行选择。例如："您对目前所从事的幼教工作是非常满意，还是一般满意，还是很不满意？"

封闭性问题明确具体，能避免调查对象的误解，同时能收集到标准化的资料，对资料的记录、统计、分析都较容易，但往往使研究者对现实情况的了解不够深入，收集到的资料容易流于一般化。

开放性问题又称非限定性问题，它是由访谈者直接提出，由受访者自由作答的问题。例如："您对目前所从事的幼教工作感觉如何？请具体谈谈。"

开放性问题有利于调查对象充分表达自己的思想、观点和情感，使调查者获取大量有价值的信息，并能根据具体情况做进一步的询问。但其不足之处在于，开放性问题形式上的主观性较易引起受访者在理解上的偏差，而且研究者对资料的记录、整理和分析有一定的难度。

由于开放性问题和封闭性问题各自的优缺点，因此，在许多访谈研究中，研究者往往要根据访谈的具体内容和性质同时使用两种形式的问题，这样可以扬长避短，获得的资料更全面和深刻。

在对要访谈的问题进行表述时，应注意以下方面：

（1）问题应清楚明确，不含糊，不能模棱两可。

（2）问题的文字表达要适合访谈对象的文化程度和知识经验水平，避免使用专业术语。

（3）不要提受访者不能做出回答的问题。

（4）对某些可能需要做出解释说明的问题，应制定统一的解释说明方式及说明范围内容。

(5) 每个具体的问题应反映某个单一的变量或问题,而不要同时涉及若干不同的问题。

(6) 避免在谈话时使用具有暗示性的措辞,以避免访谈者的主观意向对受访者的态度和反应的影响。

(7) 应避免使用容易引起社会性误差的问题。

(8) 对较复杂的问题,可附上必需的解释。

(9) 问题的编排顺序应由一般的开放性问题逐步过渡到具体的封闭性问题,由较大的问题逐步过渡到较小的问题,对一些可能会使访谈对象感到为难、害羞之类的问题应放在最后。

(四) 做好访谈前的准备工作

做好访谈前的准备工作,是保证访谈成功的重要前提。主要包括以下内容:

1. 充分熟悉访谈的内容和程序

科研中的访谈都是有计划的,事先经过精心设计的。访谈者应事先熟悉,不能在访谈时总是翻阅访谈提纲或笔记本,这会直接影响访谈者良好形象的建立,从而影响到访谈对象的合作程度。

2. 准备好访谈所需的相关材料和设备

相关材料包括有关访谈所需的提纲、记录表格等,如果访谈过程中需要录音、照相或摄像,也需事先准备好有关设备和材料。

3. 尽可能地了解访谈对象

访谈是一种交流,如果事先了解访谈对象的一些基本情况,则有利于迅速地达到相互沟通的目的。

4. 确定访谈时间和地点

访谈时间与地点的选择应以方便访谈对象为原则。一般来说,较合适的访谈时间就是受访者的学习、工作、家务不太繁忙,且心情比较舒畅的时候。但是,如果是围绕突发事件进行的访谈,则应以时效性为原则,以防止因受访者的遗忘而丧失有价值的资料。访谈地点应根据研究的需要和受访者的意愿而定,但原则上应有一个相对安静的独立空间。

(五) 进行预谈并修订访谈计划

预谈是为了发展和完善访谈设计工作,检验提问措辞是否妥当,提问顺序、安排是否合理,访谈问题是否符合研究目的而设计的,并在此基础上对访谈设计进行修订,以形成正式的访谈程序。在预谈时应注意以下几点:

(1) 预谈对象应与以后的正式访谈对象属同一类型,即在一定程度上代表着正式的访谈对象。

(2) 在预谈过程中应当尽可能做详细的记录。如有可能,可对预谈过程进行录音、录像,这样既易于发现访谈设计中存在的问题,也有利于分析访谈者的水平。

预谈结束后,应及时根据预谈情况对访谈设计进行修改和完善。

二、访谈的技巧

访谈的技巧运用如何,将会影响访谈的实际效果。因此,了解和掌握访谈各个环节的运用技巧非常重要。

（一）如何提问

提问是访谈者按照研究的需要向访谈对象提出问题、征询意见、收集信息的交流过程。通常，在访谈开始时最好提一些非研究性问题，使即将进行的访谈气氛变得轻松一些，增进双方的情感交流，解除双方心理上的戒备，接下来再进行正式的研究性问题的提问。提问的方式应适合受访者的身心发展程度、知识水平和谈话习惯，尽量用对方能听懂的语言进行交谈。

在提问时应做到：

（1）严格按照访谈设计中的问题编排顺序提问。

（2）严格按照访谈设计中的每个问题的原话进行提问。

（3）避免对访谈对象进行引导。

（4）应尽可能在轻松、愉快的气氛中进行。

（5）发问要口齿清晰、用语准确，语气委婉从容。

（6）受访者回答完一个问题之后，应做简要的小结，并让受访者确认访谈者理解的正确性。

（7）根据需要，针对有价值的信息做进一步的追问，尽量获取更充分、更丰富的资料。

（8）注意观察受访者谈话时的非语言行为，并在评价和解释谈话内容时加以综合考虑。

（9）提问时应注意倾听对方的交流语言，并做必要的回应。

（10）在提问中应不时地鼓励对方，以保持访谈对象的积极性。

（二）如何倾听

访谈过程中的倾听也是一门技术，作为访谈者，不仅需要有意识地学会一些倾听技能，而且还应与受访者达到心与心的交流。这就要求访谈者做到以下几点：

（1）访谈者应做到有兴趣地倾听受访者的谈话，鼓励其充分地表明自己的态度和观点，不要轻易打断其谈话。

（2）访谈者不仅要认真倾听对方所发出的声音和语调，而且要领会对方那些尚未说出来的隐藏在所说话语中的深层含义。

（3）访谈者应调动自己所有的情感去感受对方，积极主动地、有感情地与对方交往，从而对双方共同关心的问题达到深入的、建设性的探讨。

（4）当访谈过程中受访者出现沉默时，研究者要暂时容忍沉默，细心观察受访者当时的非语言性表现（行为、表情等），根据具体情况再做出相应的反应，而不要为了打破沉默而立刻发问。

（三）如何回应

回应指的是在访谈过程中访谈者对受访者的言行做出反应，包括言语反应和非言语反应。回应的技巧主要有如下几个方面：

（1）回应方式多种多样，包括体态语（点头、微笑等）和口语（如“是吗？”“您说得非常在理”等），不同的回应方式收到的效果也不一样。

（2）访谈者在回应时，应尽量避免高谈阔论，不要采用一些大道理或专业性的理论来评说受访者的谈话内容。

(3) 注意回应时机的恰当性。如果受访者的回答已经偏离主题较远时,访谈者可采用适当的回应技术将其谈话的范围重新拉回来。

(四) 如何记录

访谈过程中的记录包括笔录和录音记录。访谈前,访谈者应向受访者说明谈话的目的和意义,保证对谈话结果进行保密,如果需现场录音也应事先说明。比较理想的记录方式应是两位访谈者一起工作,其中一位专门访谈,另一位专门记录,这样就不会使访谈者在访谈过程中忙于记录,而对受访者关注不够。一般来说,在记录的过程中应注意下列事项:

(1) 访谈前应精心计划好记录方式(包括行为编码的类别或记录表格等)。

(2) 访谈过程中应尽可能详细地记录,不仅要记录受访者的言语性信息,而且还要记录其非言语信息和具体的背景。

(3) 访谈者应避免用自己的语言对受访者的谈话内容进行概括和总结,或者论证对方的语言。

(4) 访谈者与受访者可保持一定的距离交谈,从而避免因受访者关注谈话记录而影响访谈质量。

(5) 访谈结束后应尽快整理访谈记录。

(五) 如何结束访谈

做好访谈的结束和收尾工作是不能忽视的问题。一般应注意以下方面:

(1) 访谈时间的把握问题。每次访谈的时间不宜过长,一般在一两个小时为宜。

(2) 结束访谈的时机应适时,一般来说,访谈应在良好的气氛中进行,在适时的时机结束。

(3) 以一种尽可能轻松、自然的方式结束访谈。

(4) 访谈结束时应向受访者的合作表示谢意。

思考题

一、选择题

1. 根据访谈对象特点的不同,访谈可分为(　　)。

A. 一般访谈和特殊访谈　　B. 个别访谈和集体访谈

C. 一次性访谈和多次性访谈　　D. 直接访谈和间接访谈

2. 在对要访谈的问题进行表述时,下列(　　)项是不恰当的。

A. 问题应清楚明确,不含糊,不能模棱两可

B. 问题的文字表达应力求"高大上",尽量使用专业术语,提高访谈的层次

C. 不要提受访者不能做出回答的问题

D. 对某些可能需要做出解释说明的问题,应制定统一的解释说明方式及说明范围内容

二、名词解释

1. 访谈研究　　2. 结构性访谈　　3. 半结构性访谈

4. 直接访谈　　5. 间接访谈　　6. 个别访谈

7. 集体访谈　　8. 一般访谈　　9. 特殊访谈

10. 一次性访谈　　11. 多次性访谈

三、简答题

1. 简述访谈研究的设计程序。

2. 简述访谈研究中问题表述应该注意的问题。

3. 简述访谈研究中如何做好访谈准备工作。

四、论述题

结合自己的访谈经历,分析访谈各个环节的运用技巧。

本章建议参考资料

1. 斯丹纳·苛费尔,斯文·布林克曼著,范丽恒译:《质性研究访谈》,世界图书出版公司,2013 年版。

2. 陈向明等编:《如何成为质的研究者——质的研究方法的教与学》,教育科学出版社,2004 年版。

3. 陈向明著:《教师如何作质的研究》,教育科学出版社,2001 年版。

4. 维尔斯曼:《教育研究方法导论》,教育科学出版社,1997 年版。

5. 劳伦斯·纽曼著,郝大海译:《社会研究方法:定性和定量的取向》,中国人民大学出版社,2007 年版。

第七章　如何进行问卷调查

学习章节与目标

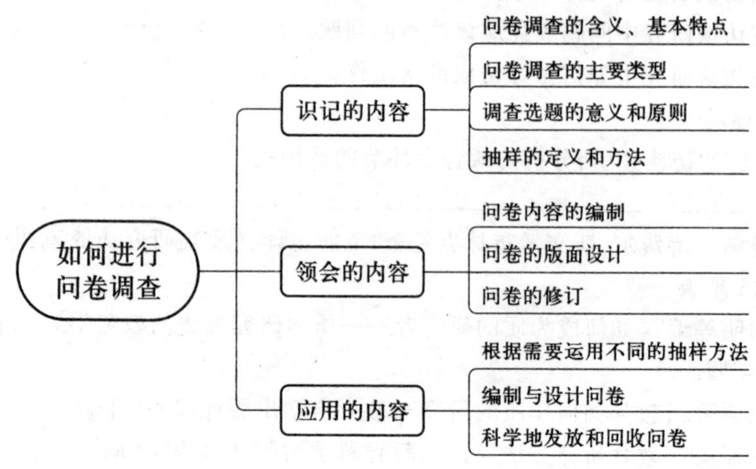

建议学时

9学时。

老师导学

幼儿园教师不仅关注自己,也会研究同伴和他人,如果研究者想了解学前教育中教师或幼儿的情感、动机、态度、成就等问题,问卷调查法是一种常用的、科学的研究方法。本章将介绍问卷调查的概念、基本特点、主要类型、基本结构、设计要求和实施要领,其中问卷调查的概念、基本特点、设计要求和实施要领是学习的重点。在学习本章内容时,建议学习者能结合学前教育中的某个具体问题,尝试设计一份调查问卷并付诸实施,把书中的理论知识与问卷调查实践紧密结合起来,深刻理解和领会问卷调查的基本理论和实施要领,体验在问卷调查的实施中可能会遇到的问题,并学习如何克服一些常见的、易犯的错误。学习完本章,学习者将会对问卷调查的基本理论、设计要求和实施要领有一个全面的了解。

第一节　问卷调查概述

英国著名心理学家高尔顿于19世纪80年代在伦敦创建了人类学测验实验室,他曾经采用问卷调查法研究人类视觉表象的问题,由此问卷调查法创立并得到广泛应用。经过100多年的发展,问卷调查法日臻完善,逐渐走向成熟,在教育科研中发挥着越来越重要的作用。美国有位学者曾经对581篇教育研究论文或报告进行过统计分析,研究发现,其中有143篇全部或局部采用了问卷调查法来收集资料,约占总数的四分之一,这也充分说明了问卷调查法在教育科研中的重要地位。①

一、问卷调查的含义

问卷调查,也称问卷法,是调查者利用事先设计好的问题,以书面形式向被调查者

① 郑日昌主编:《中学生心理诊断》,山东教育出版社,1994年版,第71页。

了解情况或征询意见，然后对问题的答案进行回收、整理和分析，从而获取相关信息的一种研究方法。

问卷调查一般以书面的形式呈现，它要求被调查者具有一定的书面理解能力和文字表达能力。然而，由于很多儿童，特别是年龄较小的幼儿还不具备这种能力，因此在学前儿童发展与教育的学术研究中，要想了解学前儿童的表现或能力，往往要对其家长、老师、邻居等成人进行问卷调查。

二、问卷调查的基本特点

（一）问卷调查的优点

1. 调查工具的统一性

在问卷调查中，调查者所用的每一份问卷内容和形式都是统一的，并且问卷的拟制、印刷、回收也是在统一时间进行。问卷调查工具的统一性，就允许按统一标准对不同地区、不同人群进行调查，收集统一标准下的不同资料，同时也有利于运用统计软件进行处理。此外，由于每个被调查者所得到的都是完全相同的问卷，因而无论是在问题的类型、问题的表达，还是在问题的次序、问题的回答方式等方面，都具有高度的一致性。这样就能很好地避免各种由于人为的原因所造成的偏见与误解，减少调查资料中的误差，更真实地反映出不同被调查者的不同情况。

2. 调查方式的灵活性

虽然问卷调查要求利用统一的问卷进行调查，但是实际调查方式并不要求统一。实际调查的方式，既可以派调查员送问卷给被调查者当面填答，也可以邮寄或由调查员分发给被调查者自己填答后再寄回或收回，还可以通过组织将被调查者集中起来一起填答后当场收回。调查者可以与被调查者直接接触，也可以不直接与被调查者接触。因而问卷调查可以不受时间、地点、人数和情境的限制，可以由很少的调查者在很短的时间内同时调查许多人，不仅极大地提高了研究的效率，而且也降低了研究的费用和人力的投入。因此，问卷调查方式灵活、方便，有利于调查的实施。

3. 调查范围的广泛性

众所周知，在教育科学研究中，观察法、访谈法、实验法等方法很难选择大样本进行广泛的研究，而问卷调查法则可以弥补这些方法的不足，能够突破时空的限制，在相当广泛的区域内进行，在众多的调查对象中同时展开调查，在同一时间内将问卷分发或邮寄给众多被调查者，而且在短时期内就可以收集到大量的数据，调查的范围与上述几种方法相比更大。此外，问卷调查的内容也可以多样化，受限制的条件极少，因此无论是调查对象还是调查内容都具有广泛性。

4. 调查内容的深入性

在实验研究中，研究者通常会根据研究的需要，对被试进行严格的控制，以达到实验的要求，因此，被试在实验的过程中往往显得很拘束，甚至感到很恐怖。而在问卷调查研究中，调查者不需要去控制和操纵被调查者，对被调查者的心理和行为影响较小，被调查者可以在较为轻松、自由的状态下独立思考并回答问题，一方面避免了调查者的影响，另一方面有充足的时间思考问题，可以把问题回答得更为深入。此外，由于问卷调查法通常采用匿名的方式，被调查者可以无所顾忌地填写真实答案，因此用问卷调查法还可以收集到不能进行长期直接观察或观察不到的东西，尤其是调查生活上的一些态度、事实、体验等信息。

5. 调查过程的匿名性

由于在问卷调查研究中,被调查者通常是现实生活中有思想、有情感、具体而生动的人,所以,不同的调查方法必然会对他们产生不同的影响,引起他们不同的反应。在问卷调查中,问卷通常不要求署名,有的采用报刊和邮寄方式进行问卷调查,更保证了匿名性,这样可以减轻调查对象心理上的压力,消除他们的顾虑,有利于他们填写自己的真实情况和想法,对不愿意面对面作答的敏感性问题也能给出真实的回答,从而有利于调查者收集访谈调查所收集不到的资料。

6. 调查结果的客观性

由于问卷调查大多是使用封闭型问卷,这类问卷在编制的时候一般符合测量学的各项指标要求,具有高度的标准化和结构化,信度和效度良好。因此,调查者可以对收集到的问卷进行编码,并输入计算机进行定量分析和研究,即使是一些开放型的问题,也可以对其进行编码,按照一定的标准对收集的信息进行整理。此外,问卷的填答通常是在匿名的情况下进行的,避免了人为因素的干扰,减少了人为因素产生的偏差。问卷调查通常采用抽样的方式发放问卷,如果抽样合理,问卷调查的结果可以反映出整体人群的基本特征,由此经过统计分析所得的结果非常具有说服力。

(二)问卷调查的局限

1. 调查对象的限制性

由于问卷调查通常使用的是书面问卷,是以书面语言的形式呈现的,对问卷的回答依赖于被调查者的阅读理解水平。它要求被调查者要能看懂调查问卷,理解每一项内容的含义,同时具有一定的文字表达能力,因此它只适用于有一定文化水平的被调查者,不适用于文化水平较低的人。由于一些被调查者的文化水平有限,对问卷中的某些问题不理解或理解出现偏差,导致他们不能正确填答问卷,由此造成问卷的有效性和回收率较低,这在一定程度上也会对研究结果造成不良影响。

2. 调查内容的固定性

问卷调查的内容是固定不变的,具有很强的统一性,不像访谈研究那样可以根据访谈者的实际需要自由调整,随时可以变更已经制定好的访谈内容。问卷调查中大都使用的是封闭型问卷,所设计的问题和答案都是固定不变的,所以被调查者在回答问题时,也只能按照固定的要求给予回答,当被调查者对问卷中的某些问题不清楚时,也无法向调查者询问,无法就某一问题与被调查者进行深入的探讨。所以,问卷调查所得到的信息通常是书面化的信息,很难得到生动、鲜活的信息,很难适应复杂多变的实际情况,这在一定程度上影响了对某些问题的深入了解。

3. 调查设计的复杂性

问卷的设计通常要遵循心理和教育测验编制的原则,所以调查问卷的设计绝对不是一些问题和选项的简单堆积,具有很大的复杂性。通常情况下,问卷项目的设计要与主题相吻合,在表述上没有语病,没有社会赞许性;问卷项目不能设计太多,否则易使人产生厌烦情绪,也不能设计太少,否则所得的数据又不能说明问题;问卷项目的设计也不能难度太大或含糊不清,否则就不能得到符合调查意图的答案;在问卷调查的指导语中不能出现对被调查者有提示或暗示性的语句;问卷的结构要清晰,信度和效度要符合测量学指标;问卷的试用和实施、结果的统计和解释等环节也要按照统一的标准和程序进行。这样的标准化程序,保证了问卷的可比性和复杂性,也提高了问卷的可信度和可靠性。

4. 调查过程的难控性

不同的调查对象对同一份调查问卷会产生不同的作答态度,当被调查者对所调查的内容感兴趣,而且调查内容不会对自己造成威胁时,他们通常会按照问卷的要求如实填答;但当被调查者对调查内容不感兴趣、态度不积极、责任心不强、合作精神不够,或者被调查者受到时间、精力、能力等方面的限制,或者感觉调查内容会给自己造成威胁时,无论调查问卷是长还是短,被调查者一般不会如实填答,他们通常是任意打钩、画圈随便应付,或者误答、错答和缺答,再或者是在从众心理驱使下按照社会主流意识填答,这样的作答内容通常不能反映被调查者的客观实际情况,这就会在一定程度上使一部分问卷变成了无效问卷。

三、问卷调查的主要类型

在教育科研中,人们最常见的问卷调查主要有四种类型,即开放型问卷调查、封闭型问卷调查、半开放型问卷调查和图画型问卷调查。

(一)开放型问卷调查

开放型问卷调查,也叫非结构型问卷调查,调查者所用的问卷没有严格的结构,在问卷中只提出问题,不对问题提供具体选项,而由被调查者根据本人的意愿用自己的语言自由作答。

例如:

> 1. 您在陪孩子阅读时,通常选择哪类儿童读物?
> 2. 您每次陪孩子阅读的时间是多少?

开放型问卷调查通常以问答题的形式出现,被调查者不受调查者和题目答案界定范围的限制,灵活性大、适应性强。这种调查类型特别适用于事先无法确定答案,或者期望被调查者回答多种答案的问题,它给被调查者以较多的自我表达的机会,有利于发挥被调查者的主动性和创造性,使他们能够自由表达想法,如实地反映被调查者的态度和特征。因此,开放型问卷通常能获得更多、更深入的信息,有时还会发现一些意想不到、很有启发性的信息。

但是,开放型问卷调查也有很多局限性。例如,答案的标准化程度低,不集中,材料分散,对问题进行整理和分析时比较困难,既不利于量化,也不利于进行横向比较;由于被调查者在回答问题时有很大的自主性,所收集的资料中会出现许多一般化的、不准确的、无价值的信息;开放型问卷调查通常要求被调查者具有较强的文字表达能力,需要被调查者花费较多的时间和精力,容易被拒绝,从而就有可能降低问卷的回收率和有效率等。

(二)封闭型问卷调查

封闭型问卷调查,也叫结构型问卷调查,调查者所用的问卷具有严格的结构,在问卷中不仅提出了具体的问题,而且还提供了可选择的答案,被调查者只能在所限定的范围内挑选出答案,而不能作这些答案之外的回答。

例如：

1. 对于孩子已经读过的书，您________问孩子对该书的看法。

A. 总是　　B. 常常　　C. 有时　　D. 偶尔　　E. 很少

2. 当故事阅读完之后，您________要求孩子叙述刚才读过的内容。

A. 总是　　B. 常常　　C. 有时　　D. 偶尔　　E. 很少

封闭型问卷调查通常以选择题的形式出现，问卷内容要符合测量学的各项指标，具有很强的标准化和严格的结构，有利于被调查者正确理解和回答问题，节约了回答时间，提高了问卷的回收率。同时，封闭型问卷还有利于询问一些敏感问题，被调查者对这类问题往往不愿写出自己的看法，但对已有的答案却有可能进行真实的选择。因此，封闭型问卷调查有利于对收集到的资料进行统计分析和量化处理，也提高了资料获得的深入性，大大提高了研究的客观性和科学性。

但是，封闭型问卷调查也有很多局限性。例如，问卷的设计比较复杂，调查的过程比较繁琐，结果的统计分析也相当麻烦；由于问卷的结构非常严谨，回答方式比较机械呆板，缺乏弹性，很难适应复杂多变的实际情况，不利于研究者发现新的问题，所得的材料也不够深入详尽；被调查者可能由于问卷表内没有适合于他们回答的答案而不作答，有时被调查者遇到自己不懂甚至根本不了解的问题，容易产生随便选择或猜答的现象，从而降低了回答的真实性和可靠性。

（三）半开放型问卷调查

半开放型问卷调查，也叫半封闭型问卷调查或半开放半封闭型问卷调查，调查者所用的问卷是开放型问题和封闭型问题相结合而组成的问卷。

例如：

1. 您认为亲子阅读对孩子阅读能力的提高有帮助吗？

A. 非常有帮助　　B. 有一定帮助　　C. 不清楚

D. 基本没有帮助　　E. 根本没有帮助

为什么？____

2. 您认为在哪个年龄段最有利于开展亲子阅读活动？

A. 1~2 岁　　B. 3~4 岁　　C. 5~6 岁　　D. 7~8 岁　　E. 9~10 岁

如果有其他答案，请写在下面的横线上：

____

半开放型问卷调查通常以选择题和问答题混合的形式出现，对于调查者比较清楚、有把握的问题通常用封闭性问题提出，而对调查者尚不十分明了的那些问题通常用开放型问题提出，但开放型问题的数量不能过多，一般以封闭型问题为主，这样既能发挥开放型问卷和封闭型问卷的优点，又能弥补它们的不足。同时，问卷中的某些开放型问题经过调查之后，在积累一定材料的基础上就有可能转变为封闭型问题，这也为下一步的研究奠定了基础。

但是，半开放型问卷调查也有自身的局限性。例如，既有封闭型问题，也有开放型问题，因此问卷的编制比较复杂，也不利于对问卷统一进行数据处理；被调查者在填答问题时，往往感觉比较繁琐，缺乏兴趣，容易造成他们拒绝填写或随便应付，降低了问卷的回收率，也减少了问卷的真实性。

（四）图画型问卷调查

图画型问卷调查，指的是研究者所用的问卷是以生动形象的图画形式向被调查者提出问题，被调查者依据问卷要求选出适合自己的答案。

例如：

1. 从呈现在下面的6个供选择的图片中挑选一个符合长方块整体结构的图片填补上去，只有一个是正确的，它能使图案或长方块成为一个完美的整体。（本题是瑞文智力测验的一个题目）

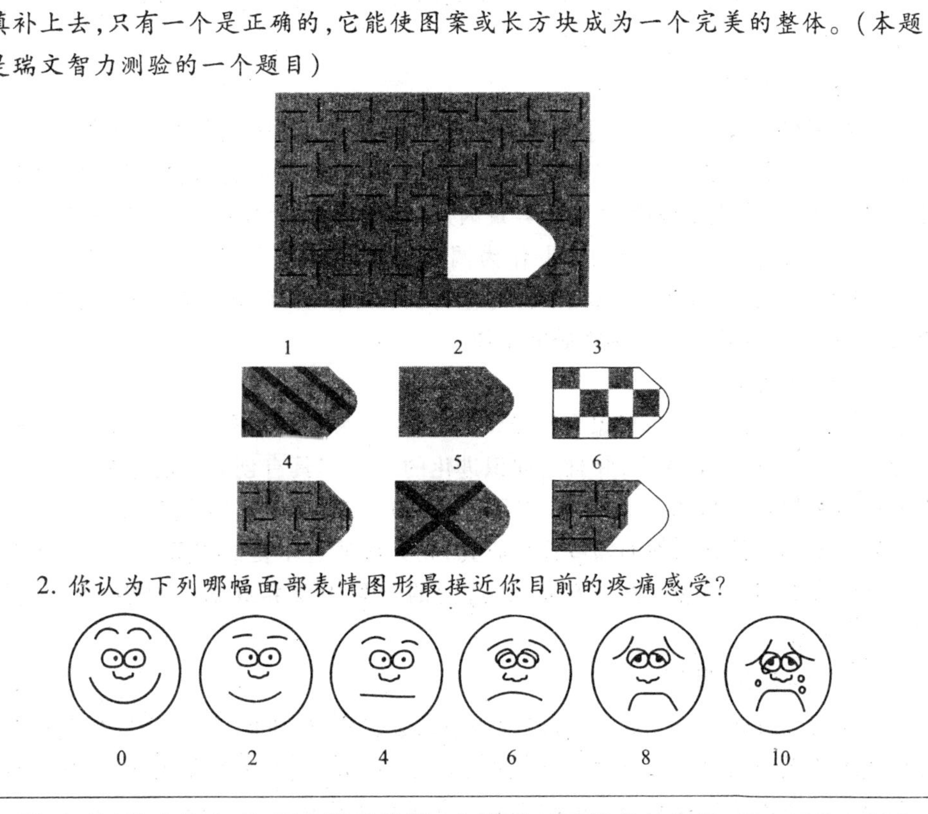

2. 你认为下列哪幅面部表情图形最接近你目前的疼痛感受？

图画型问卷比较直观，而且浅显易懂，容易引起回答者的兴趣，便于回答，适用于幼儿和文化程度较低的被调查者，被调查者只要依照图画的示意就可以回答，有时不识字也能做正确的选择。图画型问卷调查的主要缺点是问卷制作比较复杂、困难。

第二节　调查工具的形成

一、调查选题的确定

（一）选题的意义

调查选题的优劣对整个问卷调查都具有十分重要的影响，它直接决定着问卷调查的设计、调查对象的选择、调查结果的分析和调查报告的形成。选题一旦确定，也基本上明确了问卷调查的范围、方向和目的，对问卷调查的价值起着决定作用。所以，选题不仅是问卷调查的开端，更是问卷调查的关键。

(二) 选题的原则

选题的过程不仅是一个认识问题和分析问题的过程,更是一个不断比较和选择的过程。在选题的过程中,研究者必须遵循一定的基本原则,这样才能提高选题的效率,保证选题的质量。一般在选题的时候,应当遵循以下原则:

1. 价值性原则

问卷调查研究的价值是研究者进行调查的出发点和归宿,只有一个问卷调查具有一定的学术价值或应用价值,研究者所做的所有努力才会有意义。如果问卷调查研究对学术没有任何贡献,也不能在社会中得到应用,那么这项调查就是对人力、物力、财力和时间的浪费,没有任何的意义。

2. 可行性原则

问卷调查题目的方向、大小、难易等应与研究者的主、客观条件相符合,既要考虑自己的专业知识水平和学术研究的兴趣、自身分析问题和解决问题的实际能力,也要考虑时间、资料、课题的相关研究等客观因素。问卷调查者在选题时,切忌因缺乏经验而好高骛远,选择过大、过难的课题作为调查研究的对象;既要从自己的实际情况出发,客观评价自身各方面的条件,发挥专业特长和综合能力,又要考虑各种复杂的客观因素,这样才能有效地开展调查研究工作。

3. 创新性原则

爱因斯坦曾经说过:“想象力比知识更重要,因为知识是有限的,而想象力概括着思想上的一切,推动着进步,并且是知识进化的源泉。”具有创新性的选题意味着研究者要有新颖的想法和观点,也体现了问卷调查的意义和价值。这就要求研究者一方面在选题时要对自己感兴趣的领域仔细研究,尤其应通过丰富的想象力去深入思考,提出非同寻常的研究命题;另一方面,在选题的过程中要养成细心观察、研究问题的习惯。

二、问卷的编制

当调查的选题确定之后,就可以围绕选题编制相应的问卷了。通常情况下一份完整的问卷应当包括以下几个部分:标题、说明信、指导语、个人背景信息、问题与选项、结束语等。下面将对这几个部分的编制情况进行简要论述。

(一) 标题

一般来说,调查者所采用的每一份问卷都应当有相应的标题,通常放在调查问卷的最上方,让被调查者可以在最短的时间内了解问卷调查的大概内容。问卷的标题可以明确地概括出调查的目的和内容,调查的标题在拟定时应以简短、明确的词语恰当地概括整个调查的核心内容,让读者能够通过标题大致了解所要调查的主要内容,应避免使用缩略词和缩写字,题目一般不宜超过25个字,必要时可增加副标题。但有时调查者所要调查的内容牵涉到一些个人隐私或敏感问题,如果调查者在标题之中直接表明,会导致一部分被调查者不愿意回答,或者不愿真实回答,这样就影响了问卷的真实性。为了消除被调查者的顾虑,获得真实的信息,调查者也可以在问卷标题中不说明调查的真正目的,或者把标题写得笼统一些,模糊一些。

(二) 说明信

为了向被调查者简要介绍问卷调查的主要目的、意义、研究者的身份等信息,通常在问卷的标题下面要有一段文字作为问卷调查的开场白,这段文字就是问卷调查的说明信。说明信有利于调查者与被调查者在心理上建立信任的关系,消除被调查者的顾虑,提高问卷填答的有效性。被调查者如果对调查内容不了解,在填答问卷时一般会有所顾忌,不愿做出真实、有效的回答,甚至拒绝回答。因此,研究者通过说明信向被调查者详细介绍问卷,对问卷的保密做出郑重承诺,就有利于调查者放下思想包袱,依据自己的实际情况对问卷做出真实的回答。

通常情况下,说明信应当包括以下几个方面的内容:

(1) 问卷调查的内容。

(2) 问卷调查的目的。

(3) 具体填答要求。

(4) 保密承诺。

(5) 致谢语。

(6) 作者单位。

(7) 问卷制订的时间。

说明信的写作要浅显易懂,简明扼要,条理清晰,尽量不要使用修饰语和专业术语。

下面是一份问卷调查的说明信部分:

托幼机构教育质量评价观念调查问卷

尊敬的老师:

您好!

为了了解幼儿园教师对于我国托幼机构(幼儿园)教育质量评价的观念,从而为相关科学研究和国家决策提供依据,恳请您协助我们完成本次问卷调查。本问卷信息仅作为研究使用,不涉及对您个人、家庭成员以及您所在单位的评价。我们会按相关规定,严格做好保密工作。希望您能认真、如实地填写每一个项目(如有部分项目无法填写,请备注说明原因)。

衷心感谢您的支持与合作!

"中国托幼机构教育质量评价研究"课题组

2013 年 4 月

(三) 指导语

指导语是调查者按照自己的要求,指导被调查者如何正确填写问卷和回答问题的注意事项,主要目的是防止被调查者作答时出现问题,从而提高问卷调查的质量,这一部分内容通常放在问题与选项的前面。对于一些简单的问卷,指导语可以包含在说明信中,作为说明信的一个组成部分;对于比较复杂的问卷,指导语可以先在说明信中简要概括地说明,然后在问题与选项的前面,再根据需要分门别类地详细说明,对于一些难以解释的内容,还可以通过举例子加以说明。问卷指导语的编写要精练、具体,切忌模棱两可或语句产生歧义,否则被调查者由于不能理解或理解出现偏差,他们所填答的内容就会出现问题。有的被调查者如果看到问卷的指导语很多,而且很难理解,他们就会产生畏难情绪,随便应付或放弃作答。

下面是一份问卷调查的指导语部分：

<table><tr><td>
填表说明
1. 请在每一个问题后适合自己情况的选项号码上画圈或者在横线上填上适当的内容。
2. 问卷每页右边的数码及短横线是供计算机识别时使用的,您不必填写。
3. 若无特殊说明,一个问题只能选择一个选项。
4. 问题没有对错之分,填写问卷时请不要与他人商量。
</td></tr></table>

（四）个人背景信息

在调查研究中,个人背景信息往往是作为一种自变量来考虑和使用的,主要用来了解被调查者的个人背景信息和基本情况,分析不同背景的人群对问卷问题的不同态度,与问卷调查内容所得到的信息相互补充,从而得到更加综合的信息。个人背景信息中的问题要根据被调查者的职业特点而采取有针对性的设计,一般教育调查研究所需要的个人背景信息主要包括以下几个方面:个人基本状况(年龄、性别、工作所在地、职业、岗位或职务、工作年限等)、受教育状况(教育程度、就读学校、在学年级、成绩等级、业余爱好等)、家庭环境状况(家庭人口总数及构成、父母职业、父母教育程度、家庭经济状况)等。个人背景信息的收集可采用问答的形式,或选择的形式,或问答和选择的混合形式。

下面是一份问卷调查的个人背景信息部分：

<table><tr><td>
以下是个人基本资料,请根据您的情况做出正确选择或填写。
1. 性别：(1) 男　　　　(2) 女
2. 出生日期：____年 ____ 月 ____ 日
3. 民族：______
4. 文化程度：______
5. 职业：______
</td></tr></table>

（五）问题与选项

1. 问题设计的基本要求

(1) 所问内容要与调查主体保持一致。问卷里所提的问题必须与调查研究的目的和假设直接相关,不要设计一些与调查主体无关的题目,一些可有可无的题目也最好不要列入问卷。

(2) 语句表述尽量明确、具体。不要使用模棱两可、含糊不清的语句,要避免双重含义问题的出现。例如,“您的父母是幼儿教师吗?”这一问题中实际包含了“您的父亲是幼儿教师吗?”和“您的母亲是幼儿教师吗?”这两个问题。这样的问题往往使一部分被调查者无法填答,比如那些父母中只有一个是教师的被调查者就无法填答该问题。

(3) 问题要尽量简洁明了。问题越简洁,越能减轻被调查者的作答负担,同时也使问题表述含糊不清的可能性减小。因此,在问题设计中,要尽可能不使用长问句,要使问题尽可能地清晰、简短,使回答者很快看完,很容易看懂。此外,要尽可能使用简单通俗、人人都明白的词语，不要使用专业术语，如社区、社会分层、核心家庭、社会角色等，也要避免使用抽象的概念，如政治体制、管理体制、教育体制等，对于一些文化程度较低的被调查者，很容易因为难以理解这些专业术语或抽象概念而造成回答错误的现象。

（4）尽量不用否定形式的语句进行提问。由于用否定形式提问容易产生误解，所以问卷设计中要避免用否定形式提问。比如，当提出“您是否赞成幼儿管理制度不进行调整?”这样的问题时，很多人往往容易漏掉“不”字，并在这种理解的基础上来选择回答，结果许多赞成对幼儿管理制度进行调整的人选择了“赞成”，不赞成的人却选择了“不赞成”。而且，这种实际态度与答案选择正好相反的情形，在问卷的选项中丝毫看不出来，研究者无法知道谁是真赞成，谁是误填赞成。

（5）避免提问带有诱导性。人们对问题的回答在一定程度上会受问题措辞所表现出来的倾向性所诱导。因此，问题不能带有诱导性，应该保持态度中立。要避免提问方式对回答者形成诱导，即避免使被调查者感到研究者提该问题是想得到某种特定的回答，或是在鼓励他、期待他做出某种回答。比如，要了解被调查者是否吸烟，一般问：“您吸烟吗?”如果把问题改成：“您不吸烟，是吗?”就带有一种希望被调查者回答“是的，我不吸烟”的倾向。在问题中引用或列举某种权威的话，也会使问题带有诱导性，比如：“医生认为吸烟是有害的，您的看法如何?”另外，在问题和选项的用词上也要注意保持中性的原则，不要用贬义和褒义的词语。

（6）不问被调查者可能不知道的问题。要使我们在问卷中提出的每一个问题都有意义，十分重要的一点就是被调查者必须具备回答这个问题的知识，如果我们提出这样的问题：“您对我国幼儿教师教育的质量保障体系是否满意?”那么很多人都将无法回答，因为他们并不知道幼儿教师教育的质量保障体系包含什么。对自己不知道、不了解、不熟悉的事物又怎么可能做出客观的评价呢？要提这样的问题，必须先提一个过渡性的问题，如：“您了解我国幼儿教师教育的质量保障体系吗?”然后仅对那些回答“了解”的被调查者提出前面的问题。

（7）合理设计敏感性问题。在问卷调查中，为了深入研究问题，常常不可避免地要涉及一些敏感性问题。对于一些敏感性问题，如果直接提问，往往会造成被调查者拒绝回答，这样会对问卷的作答质量产生一定的影响。对于那些敏感性强的问题，可以采取间接询问的方式，并且语言要特别委婉，尽量减轻敏感程度，使被调查者敢于做出自己的真实回答。

（8）问题的数量要适度。问题太多，容易造成回答者产生厌倦情绪，导致问卷的作答质量较低；问题太少，会造成收集到的资料覆盖率低，达不到问卷调查的目的。因此，问题数量的多少，要以能保持被调查者对应答问卷的兴趣和认真态度为准，最好把问卷作答时间控制在20~30分钟。

2. 问题排序的基本要求

问题的前后次序及相互间的联系，会影响到被调查者对问题的回答，甚至影响到调查能否顺利进行。一般来说，问题的排序有下列常用的规则：

（1）被调查者熟悉的、简单易懂的问题放在前面，比较生疏、较难回答的问题放在后面。问卷的前几个问题一定要相对简单，回答起来相对容易，这样就可以给被调查者较好的感觉，让他们觉得完成这份问卷很容易，有利于他们继续填答下去。

（2）将能引起被调查者兴趣的问题放在前面，容易引起被调查者紧张和顾虑的问题放在后面。如果开头的一些问题能够吸引被调查者的注意力，引起他们的兴趣，问卷调查工作将会十分顺利，质量也会比较高。反之，则容易导致被调查者产生自我防卫心理，甚至产生反感，使调查难以进行下去。

（3）将开放式问题放在问卷的结尾部分。由于开放式问题需要被调查者有较多的思考和书写，所以，回答开放式问题所用的时间要长一些。如果问卷一开始就提出开放式问题，当被调查者发现他答完前面这部分就花了很多时间，就会觉得没有那么多的时间和精力填完这份问卷。

（4）先问行为方面的问题，再问态度方面的问题，最后问有关个人的背景资料。问卷中的问题大致包括行为、态度和个人背景资料三个方面的内容。行为方面的问题主要是客观的、已发生的、具体的事实，容易回答；而态度方面的问题涉及回答者的主观因素，宜放在稍后一些的位置；个人背景资料问题虽然也是事实性问题，但由于它们是除了姓名以外的有关回答者本人特征的全部信息，若放在前面，即使说明信中说明了不记名，但一上来就问这些信息，人们的潜意识中仍免不了会产生一种本能的防卫心理，影响到问卷资料的真实性。

（5）按照从一般到特殊的顺序进行排列。在问卷设计中，通常会产生一定的“问题顺序效应”，如果几个问题关系紧密，而且在排列顺序方面紧挨着，前面的问题往往会对后面问题的回答造成一定的影响。因此，通常先提出一般性的问题，然后再提比较特殊或具体的问题，这样比较符合人们作答的心理定式，可以避免产生因问题的先后顺序而产生的偏差。

3. 选项设计的基本要求

（1）选项的设计应符合被调查者的实际情况。设计的选项只有在符合被调查者实际情况的前提下，被调查者才有可能在选项中选择符合自己情况的那一项，如果选项的设计与被调查者的实际情况出入较大，造成每个选项都不符合被调查者的实际情况，这样会使被调查者无从作答。

例：我国当前幼儿教师的月工资为（　　）。

A. 8 000 元以下　　B. 8 001~9 000 元

C. 9 001~10 000 元　　D. 10 000 元以上

在这个问题的选项中，月工资显然偏高，对于一些经济欠发达地区的幼儿教师只能选择 A 选项，即使发达地区的幼儿教师绝大部分也将选择 A 选项，其他选项很少有人选择，这就失去了选项设置的意义，也表明选项的设计是不科学的。

（2）选项必须具有穷尽性。穷尽性是指选项包括了所有可能的情况。对于任何一个调查者来说，问题的选项中总有一个符合他的情况，或者说每个被调查者都一定是有选项可选的。如果有某个被调查者的情况不包括在某个问题所列的选项中，那么这一问题的选项就一定是不穷尽的，或者说是有所遗漏的，有些被调查者可能会无从选择。

例：您的文化程度是(　　)。

A. 小学及以下　　B. 初中

C. 高中　　D. 大专以上

在这个问题中，如果有幼儿教师的文化程度是中专，那么他就无法从选项中选择符合自己的答案。在选项设计中，有时将问题的选项全部列出会显得十分困难或繁琐，这时可以列出“其他”一项供选择。

(3) 选项之间应当具有互斥性。互斥性是指选项之间不能相互重叠或相互包含，即对于每个被调查者来说，最多只能有一个选项适合他的情况，如果一个被调查者可以同时选择属于某一问题的两个或更多的选项，那么这就不是互斥的。

例：您的职业是(　　)。

A. 工人　　B. 农民　　C. 干部　　D. 商业人员

E. 医生　　F. 售货员　　G. 教师　　H. 司机

其他职业请注明：__________

在这个问题中，F 选项包含在 D 选项中，如果选择 F，那么 D 也应当选择。C 选项和 G 选项之间有时也是互相交叉的。对于单选题来说，上述的情况是不符合要求的。

(六) 结束语

结束语并不是所有问卷都需要的，而且形式比较多样，没有较为一致的形式和内容。出于礼貌和整体的考虑，建议最好在问卷的结尾处编写一段结束语。全部由封闭型问题组成的问卷或者量表可以不设置结束语。结束语是通过一个短句或者一个问题表示问卷的填写到此结束。

结束语通常包括以下几项内容：

(1) 再致感谢辞。

(2) 请被调查者再次检查或复核问卷的填写内容。

(3) 最后一个终结性问题(对相关问题的建议、评价、感想、补充意见或留言)。

(4) 调查者的联系方式。

(5) 最后一页或问卷到此结束的提示。

下面是一份问卷调查的结束语部分：

本页是最后一页，问卷作答到此结束！

再次感谢您如此耐心的作答！

如果有问题请与我们联系，电话：××××××××

三、问卷的版面设计

问卷的版面设计是指在有限的版面空间里，将版面的各个组成部分根据内容的需要，运用造型要素及形式原理进行排列组合，把问卷的构思和设计以视觉形式表达出来。优秀的版面设计给人以美感，通常可以减轻被调查者的心理负担，即使问卷的内容很多，在作答的时候也不会感觉很累；相反，拙劣的版面设计给人以厌恶感，通常会增加被调查者的心理负担，即使问卷的内容很少，在作答的时候也会感觉很累。因此，版面是问卷的脸面，是帮助和吸引被调查者作答的一种辅助性手段，应当引起问卷设计者的高度重视。在问卷版面设计时，通常应注意以下几个方面：

（一）主题鲜明

问卷版面设计的一个重要目的是使问卷调查的主题鲜明、突出，并能高效、清晰和准确地向被调查者传达信息，让被调查者在作答时，很快就能了解到问卷的主题是什么，从而达到最佳效果。在设计问卷版面时，可按照主从关系的顺序，使主题性的内容凸显出来，以此表达主要思想，用以增强被调查者的注意程度与理解程度，切忌缺乏主题性，使被调查者难以理解，抓不到问卷调查的中心思想。

（二）内容简洁

问卷的内容要尽量简洁明了，不宜过长，特别是问卷的问题与选项部分，在能收集到较全面的资料、所收集到的信息达到饱和的前提下，尽可能少地设计问题，以免问题太多，让被调查者感觉任务量很大，从而随便作答，甚至拒绝作答。

（三）比例协调

优秀的问卷版面设计能表现出问卷内容各个组成部分之间的和谐比例关系。问卷的主体部分应当占据大部分的版面，而次要内容只占据小部分的版面，段落之间应当错落有致，使版面具有秩序美、条理美，从而获得较好的视觉效果。

（四）格式统一

问卷的字体、字号、字间距、行间距要统一标准，前后要一致，不能此宽彼窄，此大彼小（标题除外），看起来要像一个整体。要采用规范的序号排列规则（一，1，（1）等），选项符号最好采用大写字母（A，B，C，D，E 等）。关于问卷的字体大小，并没有统一的规定，以适合被调查者阅读为主。

四、问卷的修订

问卷的修订是问卷编制的一个不可缺少的环节，如果问卷的编制仅仅依靠主观想象，问卷是否适应具体的实际情况，我们不得而知，而问卷的修订主要是为了解决这一问题，使问卷更适合被调查者，从而提高问卷的针对性和有效性。当调查问卷初步编制好之后，还要对问卷的合理性和实用性进行检验，以便检查问卷的编制是否有问题。例如，问卷是否适合被调查者的实际情况；内容和选项是否有语病等。一旦发现问题，就要对问卷进行修订，以便为后来的大规模调查做好充足准备。

下面介绍几种问卷修订的方法。

（一）访谈法

访谈法是访谈者根据调查的需要，以口头形式，向访谈对象提出有关问题，通过访谈对象的答复来收集客观事实材料的调查方法。这种调查方法灵活多样，方便可行，可以按照研究的需要向不同类型的人了解不同类型的材料，收集不同访谈对象对问卷各个方面的意见和建议，因此具有很强的灵活性。此外，在面对面的谈话过程中，访谈者不但要收集访谈对象的回答信息，还可以观察访谈对象的动作、表情等非言语行为，以此鉴别回答内容的真实性，了解访谈对象的心理状态，因此访谈法又具有深入性，可以从深层次了解访谈者想要了解的问题。

（二）开放型问卷调查法

访谈法虽然具有很多优点，但是也存在着很多弊端。例如，访谈所花费的时间较长，而且访谈对象的数量非常有限；访谈一般是面对面的交谈，一些访谈对象考虑到自身的隐私问题，在回答时会有所顾虑，通常具有一定的社会赞许性；而且访谈者的提问技巧和所选访谈对象的不同等因素都会对访谈结果造成偏差。因此，应当采取开放型问卷调查的方式来弥补访谈法的不足，使两者的优势得到充分发挥，尽可能地限制两者的不足之处，从而更加全面地检查和修订问卷中的问题。在此基础上，对访谈、开放型问卷调查的结果要进行归纳和总结，根据被调查者的反馈建议，对问卷的维度、问题、选项等内容进行修改。

（三）专家评价法

专家评价法是指邀请同行专家、调查对象和汉语言文学专家对问卷进行评价。在没有邀请这些专家进行评价之前，要事先制定一份问卷评价标准，例如问卷中的维度是否合理，能否与调查要求相符合；问卷项目能否准确地测量调查者要测量的内容；各个问题和选项的表述是否有歧义和社会赞许性等问题。根据评估的内容，请他们提出相应的修改建议，然后根据他们的反馈建议，结合自己的理论构想，对问卷的内容进行逐项修改，使问卷的设计更加精确和客观。

（四）小样本预试法

由于问卷调查一旦开始实施后再发现错误就难以弥补，所以设计好问卷初稿以后、正式发放问卷之前，还必须经过试用和修改这两个环节，才能用于正式调查。试用是将问卷初稿打印若干份，具体份数视调查样本决定，一般是 30～100 份，也就是在正式调查的总体中抽取一个小样本进行试探性调查，以便了解问题是否全面、清楚，问卷内容和形式是否正确，是否能满足调查的要求，问卷的编码、录入、汇总过程是否准确等，从而对调查问卷进行修改完善，确保问卷设计科学、合理，以保证问卷调查活动顺利完成，并实现调查目标。

第三节　调查的实施

在问卷调查设计完成之后，接下来就可以实施问卷调查了。问卷调查的实施是实现问卷调查价值的实践环节，再好的问卷设计，如果不将其付诸实施，它的应用价值就难以得到展现。因此，问卷调查的实施是问卷调查中绝对不可忽视的一个重要环节。通常情况下，问卷调查的实施环节主要包含三个基本步骤：对象的选择、问卷的发放和问卷的回收。

一、对象的选择

在问卷调查中，特别是大样本的问卷调查，对象的选择不仅仅是选择什么人为调查对象这么简单，更重要的是选择多少人方为适宜，怎样选择才具有代表性，而这正是抽样设计所关注的主要内容。接下来将结合问卷调查对象的选择，对抽样设计的基本知识进行简要介绍。

（一）抽样的含义

抽样，也叫取样，是指研究者从一个总体中，抽取一部分具有代表性的个体作为研究对象，然后采用统计学的原理与方法，通过对这些个体的研究推断总体的情况。研究者所抽取的那一部分个体叫作样本，研究者所要研究的所有对象叫作总体。

在日常生活中，我们对某项问题研究所投入的人力、物力、财力和时间是非常有限的，不可能把所有的对象一一进行研究，为了使研究具有科学性和代表性，往往采用概率统计的方法，从总体中抽出一部分具有代表性的个体进行研究，从而推测总体的情况，并将研究结果推广于所有的研究对象，以达到广泛应用的效果。运用抽样的方法可以合理地减少研究对象，使研究力量更加趋于集中，有利于在资源有限的情况下，把研究工作做得更加深入、科学。

（二）抽样的方法①

抽样的方法主要有两大类，即概率抽样和非概率抽样。在问卷调查中，通常需要进行大规模的研究，人们通常采用概率抽样。概率抽样就是每个研究对象被抽取的概率是已知的，抽样的方式是随机的，这样可以提高问卷调查的科学性和代表性。下面介绍几种常见的概率抽样方法：

1. 简单随机抽样

简单随机抽样是以随机原则为依据的最基本的抽样方法。它是根据随机原则，在总体中直接抽取若干个个体为样本，在随机取样中，总体中每一个个体被抽取的概率是均等的，而且个体之间是彼此独立的。

简单随机抽样是概率抽样中运用最广泛、最简便易行的方法，是其他抽样方法的基础。在简单随机抽样中，总体中的每一个个体都有被抽到的同等机会，可以通过抽签、随机数字或摇号的方式来实现。

2. 系统随机抽样

系统随机抽样又称为等距抽样或机械抽样，是把总体中的所有个体按某种顺序排列编号，然后依固定的间隔抽取样本（间隔的大小视总体与样本数量的比率而定）。换句话说，当样本的第一个个体被随机选定后，其他的个体就可按一定的规律抽出。系统随机抽样使样本的分配相对均衡，更具有代表性，抽样误差与简单随机抽样相比要小得多，操作也比较简单，实际运用较为广泛。

3. 分层随机抽样

分层随机抽样又称分类抽样或配额抽样，是将总体按某一属性或特征分成若干层次或类别（子总体），然后以各层或分类在总体中所占的比重，按比例随机抽取样本。

分层随机抽样确保每层子总体都被包容在抽样范围内，避免了某一子总体出现“超载”现象或出现意外样本。由于样本中各层的数量构成与总体中的数量构成比例相当，从而能保证样本的代表性。对于总体构成比较复杂，总体数量较大，各个层次标志明显的情况下，宜采用分层随机抽样。

4. 整群随机抽样

整群随机抽样就是以自然群体（学校、班级等）为单位，从较大的群总体中随机抽取样本。整群随机抽样与其他抽样方式的区别在于，它的样本单位是群体，不是个体。

采取整群随机抽样比较方便，切实可行。这种抽样不会因研究而打乱原有的班级，能兼顾到常规的教学秩序和师生配合等问题。另外，群可作为分析的单位，对统计分析具有意义。但是，整群随机抽样所获样本分布不均匀，群体间可能会存在差异，在

① 董奇，申继亮著：《心理与教育研究法》，浙江教育出版社，2005年第1版，第133页。

一定程度上会影响样本的代表性，因此，在选择研究群体时需要慎重考虑。

（三）样本容量的确定①

样本容量又称样本数，是指一个样本的必要抽样单位数目。在组织抽样调查时，抽样误差的大小直接影响样本指标代表性的大小，而必要的样本单位数目是保证抽样误差不超过某一给定范围的重要因素之一。因此，在抽样设计时，必须充分考虑样本的单位数目，因为适当的样本单位数目是保证样本指标具有充分代表性的基本前提。

样本是从总体中抽出的部分单位集合，这个集合的大小就叫作样本量。一般来说，样本的容量大的话，样本的误差就小，反之则大。通常样本单位数大于30的样本可称为大样本，小于30的样本则称为小样本。在实际应用中，我们应该根据调查的目的认真考虑样本量的大小。

样本容量的大小涉及调研中所要包括的单元数。确定样本容量的大小是比较复杂的问题，既要有定性的考虑，也要有定量的考虑，其考虑因素有：

（1）研究目的。如果研究者要制定一个测验的常模时，就应选择广泛、大量的样本。

（2）研究经费和研究时间。如果研究经费和研究时间比较充足，可以选择大样本，反之则选择较小的样本。

（3）研究问题的特点。在一项研究中，如果有较多的因素无法控制，则应选择较大的样本容量，通过随机化的方法来控制这些因素。

（4）研究所采取的抽样方法。每种抽样方法所带来的抽样误差是不同的。为了减少抽样误差，一个重要的方法就是扩大样本容量。因此，为了保证样本的代表性，各种抽样方法所需的样本容量是不同的。

（5）研究对象总体的同质性。一般来说，总体的同质性越小，所需的样本容量就越大。

（6）研究实施过程中的具体情况。比如在追踪研究中，被调查者流失的情况非常明显；在邮寄调查中，回收率通常较低。这些调查都需要在开始时选择较大的样本。

（7）研究所使用的测量工具的可靠性。在同种条件下，测量工具越可靠，研究所需要的样本容量就越小。各种统计方法为了保证其意义，都对样本容量有特殊的要求。

二、问卷的发放

问卷的发放方式有很多种，最常见的主要有三种：亲自到现场发放、委托别人发放和通过邮寄发放。

（一）亲自到现场发放

所谓亲自到现场发放，是指调查者利用一定的方式，把被调查者集中在某一地点，在开展调查之前，调查者亲自向被调查者说明调查的用途和正确的填答方法。亲自到现场发放是三种常见问卷发放方式中效果最好的，调查者可以亲临现场，详细解释问卷作答的注意事项，如果被调查者有不明白的问题可以当场问，调查者可以随时解决被调查者提出的问题，同时也有利于减少或避免调查对象之间在填答时互相影响。由

① 董奇，申继亮著：《心理与教育研究法》，浙江教育出版社，2005年第1版，第136页。

于这种方式为调查的双方提供了情感交流的平台，易于取得被调查者的合作，问卷的回收率较高，填答质量也较好。但是，亲自到现场发放问卷将会消耗调查者大量的精力和时间，如果问卷的数量较多，调查者也很难做到事必躬亲。

（二）委托别人发放

所谓委托别人发放，是指调查者由于各种原因不能亲自到现场发放问卷，而代请除自己以外的人进行发放的方式。在问卷发放的过程中，由于一些特殊原因，调查者可能无法亲自发放问卷，需要委托别人发放。此外，在大样本的问卷调查中，问卷的数量较多，个人的精力和时间非常有限，这种情况下也可以委托别人发放。委托别人发放问卷的优点在于可以实现多人在不同的地点同时发放问卷，能够在较短的时间内发放大量的问卷，提高了问卷发放的效率。但是，如果要确保问卷填写和回收的质量，调查者必须在问卷发放前，对所委托的人进行详细的培训。尽管这种方法可以节省很多精力和时间，但是问卷填写和回收的质量取决于所委托的人，这并不是调查者能够完全掌控的，因此委托别人发放问卷会存在很大的不确定性。

（三）通过邮寄发放

所谓通过邮寄发放，是指调查者通过邮寄的方式向被调查者寄发问卷，并要求他们按照规定的要求填答问卷，被调查者填答后再将问卷寄回给调查者。邮寄发放是三者之中最简便的发放方式，不仅可以节省很多时间和人力，而且也可以甄选问卷发放的对象，有利于提高样本的代表性。但是，通过邮寄的方式发放问卷不是随意地发送，需要调查者精心选择调查对象的数量，搞清楚被调查者的姓名和具体地址并在信封上填写无误后送交邮局，发放工作细碎而繁琐。实践也证明，这种方法会造成问卷的填写质量差、回收率低，而且很难在规定的时间内统一回收，通常会延误很多时间，对于那些比较重要的问卷调查，建议不要采用这种方法，以免对调查结果产生不良影响。

三、问卷的回收

问卷的回收率是影响问卷质量的一个关键因素，回收率很低会影响调查的结果。一般来说，回收率在30%左右，资料只能作为参考；回收率在50%以上、70%以下时，可以采纳建议；当回收率达到70%及以上时，方可作为研究结论的依据。因此，问卷的回收率一般不少于70%。①

影响问卷回收率的主要因素有：调查组织工作的严密程度；调查课题的吸引力；问卷填写的难易程度；问卷回收的可控制程度等。② 因此，要提高问卷的回收率和回收质量，除了在问卷设计方面精心安排之外，必须对发放环节引起高度重视，尽量采用亲自发放和委托别人发放的方式。此外，问卷回收时要当场检查填写的质量，主要检查是否有漏填和明显的错误，以便能及时纠正，保证问卷有较高的有效率，因为问卷收回去后再发现问题就无法更正了。如果无效问卷较多，就会影响调查质量。这项工作最好由调查者本人亲自在场指导，或者向委托人提出明确的要求。

---

① 裴娣娜著：《教育研究方法导论》，安徽教育出版社，1995年第1版，第176页。

② 张宝臣，李志军主编：《学前教育科学研究方法》，复旦大学出版社，2007年第1版，第99页。

思考题

一、选择题

1. 在概率抽样中运用最广泛、最简便易行的抽样方法是(　　)。

A. 简单随机抽样　　B. 系统随机抽样

C. 分层随机抽样　　D. 整群随机抽样

2. 问卷的回收率是影响问卷质量的一个关键因素,问卷的回收率一般要求不少于(　　)。

A. 50%　　B. 60%　　C. 70%　　D. 80%

二、名词解释

1. 问卷调查　　2. 封闭型问卷调查　　3. 开放型问卷调查

4. 半开放型问卷调查　　5. 图画型问卷调查　　6. 抽样

7. 样本　　8. 样本容量　　9. 简单随机抽样

10. 分层随机抽样　　11. 系统随机抽样　　12. 整群随机抽样

三、简答题

1. 什么是问卷调查?它有哪些优点?

2. 问卷调查有哪些主要类型?请简要叙述。

3. 问卷由哪些基本部分组成?

4. 如何设计问卷调查的问题和选项?

5. 确定样本容量大小时,应当考虑哪些因素?

四、论述题

结合实际谈谈如何才能设计好一份优秀的调查问卷?

本章建议参考资料

1. 弗洛德·J.福勒著:《调查问卷的设计与评估》,重庆大学出版社,2010年版。

2. 诺曼·布拉德伯恩等著:《问卷设计手册》,重庆大学出版社,2011年版。

3. 秦金亮等编著:《幼儿教师学做研究》,新时代出版社,2008年版。

4. 张宝臣,李志军主编:《学前教育科学研究方法》,复旦大学出版社,2007年版。

5. 杰克·R.弗林克尔等著:《教育研究的设计与评估》,华夏出版社,2004年版。

6. 布拉登等著:《儿童心理测验——更好地理解孩子》,中国轻工业出版社,2008年版。

7. 陶保平编著:《学前教育科研方法》,华东师范大学出版社,2006年版。

8. 赵世明,王君著:《问卷编制指导》,教育科学出版社,2006年版。

9. 王坚红编:《学前儿童发展与教育科学研究方法》,人民教育出版社,2006年版。

第八章　如何运用教育测量

学习章节与目标

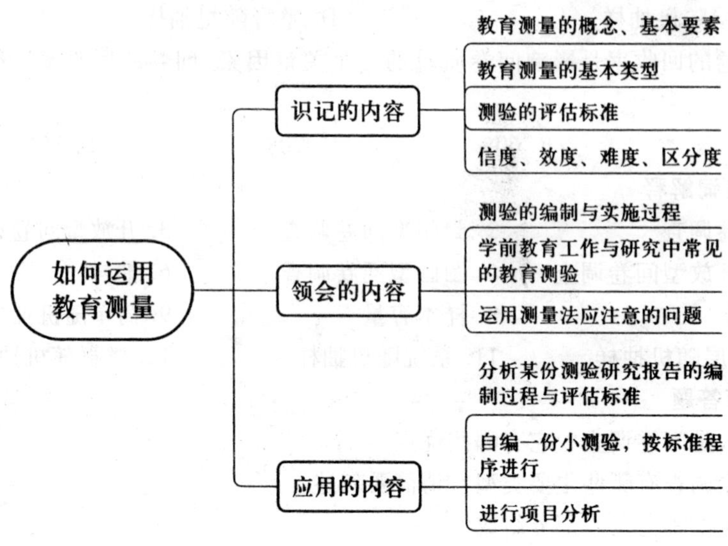

建议学时

9 学时。

老师导学

借助工具对有形事物的某一属性进行测量赋值在我们的生活和工作中司空见惯，比如主妇买菜要用秤称出菜的重量，孩子体检要用尺子量出身高，化学家要用量杯获得一定体积的液体。但是很多时候，我们还需要对无形的对象进行测量。在学前教育研究领域，研究者是如何制作、实施测量工具将幼儿的各项心理能力、学习成就、个性等转变成相对客观的有形数据的？这类工具有哪些类型？如何检测工具的有效性？在运用过程中又有哪些要注意的问题？本章将带领大家逐步解答上述问题。

教育测量是客观、准确了解幼儿心理与行为的重要方式，是对研究中的行为样本进行观测的系统程序，教育测量是打开幼儿五彩缤纷心灵的一扇门窗。本章将介绍教育测量的概念及其延展、教育测量的类型、测验的编制与实施、测验的评估标准，并介绍常见的幼儿心理与行为的测验，主要包括智力测验、个性人格测验等。通过对本章的学习，不仅可以尝试着做一些简单的测验，更重要的是体悟测验的编制与使用思路，为自编测验奠定基础。

第一节　测量研究概述

一、教育测量概述

测量学家克林格给测量下的定义是：测量就是按规则给对象或事物赋值。通俗地说，就是根据一定的规则，给事物分派数字。事实上，1，2，3，4，5 这样的数字本身是没有意义的，只是具有符号功能。当我们规定 1 代表男性、2 代表女性，或者 1 表示奖励的最高等级，2 次之，5 为奖励的最低等级，或者 5 表示成绩的最高等第，4 次之，1 为成绩的最低等第，这时1，2，3，4，5才具有实际意义，数字按规则被赋予了意义。

从教育研究方法的角度看，测量法是用一组标准化测验，按照规定的程序，通过对研究对象的实际测定来收集数据资料的研究方法。测量是研究过程中收集资料的一种方式。在教育教学过程中，教育者对幼儿不断地施加各种教育影响，幼儿的身心发展状况及变化的特征、趋势就可通过测量来获得事实根据，做出研究结论。

测量与测验是容易混淆的概念，在教育实践中，人们常常混用。实际上，它们既有联系又有区别。测量是对事物做定量化测定的过程或方法，是通过采用量表或具体测验实现的。测验则是测量的工具。测量比测验的含义更广泛。

测量一般具备以下几个基本要素：

(1) 测量客体。即测量的对象。测量的客体可以是人，也可以是教育研究中的事物或现象。

(2) 测量内容。指测量客体的属性和特征。测量内容有些是外显的，如幼儿的性别、身高、体重、行为等；有些则是内隐的，如兴趣、动机、知识等。

(3) 测量法则。指测量的准则或方法。任何测量必须按一定的规则对测量内容进行规范的、标准化的操作。

(4) 测量工具。指测量的指标体系。在教育研究中通常要借助于标准化测验或量表这类工具对测量客体的属性和特征进行测定。没有工具，测量难以进行。

二、 测量的四种水平

测量某一事物，需要有测量的工具，这一工具应具有单位和参照点，并有表示量数的方法，我们把这种工具称为量表。如，尺子是度量长度的量表，血压计是测量血压高低的量表，智商是测量智力的量表。

在教育研究中，测验量表多以文字题目的形式出现，由于数字化程度不同，数值所包含的信息量不同，因此，测量的程度水平也不同。美国心理学家斯蒂文斯根据测量中使用的不同单位和参照点，把测量量表分为称名量表、顺序量表、等距量表、比率量表(等比量表)四种不同水平的类型。

(一) 称名量表

称名量表亦称类别量表，是指用数字来代表事物的名称或类别。它只是对个体和事物进行简单归类，既没有数量关系，也没有单位和零点，如运动员的号码、学生的学号等。又如，用数字1表示男性，用数字0表示女性，这些数字本身并无数量意义，只是为了给对象分类才用数字来代表。

称名量表的数字不能做大小比较或进行加减乘除运算，仅是有符号的区分性，在数据处理上仅适宜作记数资料的统计，如百分比、χ^2 检验等。

(二) 顺序量表

顺序量表亦称等级量表，它只有等级顺序而无等值的单位和绝对零点，是按照类别的大小或事物某种属性的重要性把一些项目排出等第次序。如，根据学生的测验成绩排出名次，成绩最好的为1，成绩次之为2，再次之为3，以此类推。顺序量表的数值具有等级性和序列性的特点，能够进行大小比较，但不能做加减乘除运算，在数据处理上能用中位数、百分比、等级相关系数等统计方法。

（三）等距量表

等距量表亦称间距量表，是一种具有相等的单位，但没有绝对零点的量表。等距量表除了具有称名量表和顺序量表的数量性质外，它的数量单位之间的差异是等距的。如，温度 30℃至 32℃与 18℃至 20℃的温差是 2℃，是相等的。又如，三个儿童在智商测验中分别得分 105，110，115，前二者 5 分的差距与后二者 5 分的差距是相等的。测验所得原始分转换成的标准分就是一种等距量表。

由于等距量表有相等的单位，故可以进行加减运算，但不能做乘除运算。等距量表可以广泛运用统计方法，如求平均数、标准差、相关系数及进行各种统计假设检验。

（四）比率量表

比率量表亦称等比量表，是一种具有相等的单位和绝对零点的量表。比率量表除了具有称名量表、顺序量表、等距量表的特征外，还有一个具有实际意义的绝对零点。零点是指测量的起点或参照点。有些零点是人为规定的，并无绝对零点。如 0 ℃，这里的 0 度并不意味着没有一点温度，而是以人为设定的冰点为参照标准。像学生考试得 0 分、智商的 0 分都是相对零点。有些零点具有实际意义，称绝对零点。如年龄、身高、经费开支等都有绝对零点，0 岁、0 米、0 元中的“0”都表示真实的“无”，绝对的零。比率量表具有绝对零点，可做加减乘除、乘方、开方运算，故可表示倍数关系。如 8 岁是 2 岁的 4 倍，经费开支 120 元是 150 元的 80%等。

以上四种类型的量表分别代表了四种不同水平的测量，是按测量数值中所包含信息的多少来划分的，这四种量表构成一个等级分类体系，后一类量表包括前一类量表所具有的条件。比率量表是四种量表中层次最高、包含信息最多的量表。因此，将测量水平高的测量结果转换成测量水平低的测量结果会丢失很多信息。

三、 测量的基本类型

测验是测量的工具。如前所述，在教育实践中，人们常常将测量与测验混用。在教育研究中，测验的种类很多，按照不同的分类标准可以得出不同的测验类型。

（一）按行为目标和测验内容划分

按行为目标和测验内容划分，可分为智力测验、能力倾向测验、成就测验、个性人格测验。

1. 智力测验

智力测验是测量智力的工具。智力，在某种意义上，可以视为人的认知能力的同义语，故在认知研究中，智力测验是一种常用的，也是发展相对成熟的测量方法。测被试的智力高低，其结果常以智商（IQ）来表示，此类测验很多，其中较著名的有比奈-西蒙智力测验、韦克斯勒智力测验等。

（1）比奈-西蒙智力测验

1905 年，法国心理学家比奈及其助手西蒙联合发表了《诊断异常儿童智力的新方法》一文，由此，第一个智力量表——比奈-西蒙量表（B-S 量表）问世。这个测验由 30 道从易到难的题目组成，以完成题目的数量来确定儿童的智力高低。

在美国，修订比奈-西蒙量表最成功的是斯坦福-比奈量表，它发表于 1916 年。美国斯坦福大学教授推孟在 1916 年结合本国情况，选择比奈-西蒙量表中的部分项目予以保留，修改、删除部分项目，增加部分新的项目或重新划归不同年龄水平，并在标准化过程中对每个项目施测规定了详细的指导语和计分标准;他提出了比率 IQ 的概念,并提出了 IQ=100×(MA/CA)的计算公式,其中 MA 是指心理年龄,CA 是指生理年龄,这在心理测验史上是第一次。推孟与助手梅里尔于 1937 年对斯坦福-比奈量表做了修订,修订后有 L 和 M 型两种,适用的年龄是 1.5~18 岁。

在我国,1924 年陆志韦第一次根据 1916 年斯坦福-比奈量表修订出版了《中国比奈-西蒙智力测验》一书,介绍的量表共 75 个项目,从 3~11 岁每一年龄组各有 6 项,每项代表心理年龄 2 个月,12~13 岁每个年龄组各有 3 项,每项代表 4 个月心理年龄,14~18 岁每个年龄组各 3 项,每项也代表 4 个月心理年龄。这次修订适用于南方儿童。1936 年陆志韦和吴天敏第二次修订中国比奈-西蒙量表,对南方和北方儿童均可使用。第二次修订本对 6~14 岁儿童测试较为可靠,6 岁以下和 14 岁以上虽能测验,但准确性稍差。

1981 年吴天敏第三次修订了《中国比奈测验》。在这次修订中,吴天敏在项目上删改了一部分试题(项目),增加了部分试题。她将项目改成每年龄段 3 个,从 2~18 岁总计 51 个项目。在评定方法上也做了改进,把比率 IQ 的求法改成个人成绩和其所在年龄段的平均成绩相比较的办法来求 IQ。此外,吴天敏考虑到教育、医疗实践部门对智力测验的需要,又编制了《中国比奈测验简编》(简称《简编》)。它由 8 个项目组成,题目都选自第三次修订的《中国比奈测验》。吴天敏认为《简编》项目虽有减少,但使用省时简便,虽粗略,但尚属可信。目前《中国比奈测验》及《简编》在国内使用不如韦氏量表普遍。

(2) 韦氏学龄前期和学龄初期儿童智力量表(适用于 4~6.5 岁)

韦克斯勒智力测验简称韦氏智力测验,是由美国心理学家韦克斯勒主持编制的,是目前应用较为广泛的智力测验。韦氏智力测验共有三套,分别采用韦氏成人智力量表(Wechsler Adult Intelligence Scale,简称 WAIS)、韦氏儿童智力量表(Wechsler Intelligence Scale for Children,简称 WISC)、韦氏学龄前期和学龄初期儿童智力量表(Wechsler Preschool and Primary Scale of Intelligence,简称 WPPSI)。

WPPSI 是 WISC 向低龄幼儿的延伸,其项目和测验的形式与其他两个韦氏智力量表相同。WPPSI 是韦氏智力量表发展较晚的一个量表,在 1967 年出版。WPPSI 有 11 个分测验,但只有 10 个分测验用于计算 IQ。8 个分测验是 WISC 向幼儿的扩展和改编,另外 3 个新的测验替换了 WISC 中证明不适合幼儿的测验。WPPSI 在施测时,语言和操作各分测验是交替进行的。语言测验有常识、词汇、算术、类同、理解,操作测验有动物房、图画补缺、迷津、几何图形、积木图案。另外还有语句背诵(备用测验),这是一个记忆测验,代替 WISC 中的数字广度,这个测验可以替换语言测验中任何一个分测验,或者作为增加的补充测验,为了解幼儿能力提供更多的资料,这种情况下测验的分数是不记入总分的。

(3) 格塞尔发展顺序量表

美国心理学家格塞尔及其同事于 20 世纪 40 年代发表了格塞尔发展顺序量表,以测查自出生后 4 周到 6 岁婴幼儿的发展状况。格塞尔认为,婴幼儿行为系统的建立是一个有次序的过程,反映了他们的神经系统的不断成长和功能的不断分化,因而可以把他们每个成熟阶段的行为模式作为智能诊断的依据。格塞尔量表主要从以下四方面对婴幼儿的行为进行测查：

① 动作：分为粗动作和细动作。前者指身体的姿态、头的平衡、坐、立、爬、走、跑、跳的能力，后者指使用手指的能力，这些运动能力构成了对婴幼儿成熟程度估计的起始点。

② 顺应：考察婴幼儿对外界刺激物分析综合以顺应新情境的能力，如对物体和环境的精细感觉，解决实际问题时运动器官的协调能力等。例如，能够把圆形和方形的东西分别放到圆洞和方洞里，对新事物和新环境进行探索等。

③ 言语：看婴幼儿对他人的讲话能听懂多少，怎样通过自己的面部表情、姿势、身体动作、牙牙学语以及最终以讲话进行反应，考察他们听、理解和语言表达的能力。

④ 社会应答：如婴幼儿是否能自己吃饭，何时会笑，对谁笑等，考察婴幼儿的生活能力和与周围人们交往的能力。

格塞尔发展顺序量表共有 63 个项目，但对不同月龄儿童来说，标准并不一样，所以相当于有几倍的 63 个项目。这个量表有 8 张分量表：4 周的、16 周的、28 周的、40 周的、52 周的、18 个月的、24 个月的和 36 个月的。根据格塞尔的看法，上述 8 个月龄是关键的年龄，儿童在这 8 个月龄的变化最大，是发展过程中的转折年龄。其他月龄的儿童如果要做智力测验的话，可参考这 8 张表，找与他年龄最近的那张表来检测。

格塞尔提出了儿童发展商数（DQ）的概念，发展商数等于测得的成熟年龄与实际年龄之比再乘 100，即 $DQ = MA/CA \times 100$。其中，MA 为测得的成熟年龄，CA 为实际年龄。

（4）贝利的婴幼儿发展量表

美国心理学家贝利于 1933 年发表了贝利婴幼儿发展量表，适用的年龄范围是两个月至 30 个月。它的前身是加州一岁婴幼儿智力量表，在 1969 年修订过一次。本量表有三个分量表：

① 心理量表：旨在测量婴幼儿的适应性行为，内容涉及知觉、记忆、学习、问题解决、发音、初步的言语交流、初步的抽象思维等。如婴幼儿对视觉和听觉刺激的注意、照令行事、寻找失落的玩具及模仿等行为（见表 8-1）。

② 动作量表：用来测量婴幼儿坐、站、走、爬楼等的粗大动作，及其动手和手指的精细动作。

③ 婴幼儿行为记录表。用来评定婴幼儿的情绪、社会行为、注意广度以及目标定向等反应的等级。行为记录用于评估婴幼儿的个性发展诸方向。

表 8-1　贝利婴幼儿发展量表项目举例

年龄段/月	测查的能力	程序	评分标准
1	对“咔嗒咔嗒”声的习惯化	在婴幼儿头后每隔一段时间弄出“咔嗒咔嗒”声	婴幼儿开始对“咔嗒”声有警觉反应，随着次数的增多，警觉反应减少
6	对镜微笑	把镜子放在婴幼儿面前	婴幼儿会对镜微笑

续表

年龄段/月	测查的能力	程序	评分标准
12	推玩具小汽车	主试推动玩具小汽车让婴幼儿观看，对婴幼儿说："推动小汽车，像我这样。"	婴幼儿能够按照要求推动玩具小汽车，四轮着地
17~19	恰当运用两个不同的单词	测验过程中记录下婴幼儿自发运用的单词	婴幼儿能够恰当运用(并非模仿)两个单词
23~25	指认 5 张图片	向婴幼儿展示 10 张常见物品(如小狗、书本、小汽车)的图片，并说："让我看……"	婴幼儿要么能够正确指出，要么能够正确命名至少 5 张图片

2. 能力倾向测验

能力倾向测验是指测试被试潜在的某种能力，以了解其发展的可能性，如音乐、美术、体育、创造力、想象力、记忆力等方面的特殊才能的测验。

3. 成就测验

成就测验是指测试被试经某种形式的学习后对知识、技能的掌握程度或熟练水平，如识字量、阅读、算术测验等。

4. 个性人格测验

个性人格测验是指测试被试的需要、动机、兴趣、态度、气质、性格、人际关系等人格特征的测验，较为著名的有明尼苏达多相人格测验、罗夏墨迹测验、卡特尔 16 种人格测验、主题统觉测验等。

下面通过移情测验和画人测验介绍测定儿童人格特征的方法。

(1) 移情测验

在儿童道德情感范畴，研究较多的，是儿童的移情能力。移情，也可能涉及道德认知(辨认他人情感的认知过程)，或道德行为(表现同情的行为或企图提供帮助的行为)。然而在移情中，情感乃是核心的因素，是对别人情感的各种体验。

研究与测量移情，常需设置一定的可引起移情的情景。一般较常用的，是费希巴赫等所创设的移情情景测验。该测验运用 8 个幻灯片，向儿童呈现不同的情感唤起情景。其中有 2 个幻灯片显示快乐的情感，2 个显示悲伤的情感，2 个显示恐惧的情感，2 个显示生气的情感。例如，在一个显示快乐情感的片子中，描绘了一个孩子(根据被试性别而选择幻灯片主人公的性别)过生日的场面。在一个悲伤的片子里，一个孩子丢失了心爱的小狗。这个片子中的解说词是：① 这是一个小男孩和他的小狗。小男孩到哪儿，都要带着他的小狗。可是这只小狗有时却想要逃跑。② 看，这只小狗又逃跑了。③ 这一次，小男孩怎么也找不到他的小狗了，也许，它再也不会回来了。

这个测验的方法与过程非常简单。每放过一个幻灯片，就问孩子："你心里觉得怎样？"评分方法是记录幼儿所说出的情感体验是否与故事主人公的体验相适应。研究者可用两种评分系统。其一，是"狭义移情"评分表，即当儿童自报的具体情感与主人公一致时，得分。如对生日的幻灯片感到快乐，看到丢了小狗觉得悲伤等。其二，是"广义移情"评分表，即当儿童自报的情感与主人公的体验处在同一极端(消极或积极)时,就得分。如对关于小狗的片子,儿童自报“不好”或“害怕”,只是大概地符合角色的消极情感即可。

(2) 画人测验

画人测验是测定儿童人格特征的重要方法。实施画人测验时,研究者准备好一张白纸,一支2号铅笔与一块橡皮,把它们放在一张干净无瑕的桌上,纸呈竖向放置。主试对儿童说:“请你画一个完整的人。”然后由儿童自行作画。如果儿童提问,不应给予任何提示性回答,可以说:“随你的便”或“你自己看着办吧”,等等,由此,力图保持情景的一定的含糊性。

大多数儿童在5~10分钟内可完成画人任务。画完第一张以后,要求儿童画第二张,但要求画一个性别相反的人。对于年龄较小的幼儿,通常可先问他们,刚才画的是男孩还是女孩,然后,要求他们再画一个女孩或男孩。

对所画出的人物做出投射解释是一项十分复杂的技术。具有代表性的解释系统由麦克霍维尔于1949年创立。麦克霍维尔认为,对画人测验的解释,应根据多种指标进行,就像拼图一样,将各部分的指标合起来,才能全面认识一个儿童的人格全貌。

麦克霍维尔认为,画出的人的头部最能表现儿童的社会交往特征。脸上的每一部分都显露出有关儿童的某种特点。例如,闭上的眼睛,可能是企图避开外界的象征;张大的、经涂黑强调的眼睛,则可能与敌意或对抗情绪相联系。

画出的人的四肢及末端器官(手指、脚趾等),显示儿童与环境的相互作用。对脚和腿的相对忽视或缺少,可表示儿童的不安全感。衣着特点(如扣子、口袋、帽子、鞋等)也可显示儿童的幼稚和依赖性等特点。所画人物的其他特征,如大小、在纸上的位置、全图的主题等,也都可揭示一定的人格特征。

另一著名心理学家科皮茨的解释方法,是将不同年龄或成熟水平的儿童所反映的人物画指标相区分,并分别规定了有关焦虑、社会性情绪、人际态度、自身态度等方面的特征指示,并做出标准定义。她还认为,在分析一张儿童画时,应考虑以下基本问题。第一,这张画是怎么画的?儿童所画的人与自己的接近程度,尽管他可能宣布画的是另一个人,但这将提供分析其自我概念、对自己的态度等的有关信息。第二,画的是谁?科皮茨认为,儿童画的人将是对他来说最重要的一个人。由于自我中心主义,儿童常画的是自己。如果画的不是自己,而是别人,那很可能是关心自己的人,或是与自己有较严重冲突关系的一个人。如果画的是主试者的像,则可能反映出该儿童的孤独感,企图寻求别人的注意,哪怕是与陌生人作短时间交往时对自己的注意。第三,想通过画表达什么?也就是说,想对主试传达什么信息。这种信息可能代表某种愿望、希冀,或是某种态度或矛盾心理的表达,或二者兼而有之。在作画时,儿童自发的、自言自语地诉说的关于所画人物的故事,可能反映其梦想。儿童的自画像及其言语描述,则更可能反映其自我知觉。

在运用画人技术时,有人还在画图任务完成之后,再向儿童提问,以此作为辅助的分析依据。

(二)按测验方式划分

按测验方式划分,可分为个别测验和团体测验。

1. 个别测验

个别测验是指主试与被试一对一进行的测验。个别测验的可靠性较高,主试能有效地观察和控制被试的行为反应,尤其是对尚无文字表达能力的幼儿,通常采用个别测验。但个别测验费时费力,短时间内难以获得大量的资料,并且对主试的要求较高。

2. 团体测验

团体测验是指一个主试能同时对许多被试进行的测验。团体测验节省人力与时间,在短时间内能收集到大量的资料,效率较高。但团体测验中被试的反应不容易控制,并且测验效果不及个别测验可靠。

(三) 按测验材料划分

按测验材料划分,可分为语言、文字测验和非语言、文字测验。

1. 语言、文字测验

语言、文字测验是指测验内容是以语言、文字形式构成,被试要用语言、文字作答的测验。语言、文字测验实施比较容易,适宜于进行团体测验,但它易受被试的教育程度和不同文化背景的影响。

2. 非语言、文字测验

非语言、文字测验又称操作测验,它是以图形、模型、实物、工具等作为测试材料,被试需动手操作才能完成的测验。由于被试不需要用文字作答,因而特别适合于幼儿或文字表达有困难的被试,适合于不同文化背景的比较研究。较著名的测验有:瑞文标准推理能力测验,画人测验等。

(四) 按测验的参照系划分

按测验的参照系划分,可分为常模参照测验、目标参照测验。

1. 常模参照测验

常模指有一定代表性,并且数量足够大的样本在某项测验上的平均成绩。常模是评价被试测验成绩的相对标准。常模参照测验是一种衡量被试相对水平的测验,是将被试的测验成绩与同类被试在同一测验上的平均分即常模相比较,从而确定被试在总体中的相对位置。常模参照测验要有常模对照表,一般包括分数分布量表、年级量表、年龄量表、标准分数、百分等级量表等。常模有地区性常模和全国性常模,地区性常模只适用于特定的区域,如在城市获得的常模就不一定适用于农村或边远地区,而全国性常模适用于全国所有的同类个体。我国学前儿童的常模参照测验工具主要集中在智力测验和儿童身体发育测试方面,如:中国儿童发展量表(3~6岁)、中国比奈测验(2~18岁)、韦克斯勒学龄前期和学龄初期儿童智力量表(WPPSI)。

2. 目标参照测验

目标参照测验又称标准参照测验,是衡量被试实际水平的测验。这种测验将被试在测验上的分数与事先制定好的某种标准进行比较,看被试是否达到了目标规定的要求。目标参照测验的特点是依据标准,判断被试的达标程度,而不是将被试的成绩与其他人做比较。如:毕业考试、英语水平测试、钢琴考级、各种行业的资格考试等均是目标参照测验。

(五) 按测验的标准化程度划分

按测验的标准化程度划分,可分为标准化测验、非标准化测验。

1. 标准化测验

标准化测验是指由专家学者或专门机构采用系统的科学程序编制的，在测验实施过程、评分手续和分数的解释上具有统一标准的，并对测验误差做了严格控制的测验。标准化测验的编制和施测有一套标准程序。测验编制包括确定测验目的、科学命题、选取有代表性的样本进行试测；根据数量化指标筛选测验题目；鉴定整个测验的信度和效度；建立常模，确定指导语、时限和施测条件；规定评分标准、分数转换和解释方法等。标准化测验所获得的测量结果比较客观、可靠，应用范围较广，通常测量法所用的测验工具均为标准化测验。

2. 非标准化测验

非标准化测验是指测验的编制和施测不按标准程序进行的测验。通常由教师或研究人员自编的、为临时测验所用的简单测验，如课堂测验，期中、期末的测验，等级评定量表等，都是非标准化测验。这些测验是教师根据教学目标和自己的教学经验编制而成，它通常与日常教学工作紧密联系；测验内容与教材内容、教学进度一致；难易程度由教师把握；针对性较强。非标准化测验的编制省时、省力、灵活、方便，不足之处在于测验的客观性和标准化程度不如标准化测验，测验的实施和记分也不是很严格。

四、测量法的优缺点及运用时应注意的问题

测量法在实际运用中有两种基本形式，一是直接选取某个测验作为收集资料的工具，测量的结果就是研究的成果，如测定智商、诊断学业情况、升级考证等；二是与其他研究方法结合使用，作为研究组合中的一部分，如实验法中对因变量的测量等。

测量法在实际应用中，既客观又经济，随着国外测验方法的不断引进、修订，以及我国有关测验方法的大量编制，测量法得到越来越多的运用。测量法的优点主要有：

（1）科学性较强，测验量表的编制过程客观、严谨，效果准确可靠。

（2）标准化程度较高，施测、计分、评价等均有统一标准，容易控制，便于操作。

（3）量化水平很高，测量所获得的均为客观的数据资料，可用计算机进行结果处理。

（4）能直接进行对比研究，标准化测验一般都有常模，只需将所测得的数据资料直接与常模比较，便可知差异。

（5）经济实用，省时省力，研究者只需根据研究需要直接选择合适的测验量表施测即可。

当然，测量法并非十全十美，它也有其自身难以克服的缺点和不足，主要有：

（1）编制测验难度很大，费时费力，尤其是标准化测验的编制专业化程度很高，非专门机构、专业人员不能胜任。

（2）学前教育测量通常是间接测量，测量涉及的是幼儿的心理、智力、能力、知识、技能、兴趣、性格等因素，难以直接观测，只能依据被试的行为、活动或自评等来推测其水平，因此测量的结果往往是相对的。

（3）难以进行整体的分析，定量分析多停留在零碎的表面水平的描述和解释上，灵活性较差，难以揭示变量之间的因果关系。

学前教育测量要测定的往往是幼儿的各种心理特征，被试是活生生的人，是有思想、有情感的人，其心理特征随主观意志、外界刺激的变化而在不断地发生变化。因

此，学前教育测量与物理测量相比要复杂得多、困难得多，要想对被试的个性、兴趣、智力、能力等心理行为方面进行非常精细的测量也难以达到理想的要求。另外，有时测量的结果和被试的心理特征也很难完全用数量形式来表示。

学前教育研究在运用测量法时应注意以下几点：

（1）遵守测验的职业道德。对涉及个人隐私的问题要为被试严守秘密；不要给测验分数低的被试贴标签；不要伤害幼儿的自尊心。

（2）做好测验试题的保密工作。学前教育测验量表不像物理测量的工具（如尺、秤等），可在被试身上反复运用。学前教育测验内容一旦泄露，测验就失去了价值。因此，测验量表不宜全部在杂志、书籍中刊登、披露。

（3）测验主试应具备必要的专业知识。教育测量专业化程度很高，要保证测验操作的规范、结果解释的准确，从事测量的人员必须具备一定的专业基础知识，或经过专门的培训。学前教育测量除了具备教育测量的专业要求外，还要具备相应的儿童心理与行为知识及实际临床经验。

（4）确保测验过程的标准化。测验的实施要求尽力做到标准化，为每个幼儿提供尽可能相同的测验条件。应严格按照测验手册中规定的要求和步骤实施操作，不能随意变动，否则就可能会影响测验的结果。

（5）在学前教育测量结果的解释与反馈中，还要做好家长与带班教师的协同工作，指导他们正确对待解释结果，共同促进幼儿的身心发展。

第二节　测验的编制与实施

标准化测验的编制与实施均要按统一的标准程序进行。为使测量准确可靠，测验的每个环节都要标准化，包括测验试题的标准化、实施过程的标准化、评分计分的标准化、结果解释的标准化等。具体涉及：确定测验目的；选取有代表性的样本进行预测；对题目做信度、效度分析；根据难度、区分度筛选题目并编成测验卷；确定统一的指导语；规定施测规则；规定评分计分标准以及分数转换和分数解释的方法。

一、测验的编制

标准化测验的编制是一个复杂的系统工程，编制过程会因测验的内容、性质的不同而有所不同。但由于测验原理大体相同，因而测验的编制大致可分为以下几个基本步骤：

（1）确定测验目的（测谁、测什么等）。

（2）拟订编题计划（怎么测、内容比重等）。

（3）编制测验题目（题目数量、形式、时间安排、分数分配、复本等）。

（4）被试和项目分析（样本、题目的难度、区分度等）。

（5）修订、筛选测验题目（指导语、时限、计分标准等）。

（6）组成正式测验（建立常模、测验手册）。

（7）检验测验的可靠性、有效性（测验的信度、效度）。

标准化测验的编制，其专业化要求很高，需要投入大量的人力、物力、财力，通常由专门机构或专家学者编制。标准化测验应具备以下三个基本特点：一是测验的效度要高,即测验的准确性要高,测验本身确实能测出所拟订的目标程度;二是测验的信度要高,即测验的可靠性要高,测验结果能真实反映被试的实际水平;三是测验应有常模比较,即测验能解释实际测得的分数,能评价被试的水平。

二、 测验的实施

测验的编制有标准化的程序,测验的实施也有标准化的要求。下面从测验施测人员的角度,对实施标准化测验步骤做一介绍。

(一) 选择合适的测验工具

教育测验种类很多,功能特点各不相同。因此要正确施测的第一步就是应根据研究目的,选择合适的测验工具。要选择测验工具,必须有大量供选择的测验,这就要求研究人员持之以恒地收集各种测验,包括标准化测验或各种评定量表。如果研究人员手头有各种有关幼儿教育的测验量表,那么要进行研究会方便得多,选择余地也大得多。教育研究中,研究人员常常是苦于找不到测验量表,而不得不放弃很多研究。因此,收集测验量表是研究的一项基础工程。

(二) 按标准化测验的要求施测

有了合适的测验工具,还必须按测验的规定来施测。施测前,主试要仔细阅读测验手册,熟悉测验手册中的内容要求,准备好测验所需的材料,熟练掌握测验的操作程序,选择适宜的测验环境,避免各种偶然因素可能带来的误差,与被试建立良好的信任关系,解除被试的过度紧张和不适感等。

对幼儿进行测验通常采用个别测验,施测过程更应该注意标准化,主试应向每一个被试尽力提供相同的测试条件。否则,测验结果就不具可比性。如,主试对测验指导语的解说要统一,不应以测验手册以外的词句去解释被试的疑问,测验时间的限制不能随意变动,避免给被试任何暗示。

(三) 客观、准确地记录被试的反应

这要求主试公平地对待每个被试,主试的评分要标准统一,要客观准确,要前后一致。通常标准化测验都有标准答案或评分标准供测试人员对照使用。测试人员应熟记于心,严格执行。有些标准化测验还需对评分人员进行必要的培训,以统一评分标准。

(四) 合理解释测验结果

标准化测验是一项严肃的、学术性很强的工作,尤其是对测验结果的解释,通常要求经过培训的专业人员主持。在解释测验结果时,要做到有依据、有分寸,不武断地做绝对性的结论,也不做无限度的推论。

对幼儿实施测验时,首先要取得幼儿的信任,消除幼儿的胆怯心理,使之能充满信心地、轻松自如地参加测验。如果幼儿充满惧怕或紧张的心情,那么测得的结果通常不可靠。因此,成功的主试应该具有只凭纯真的友善态度,而不要任何人为技巧,就能和幼儿顺利地建立一种和谐(同情的和了解的)关系的能力。如会心的微笑、安然的沉默、愉快的赞美、善意的批评等细微的友善行为,都可增加彼此间的和谐气氛。但主试者应当记住,称赞只能针对幼儿的努力,而绝不是对他某种成功作答的特殊反应。一般在每做完一题时,只是千篇一律地说:“好了,很好。”这只是表示一项测验已做完,再做下一项的一种敷衍形式。如果只在幼儿答对的时候才加以称赞,便可能影响

后面的测验。在任何情形下,对幼儿的错误反应或不合理的答案,都不可以表示不满意的神色。

针对这些特点,在实施智力测验时,应避免在幼儿饥、渴、累、困时进行。一般而言,测验时应谢绝参观,尤其是幼儿家长、教师等最好不要在场。如幼儿年龄较小需要陪伴时,只能限于一人,并应请其待在一旁,不能参加测验情境,更不能提供帮助,向儿童说明问题,或做任何暗示。为了保持幼儿的注意力和作答动机,一方面可用口头称赞加以鼓励,另一方面可用变化的测验来满足幼儿的好奇心。有时还可以对幼儿许下某种报酬,如:"好好地做,做好了我给你一个玩具玩。"对于此类语言,应最终兑现。

第三节　测验的评估标准

教育研究中的测量通常是凭借教育测验得以实现。测验是对行为样本客观的和标准化的测量。测验中的客观性是指要用数量化的指标筛选测验题目,并对整个测验进行信度和效度的鉴定。测验中的标准化是指测验的编制、实施、计分、分数的解释等都要按照统一的标准和严格的规定进行。

一、信度

信度指测验结果的可靠性和稳定性,即同一个测验对同一组被试,所得测量的一致性程度。例如,用一杆秤来称一样物品,第一次称出的重量与第二次称出的重量不一样,那么我们说这杆秤不可靠,称出的结果不可信。这样的测量工具是不可靠的工具。又如,某幼儿经过几次智力测验,其智商均在 120 左右,结果基本保持一致,那么这个测量工具(智力测验)是可靠的、可信的。估计测验信度主要有以下几种类型。

(一)再测信度

用同一种测验对同一组被试实施两次或更多次的测验,前后两次测验分数间的相关系数即为再测信度。如果相关系数为高度的正相关,则表示该测验信度高,反之则信度低。

再测法只要用一种测验形式,即可获得有关测试结果是否随时间而变化的资料。但,前次测验会影响后次测验的成绩。

(二)复本信度

用两个或更多的等值测验复本,对一组被试先后进行两次或更多次的测验,前后两次测验分数的相关系数即为复本信度。如果相关系数为高度的正相关,则表示该测验信度高,反之则信度低。

复本法避免了一套测验可能引起的练习效应和记忆效应,但要编制多个完全等值的复本难度很大。

(三)分半信度

在测验没有复本,并且只能施测一次的情况下,可将测验题目分成对等的两半,它们的内容和难度相当,然后根据各人在这两半测验上的分数,计算其相关系数,即为分半信度。如果两半为高度的正相关,则表示该测验信度高,反之则信度低。

为使分半后的两组等值,一般采取先将题目按难易顺序排列,然后按奇数或偶数平分为两半,也可将题目拦腰分为上下两半,求其信度系数。分半法常用于估计测验内部的一致性以及测验成绩的稳定性，但问题在于，我们往往很难将题目分成平均数、标准差基本相等的两半。

（四）评分者信度

一些主观性测验题目（如作文、口试、唱歌、图画等）需要评判员来评分或打等级，评分常会出现误差。如，一个评分者对许多份测验试卷中的同一题目所做的先后评阅可能会因前后次序效应而不一致。另外，不同的评分者对同一题目也可能会有不同的评判。通常有两种求评分者信度的方法，一是随机地抽取一些测验卷进行重新评阅，然后计算二次评分的相关系数，以了解一个评分者先后评分的信度；二是让两个或两个以上的评分者分别评阅同一批测验卷，然后计算其相关系数，以了解不同评分者之间的信度。

影响测验信度的因素很多，从测验本身来看，主要有：

（1）测验的长度。测验项目多，信度就会提高。

（2）测验的时间。增加测验时间，保证被试能做完所有题目，就可能提高信度。

（3）测验的同质性。如果测验项目涉及同一能力倾向，信度也会提高。

（4）测验的区分度。区分能力强的题目越多，信度也会越高。

（5）测验变量的性质。学术和技能领域的测验要比兴趣和态度领域的测验信度要高。

（6）测验的形式。多项选择题等客观性试题要比论述题等主观性试题的信度更高。

（7）被试的差异性。被试能力差异越大，信度也越高。

从被试的角度来看，影响信度的因素主要有：

（1）身体健康状况。

（2）情绪紧张，疲劳。

（3）人的记忆波动。

（4）对测验形式的了解。

（5）施测的环境条件。

（6）具备其他有关知识。

（7）对测定内容的熟悉情况。

以上所列的多种因素，或多或少会对测验信度造成影响，并且其中有些因素是难以预测和控制的。但一个可靠的测验必须对这些影响因素进行考虑，尽可能提高测验信度。一般来说，在运用测验工具前必须了解该测验的可靠性，当自行编制测验工具时必须测定它的信度。

二、效度

效度指测验的有效性和准确性，即一种测验在多大程度上达到了测量目标。例如：教学能力倾向测验，测验的结果反映了学生学习能力的真实程度，那这一测验就有较高效度；如果测验结果仅反映了学生的语言理解能力，那这一测验就没有效度。实际上，效度所要鉴定的是一个测量工具用来测量某种属性是否有效。对某个目标有效的测验，对其他目标不一定准确有效。如果智力测验的测验项目全是知识性的题目，这对被试的智力测验来说会失去效度，因为测验目的是要测量被试的智力，但实际测得的都是被试原有的知识，这就大大降低了想要测量的智力的效度。

效度常用相关系数来表示，称效度系数。由于测量的目的不同，效度就有不同的类型。常用的类型有：

（一）内容效度

内容效度是指测验题目对所要测的内容的覆盖程度，即测验题目对有关内容或行为范围取样的适当性和代表性。内容效度主要用于成就测验，通过对内容的逻辑分析，从而确定它们的代表程度。内容效度的值常由该领域的专家判定。例如：教师要了解学生对某门功课的掌握程度，他可以对这门课的所有内容进行测验，但由于内容很多，不可能面面俱到，因此只能选择部分内容或题目进行测验，然后用测验结果推论学生是否掌握了这门课的内容，很显然，测验所选内容的代表性如何，会直接影响对总体情况进行推论的准确性。

（二）效标效度

效标效度又称效标关联效度，是通过将测验与某种外在标准做比较来确定的。效标效度是由两个量数之间的相关关系决定的，一种是测量到的量数，另一种是作为参照标准的量数，后一种量数就称为效标（效度标准）。两个量数的效度系数（相关系数）越大，则测验的效度越高，反之，效度越低。例如：用《中国儿童发展量表》的测验分数与效标《韦氏儿童智力量表》的测验分数进行比较。

效标效度又可分为两种类型，一是同时效度，即测验分数是否测出了目前实际存在的情况，具体求法是在收集测验分数的同时，收集效标资料，然后计算两组数据的相关系数，决定测验分数是否可取代效标分数。二是预测效度，即测验分数是否预测到了将来发生的特定情况，具体求法是先收集测验分数，经过一段时间（如半年或一年）之后再收集效标资料，然后计算两组数据的相关系数，目的是决定测验分数是否具有预测性。例如：对5岁幼儿在画人测验中获得的分数与半年后在《中国比奈测验》中测得的智商进行相关系数比较。

（三）结构效度

结构效度是指一个测验在多大程度上测量了要测的理论构想。它验证的是所提出的理论假说是否有效的问题。当要求回答这样的问题：这个测验究竟测量了什么？实际上就是在考虑这个测验的结构效度。例如：智力测验的结构效度是指被试解答的问题是以智力来加以解释的，而不是以学习成绩或知识多少来加以解释的。智力测验的结构效度越高，它所测量的智力因素也越高。

由于结构指的是理论结构，而不是测验项目的外在技术结构，而且由于结构是抽象的，而不是实在的事物，因此确定结构效度比较复杂，既要从实际中收集各方面的资料，又要从理论上对构想进行分析。例如：分析测验过程与测验题目之间的关系；比较两组被试在同一测验中的结果；比较前测与后测的变化；求出一种测验与其他测验的相关性等。

教育测量除必须具备适当的量表作为测量工具外，还必须以一定的信度和效度作为测量的必要条件，信度往往以两种尽可能相似的方法去测量同一倾向的一致性，而效度则往往以两种尽可能不同的方法去测量同一倾向的一致性。信度和效度既有区别又有联系，互为补充，信度是效度的必要条件，但并不是充分条件。也就是说，一个测验可能信度高，但效度低。然而一个测验要有效度，首先必须有信度，如果一个测验测出的结果不一致，它就不可能有较高的效度。

三、难度

难度指题目的难易程度，是衡量测验题目质量的一个重要指标。计算难度主要有三种方法。

（一）以通过率计算难度

所谓以通过率计算难度，也就是求正确解答题目的人数与总人数之比，多用于选择题。其计算公式为：

$$P=\frac{R}{N},$$

式中 P 代表难度，R 为答对人数，N 为参加测试的总人数。

例如：150 名儿童中答对第 1 题的有 50 人，答对第 2 题的有 75 人，则这两道题目的难度分别为：

$$P_1=\frac{50}{150}\approx 0.33,$$

$$P_2=\frac{75}{150}=0.50。$$

难度也可用百分比表示，上述例子中第 1 题的难度为 33%，第 2 题的难度为 50%。

（二）以平均数计算难度

所谓以平均数计算难度，也就是求全部被试所得分数的平均数与该题满分之比，多用于问答题。其计算公式为：

$$P=\frac{X}{W},$$

式中 P 为难度，X 为被试的平均分数，W 为该题的满分。

例如：某测验题，满分为 150 分，150 名儿童实际测验得到的平均分为 90 分，则该题难度为：

$$P=\frac{90}{150}=0.60。$$

（三）以极端分组计算难度

所谓以极端分组计算难度，是指先按得分高低排序，从分数序列两端各取 27% 作为高分组和低分组（根据正态分布，高分组与低分组各占总数的 27% 为最佳比例，也有人用各占总数$\frac{1}{3}$来分高分组和低分组），然后按下列公式计算难度：

$$P=\frac{P_H+P_L}{2},$$

式中，P 为难度，P_H 为高分组答对该题的比例，P_L 为低分组答对该题的比例。

例如：在 125 名儿童中，高分组 34 人（约占 27%）与低分组 34 人（约占 27%），其中高分组答对第 4 题的有 20 人，低分组答对第 4 题的有 10 人，则第 4 题的难度计算如下：

$$P_H=\frac{20}{34}\approx 0.59,\ P_L=\frac{10}{34}\approx 0.29,$$

$$P \approx \frac{0.59+0.29}{2} = 0.44。$$

难度指标最高为1.00，表示难度最小，即被试都能正确解答；难度指标最低为0，表示难度最大，即被试都不能正确解答。因此，题目难度与被试正确解答该题呈反比，难度值越小，越接近0，测验难度就越大；难度值越大，越接近1，测验难度就越小。一般编制测验题时，理想的难度值为0.50，难度范围可控制在0.30~0.70。

四、区分度

区分度是指测验题目对所测量特性的区分程度或鉴别能力，是衡量测验题目质量的一个重要指标。有较高区分度的测验题目，对被试的特性、能力、学业水平等有较高的鉴别力，能将被试的差异区分开来，好生得高分，差生得低分；而区分度低的测验题目，好生、差生的得分无规律或分辨不出差异。

区分度的计算常以某题的得分与测验总得分之间的相关系数来表示，也可以用测验中高分组与低分组在某一题目上答对比例之差来表示。其计算公式为：

$$D = P_H - P_L,$$

式中，D为区分度，P_H为高分组答对该题的比例，P_L为低分组答对该题的比例。

例如：在125名儿童中，高分组与低分组各有34人（各占约27%），其中高分组答对第5题的有30人，低分组答对第5题的有10人，则这道题的区分度计算如下：

$$P_H = \frac{30}{34} \approx 0.88, \quad P_L = \frac{10}{34} \approx 0.29,$$

$$D \approx 0.88 - 0.29 = 0.59。$$

区分度的数值在±1.0之间。如果某题目在高分组全部通过，低分组全部没通过，则$D=1.0$；若题目的通过率与上述结果完全相反，则$D=-1.0$；若高分组和低分组通过率相等，则$D=0$。区分度越高，说明该题目在测验中的效用越大。一般要求题目的区分度在0.30以上。

在测验的题目编制中，题目的难度应为区分度服务，难度选择应以提高区分度为出发点，难度过大或过小都会降低区分度。那些被试都能通过或都不能通过的题目要剔除，对于区分度在0.20以下的题目要么修改，要么淘汰。一般而言，题目的难度为中等时，区分度最高。

思考题

一、选择题

1. 具有相等的单位和绝对零点的量表是（　　）。

A. 顺序量表　B. 等距量表　C. 比率量表　D. 称名量表

2. 用以体现测验有效性和准确性的指标是（　　）。

A. 难度　B. 效度　C. 信度　D. 区分度

二、名词解释

1. 教育测量　2. 称名量表　3. 顺序量表　4. 等距量表

5. 比率量表　6. 信度　7. 效度　8. 区分度

三、简答题

1. 简述测量的基本类型。

2. 简述测验编制与实施的基本步骤。

3. 简述运用测量法时应注意的问题。

四、论述题

找一篇编制测验的研究报告,分析其编制过程与评价标准。

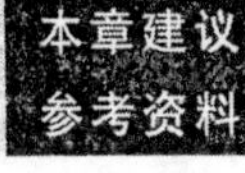
本章建议参考资料

1. David R. Krathwohl: Methods of educational & social science research: an integrated approach (2nd ed.), Addison-Wesley Educational publishers, Inc,1993.

2. 王孝玲编著:《教育测量学》,华东师范大学出版社,2005 年版。

3. 彭凯平编著:《心理测验》,华夏出版社,1989 年版。

4. 杨志明等著:《测评的概化理论及其应用》,教育科学出版社,2003 年版。

5. 金娣等编著:《教育评价与测量》,教育科学出版社,2002 年版。

第九章　如何进行实验研究

学习章节与目标

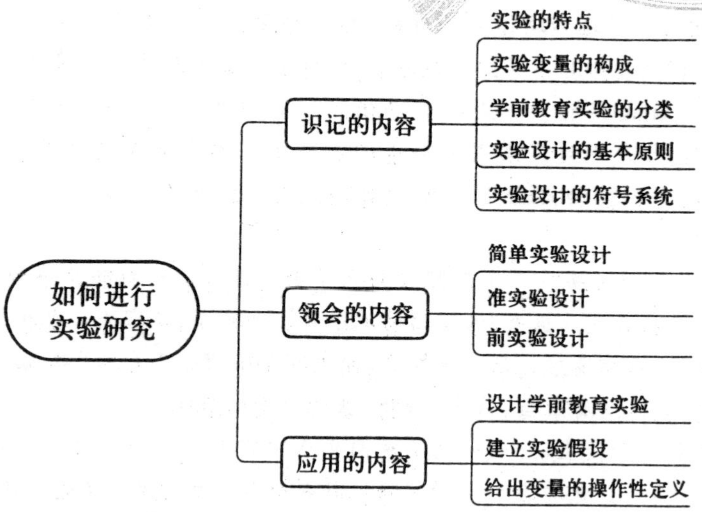

- 如何进行实验研究
  - 识记的内容
    - 实验的特点
    - 实验变量的构成
    - 学前教育实验的分类
    - 实验设计的基本原则
    - 实验设计的符号系统
  - 领会的内容
    - 简单实验设计
    - 准实验设计
    - 前实验设计
  - 应用的内容
    - 设计学前教育实验
    - 建立实验假设
    - 给出变量的操作性定义

建议学时

4~8 学时。

老师导学

翻阅旧报纸,偶然看到2009年3月18日《钱江晚报》刊登的一篇关于该报记者对三个幼儿园做的“诱拐”实验报道。

幼儿园操场活动区,小班的孩子们正玩得欢。“小朋友你叫什么名字呀?阿姨和你一起玩吧。”记者摸摸一个小男孩的小脑袋。小家伙说自己叫小宇。“阿姨有一个很好玩的玩具哦。看,这个‘皮卡丘’会变身的呢。”一阵捣鼓,皮卡丘变成了小圆球。“这个我也会变。”小宇一下子兴奋了,拿着玩具摆弄起来。这期间,一个个小脑袋聚拢过来。“你们都想要啊,那阿姨带你们去买好不好啊?”“好!”为了确保诱骗成功,记者加重“筹码”,拿出一堆大白兔奶糖,小家伙们抢着拿糖吃。“跟阿姨走,阿姨给你买糖买玩具。”于是,记者左手拉一个,右手拉一个,身后还跟着一大群小家伙,就这么浩浩荡荡往门口走了。

……

操场的另一个角落,中班的一群孩子在玩大型玩具。一个白白胖胖的小男孩正在和小伙伴互相嬉闹。“小朋友,你叫什么名字呀。”“小乐。”小家伙没有任何考虑就报出了自己的名字。“哎呀,阿姨找你好久了呢,你爸爸说家里出了点事情,让阿姨先接你回家,好不好?”小乐几乎连想都没想,“好。”前后不到一分钟。记者拉着小乐往门口走。旁边的同学问小乐去哪儿,小乐和同学挥挥手,“爸爸叫我回家了,再见。”等走到了幼儿园门口,小乐也没感觉到任何不对劲。记者只好带着小乐回来,和他说不用回去了,刚刚爸爸是和小乐闹着玩的。小乐又开心地跑回去了。

……

下午4点,大批家长来接孩子的时间,记者准备再次“行骗”。记者先向老师要来了大一班震震父母亲的姓名,然后跟着其他家长走进大一班,直接走到震震面前,说:

“你是震震吧，我是你妈妈的同事。今天你妈妈有事，你跟我走吧。”震震“噢”了一声，点了点头说：“你等等，我系鞋带。”

他系好鞋带，抬起头，突然问记者：“我妈妈电话是多少？”记者说：“我存在手机里了，现在背不出来。我还知道你爸爸叫××，还去你家玩过。”震震从凳子上跳了起来，一边跺脚一边说：“不知道号码我不和你走，妈妈说要是不知道她的号码，就算等到天黑了，天又亮了，还是不能和你走。”这时候在一边的老师也笑了，帮记者说起了话：“老师认识她的，你走不走？”震震摇摇头：“我不走。”而震震的妈妈听到了儿子的表现，笑了：“我很早以前和他说过，妈妈以外的人来接他要报电话号码，没想到他记得这么牢。”

面对“骗子”的“诱拐”，三个年龄段的孩子表现各异。小班的几个孩子面对一个有趣的玩具和一些好吃的糖果，浩浩荡荡地跟着记者走了；中班的一个孩子，记者只说替他爸爸帮忙接，想都没想就跟记者走了；而大班的孩子，明显有了防备心理，面对记者的甜言蜜语，始终没有上当，结果“诱拐”实验以失败告终。

以上的诱拐实验较生动形象，也是我们生活中常见的。读了诱拐实验的例子后，你一定很想知道：什么是实验？实验有哪些因素构成？如何设计实验？实验研究如何做？……

实验是发现真理的基础，也是检验真理的方式。在科学史上，重大的发现和突破都与科学实验紧密联系。当今重大的教育改革、教学方法的变革大都以实验作为支撑或依据。实验法在学前教育研究中已成为主导性的研究方法，并日益为广大学前教育工作者所接受、所运用。

第一节　实验研究概述

一、实验研究的概念

学前教育实验是在学前教育情境下根据研究假设，运用一定的人为手段，主动干预或控制研究对象的发生、发展过程，并通过观察、测量、比较等方式探索、验证教育现象因果关系的研究方法。

同其他实验一样，学前教育实验在于确定变量间的关系。实验中的变量由自变量、因变量、无关变量组成。从形式化角度看，实验就是建立两个或多个变量间的因果关系①。

二、实验的特点

1. 以检验假设为前提

任何实验都是在一定的理论框架下，以检验研究假设为目的的，也就是说，任何实验都是在理论的指导下，通过实际的观察、测量等手段来检验假设正确与否。实验假设在先，实验实施在后；先有理论框架，再有实验操作。整个实验过程通常是围绕着验证研究假设展开的，假设是实验研究的核心。

---

① 梅雷迪斯·D.高尔等著，许庆豫等译：《教育研究方法导论》，江苏教育出版社，2002年版，第381页。

2. 控制实验条件

实验研究的精髓在于对实验条件的控制。没有控制,便无所谓实验。控制条件通常指主动操纵自变量,客观地测定因变量,严格地控制无关变量。

3. 能揭示因果关系

探索规律性的东西,是实验追求的直接目标。实验法探索的就是事物之间或变量之间的因果关系。整个实验的理论框架和操作程序就是按照如何验证因果关系而设计的。观察法和调查法有时也可得出事物之间存在某种联系的结论,但这些联系什么是因,什么是果,往往难以做出正确的判断。

4. 可重复验证

实验是可重复验证的。对同一组被试或相似被试,在相似的控制条件下,应得出相似的研究结果。这种重复验证的程度越高,实验研究的可靠性和效果也就越好。

在实验法的四个特点中,要有假设,有理论框架,意味着要明确研究的目标,要提出有价值的问题;控制实验条件则是实验研究结果可靠性的保证;揭示因果关系就是要探索变量之间规律性的东西;而可重复验证则体现实验设计本身的科学性和严密性。

学前教育实验与纯粹的自然科学实验不完全相同。这是因为教育实验是以教育活动为研究对象的,而教育活动中诸如人的心理与行为等许多因素往往难以得到严格的控制,它不像自然科学那样能够按照既定目的严格地控制或改变某些条件,因此,就增加了教育实验的复杂性,也导致了由于实验条件和变量控制程度不同而形成的多种多样的实验类型。

三、 学前教育实验的构成要素

在学前教育实验中,由实验者操纵变化的量叫自变量(也叫实验变量),由自变量直接引起变化的量叫因变量,跟实验目的无关的变量称为实验的无关变量,它们之间的关系如图 9-1 所示。任何一个教育实验都会有上述三类变量的存在,实验的目的就是要尽量排除无关变量的干扰,有效地操纵自变量,并客观地观测因变量。

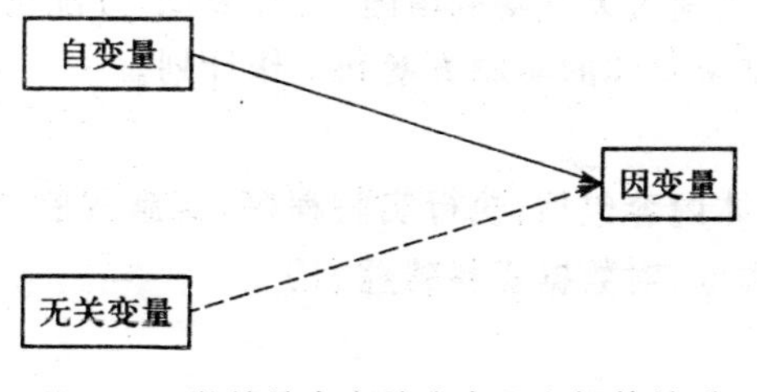

图 9-1 学前教育实验中变量之间的关系

第二节 实验的分类与过程

一、 学前教育实验的分类

学前教育实验的分类多种多样,从不同角度、不同层次可有不同的分类。

1. 按实验场所划分

按实验场所划分，学前教育实验可分为现场实验（自然实验）和实验室实验。

现场实验是指实验是在幼儿园教育教学的现实情境中进行的。实验室实验是指在实验室环境中，在严格控制条件下进行的实验。实验室实验条件控制严密，可保证实验结果的可靠性，它的基本思想是，只要无关变量控制得好，自变量与因变量的关系便可以明确显示。一般实验室实验涉及的因素较少，被试的数量较小，适合于纯研究型的问题。

2. 按实验目的划分

按实验目的划分，学前教育实验可分为探索性实验和验证性实验。

探索性实验具有独创性，探求未知，目的在于获取新知识。验证性实验是对已有的知识、结论等进行重复检验或对已有的实验成果再检验，以及移植、模仿和改造已有的研究假设。

3. 按自变量个数划分

按自变量个数划分，学前教育实验可分为单因素实验和多因素实验。

单因素实验是指实验中只有一个自变量，研究目的是探索变量的一一对应关系。多因素实验是指实验中含有多个自变量，实验目的是探讨多个变量之间的组合关系。

4. 按实验控制程度划分

按实验控制程度划分，学前教育实验可分为前实验、准实验、真实验。

前实验对无关变量控制得不够充分，是一种不理想的实验。真实验能比较满意地控制无关变量的影响，可以获得比较准确的实验结果。而准实验在控制程度上介于前实验和真实验之间。

二、学前教育实验的一般过程

学前教育实验的一般过程可分为三个阶段：

1. 准备阶段

实验准备阶段的具体步骤包括：选定课题，形成实验假设，确定实验的自变量和因变量，下操作定义，制定控制无关变量的措施，选择被试，分配被试到实验组或对照组，选定测量方法和工具，制定具体的实验方案和工作计划。

2. 实施阶段

实验实施阶段的具体内容包括：执行实验程序，实施实验方案，观察实验对象，观测、记录所需的资料和数据，对数据资料整理加工。

3. 总结阶段

实验总结阶段的具体任务包括：对数据资料的分析，概括研究结果，形成研究结论，撰写实验报告，评价、验证研究成果，将成果推广运用。

实验研究的流程如图 9-2 所示。

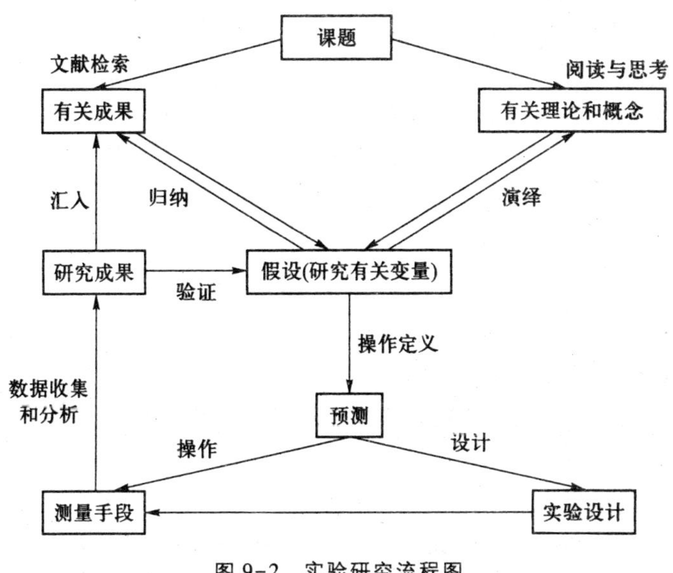

图 9-2　实验研究流程图

第三节　常用的实验设计

一、实验设计的概念

广义的实验设计是指进行一项实验研究的整体设计,其主要内容为:在确定课题的基础上提出假设,识别变量,选择样本,确定实验的组织形式和具体方法以及整个研究的进程和策略。狭义的实验设计是指实验过程中的组织形式、被试分配形式和实验变量介入或控制的形式。

实验设计应遵循以下三条基本原则:

(1) 随机化原则

随机化是实验设计中控制无关变量的最重要的方法,也是最有效的方法。随机化一般包括两个方面,一是被试应从总体中随机选择;二是被试的配组(分到实验组或对照组)应随机分配。

(2) 可控制原则

控制是实验的基本特征,没有控制就没有实验。一个实验能否有效地得出因果关系的结论,最重要的是看实验设计是否能够有效地控制无关变量。

(3) 可重复原则

可重复是对实验的精确性和可靠性的要求,也是检验实验结果有效性的标准。

实验设计通常要综合考虑以下内容:研究假设,实验变量(包括自变量的呈现方式,因变量的测定指标及方法,无关变量的控制措施等),被试的选择和分配,实验采用的组织形式,统计处理方法,具体实施步骤等。

实验设计的基本思想有两个:一是使自变量对因变量的作用最大化,让自变量和因变量的关系凸现;二是使无关变量对因变量的影响最小化,不让无关变量对因变量产生干扰作用或使这种干扰作用控制在最小范围内。见图 9-3。

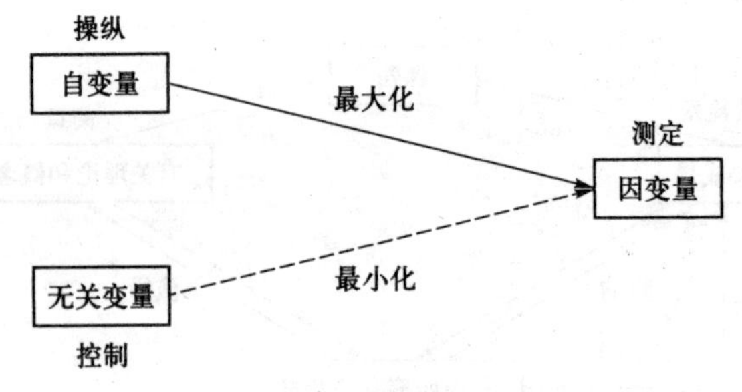

图 9-3　实验设计基本思想示意图

二、实验设计变量的选择与控制

在实验过程中，变量的选择与控制对实验的成功与否具有重要意义。它包括三方面的内容：

（一）自变量的操纵

自变量是变化的措施和条件，又称实验处理，它是研究者创设的情境或刺激物，通过自变量能促使被试产生反应和变化。实验的目的是看自变量的介入会引起被试什么样的反应和变化。自变量的操纵往往涉及实验处理的次数、强度、方式、程序、介入时间、延续时间等问题，研究者应根据研究假设、实验设计的要求和实际情况进行考虑。下面举几个教育研究中可能遇到的实验变量的例子：

实验变量	水平（实验处理）
（1）实验用的动物服用药量	a. 5 克　b. 10 克　c. 15 克
（2）幼儿园课堂的教学方法	a. 游戏　b. 分组角色扮演　c. 个别化指导
（3）获得概念所用材料类型	a. 实物　b. 图片
（4）治疗类型	a. 只用药物治疗　b. 只锻炼　c. 混合使用药物治疗和锻炼

（二）因变量的测定

因变量是研究者要观测的变量，是由自变量引起的在被试身上产生的反应和变化。因变量的变化依赖于自变量的变化，实验的目的就是通过因变量的测定来研究自变量与因变量之间是否存在因果关系。因变量的一个重要特征是它可以通过直接或间接的方式被观察、被测量，并且可以转化为数据形式。例如，测验分数、考试成绩、评定等级、反应时间、答对的百分比等。

（三）无关变量的控制

无关变量是研究中除了自变量和因变量之外的一切变量，是与研究目的无关的变量。由于无关变量会影响因变量的测定，对判断自变量和因变量的关系造成干扰，因此在实验设计时需要对其进行控制。控制无关变量是实验研究的一个主要问题。

控制无关变量的方法主要有：

1. 随机化法

随机化是控制无关变量影响的最简单、最有效的方法。随机化是指从总体中随机选择被试（或样本）；被试随机分配到实验组和控制组；随机指派实验处理等。

2. 消除法

消除是指设法将无关变量排除在实验之外，不让它参与到实验过程中来。如，性别可能会影响因变量的测定，那么被试的选择可都选男性或都选女性。

3. 平衡法

平衡是指设实验组和控制组，将无关变量的影响平均分配到实验组和控制组中去，使各组之间的差异尽可能平等。实验组是指接受实验处理的被试组；控制组又称对照组，是指除了没有接受实验处理外，其他条件与实验组相同的被试组。实验组与被试组唯一的区别就是实验组接受实验处理，控制组没有。例如，等组实验就是按平衡原理设计的，两个组除实验处理不同以外，其余条件都相同，做到两组基本同质，这样有些无关变量在实验一开始便得到控制。

4. 恒定法

恒定是指使某些因素在实验中保持恒定不变，将有些变量变为常量加以控制，也就是说使无关变量的影响在实验前后保持不变。如，要对某些教学方法的效果进行比较研究，为了防止教师水平不同而给教学效果造成影响，可由同一位教师担任实验班和对照班的教学工作，使教师这一变量恒定不变，使教师水平这一变量变为常量。另外，所用教学时间一样、布置完全相同的作业也可以使其恒定不变。

5. 盲法

盲法是指在实验中，被试或主试不知道谁接受了实验处理，谁没有接受实验处理，甚至不知道实验设计者真实意图的一种排除来自被试或主试主观态度影响的控制方法。盲法有单盲和双盲之分，单盲法是指被试不知道自己在参与实验或正在接受某种实验处理，双盲法是指被试和主试都不知道自己在参与实验或不知道谁接受实验处理。

6. 统计分离法

统计分离法是指用统计方法将实验数据中无关变量的影响分离出来或削弱无关变量的影响。如测验后去掉最高分和最低分，将无关变量作为协变量分离出来等。

以上控制方法在实际应用中都会有一定的限制，研究者应根据具体情况有选择地采用，扬长避短，相互配合，达到控制无关变量、使其影响作用最小化的目的。

三、 实验设计的符号系统

如何控制无关变量是实验研究中最棘手的问题。实验设计就是试图通过不同的配组形式和不同的实验模式来达到控制无关变量的目的。由于实验设计的核心在于确定实验过程中的组织形式、变量处理模式，这里首先介绍设计中代表组织形式的符号系统。

X 表示实验处理或自变量；

— 表示无实验处理；

O 表示无实验处理，仅观测；

G 表示组，实验组或控制组；

R 表示被试已做随机分配；

S 表示被试；

--- 表示虚线上面和下面的组不是等组。

此外，字母后下标的数字表示次数，如 O_1 表示观测 1，O_2 表示观测 2；X_1 表示实验处理 1，X_2 表示实验处理 2。

四、实验设计的类型

根据不同实验设计中系统操纵自变量的程度和内外效度的高低，可把实验设计分为前实验设计、准实验设计和真实验设计。

（一）前实验设计

前实验设计具有实验设计的基本成分，但缺乏对无关变量的控制，效度很差，尚未达到实验设计的基本要求。一般不把它看作正式的实验设计，所以称为前实验设计，又称非实验设计。前实验设计的主要模式有：

1. 单组后测设计

$$G \qquad X \qquad O$$

这种设计只有一组被试，只给予一种实验处理，只有一次后测，并且后测的结果就是实验处理的效应。

这样的实验设计，既不对无关变量进行控制，又不随机选择被试，尽量少用。

2. 单组前后测设计

$$G \qquad O_1 \qquad X \qquad O_2$$

这一设计比单组后测设计有所改进，增加了前测（O_1），这样可以将差异进行比较，实现了被试自身的两部分控制，实验效度对实验处理前后有所提高，但它仍不能控制偶然事件、成熟、前测效应等因素。

比如，某幼儿园老师实行每天午餐后给幼儿喝一小碗水的计划（X），结果发现幼儿午休入睡比以前快了，睡不着的人也少了（O），她的结论是：午餐后喝水有助于午睡。这个实验设计对许多问题难以做出解释，如除了午餐后让喝水外，对幼儿午休产生影响的是否还有其他因素，比如周围环境变安静了；天气热，消耗大，容易疲劳；近来班里纪律好了，采取了“争做小红星”的活动等。还有可能是幼儿午休时老师一直在监督，或者幼儿逐渐成熟，更自觉地遵守纪律等。总之，不解决上述问题，很难下结论说午休时间的变化一定是由于午餐后让幼儿喝水引起的。这一实验设计为单组后测设计，既未对无关变量做控制，又没有随机选择被试，也未做内部和外部的比较。如果在计划实施之前，先对幼儿的午休状况进行观察，获取数据，增加前测，变为单组前后测设计，虽然有所改进，但这种设计无法解决上述问题，仍然不能确定午餐后让幼儿喝水与午休状况改善之间存在必然的联系。

3. 固定组比较设计

$$\begin{array}{ccc} G_1 & X & O_1 \\ \hdashline G_2 & — & O_2 \end{array}$$

这种设计比单组设计有所改进，它使用了控制组，但实验组和控制组被试都不是随机选择和随机分配的，通常以自然班为单位，所以称为固定组比较设计（整组比较设计）。固定组比较设计引入了控制组做外部比较，在一定程度上偶然事件、成熟得到了控制。也就是说,如果实验期间发生的偶然事件或被试自身的成熟影响了实验结果,那么对两个组来说产生的影响应该是一样的。但由于被试不是随机选择的,也没有对被试进行前测,因此不能判断被试是否是等质组,两组的可比性没有保证。人们难以知道实验处理前是否有一组已高于或接近后测水平,以至于该组在后测中的成绩高于另一组。

例如,研究者在两个班进行教学实验。实验组引入新的教学方法(X),控制组沿用传统的教学方法,一学期后进行测验,并对两组测验进行比较,看哪一种方法更有效。这就是固定组比较设计,其效率较低,除非能获得两组被试是等质的资料,否则应避免这种设计。

前实验设计由于设计简单,获取被试容易,操作方便,因此在教育研究中常被采用。但是由于没有控制组或者无法提供等质的控制组,不能令人满意地控制无关变量的影响,不易判断自变量和因变量的因果关系,因此在解释实验结果时要谨慎。

实验设计的类型多种多样,每一种类型有其基本的设计模式,每一种基本模式都可派生出次一级的具体模式,基本模式的相互组合还可以扩展出许多变式。通常对实验设计类型或模式的选择要考虑:① 能否简洁地验证实验假设?② 能否有效地控制无关变量的影响?

(二)准实验设计

在学前教育实验设计中,常常会遇到被试特征变量不能随机变更或分配,外部环境特征也不能随意控制,这就需要准实验设计。准实验设计就是不能够完全控制变量的变化,特别是指不能随机分配被试的实验设计。

准实验设计又称类似实验设计。在控制程度上,是一种介于前实验设计与真实验设计的实验设计。它比前实验设计的效度要好得多,能对一部分影响实验效度的因素进行控制,但又不如真实验设计对整个研究过程做充分、严格的控制,因此在实验前加个“准”字,以示区别。

准实验设计通常在难以进行或不可能进行真实验设计的情况下使用。比如,学校不允许把教学班分开以提供等组样本;不允许实验处理只给予班上的部分学生,而不给予另一部分学生;不愿意提供基础的测验,如智力测验;不能随机分配被试。准实验设计和真实验设计的最大区别是,没有应用随机化程序,也就是说被试的选择、配组、实验处理的分配都不是随机安排的。

准实验设计通常是在自然情况或现场背景中进行,避免了实验条件高度控制可能带来的环境失真,并且操作相对简单,适用于更广泛的研究情境,具有较高的可行性,是教育实验研究中应用最广泛,最具有应用前景和应用价值的设计方法。

1. 时间序列设计

时间序列设计又称定时重复观测设计,是指在实验处理之前与实验处理之后,对被试进行一系列定时的重复观测,然后对前后系列观测的结果进行比较、分析,判别实验处理的效应。其基本模式有:

(1) 单组时间序列设计

$$G \quad O_1 \quad O_2 \quad O_3 \quad X \quad O_4 \quad O_5 \quad O_6$$

单组时间序列设计是实验设计中单组前后测设计的一种扩展形式，由单一的前后测变为多次的、定时的前后测序列，实验处理（X）的插入点是随机决定的，即实验处理可以在任意两次测定时介入。测定次数可视实际情况而定，一般前测不要少于三次。时间序列设计有许多不同的结果模式，通常实验结果可通过曲线图直观地表示。下面列举几种可能的结果曲线，见图9-4。

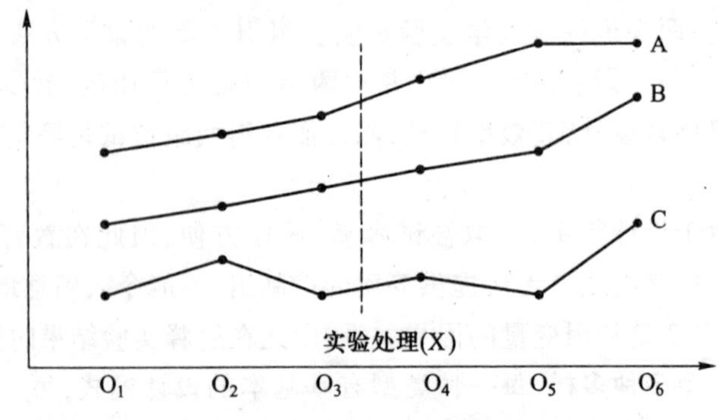

图 9-4　时间序列设计可能的曲线模式

图9-4中，横轴上的O表示测定次数，纵轴代表观测值。三条曲线分别代表三种可能的结果。曲线A表明这项实验处理有明显的正效应，当实验处理（X）介入后，曲线A脱离了原来的趋势，向上倾斜发散。曲线B有两种可能的解释，一种可能是实验处理无效，O_5和O_6两次测定间曲线出现的明显上升趋势是外部偶然事件所致；另一种可能的解释是实验处理效应具有延迟的特点。曲线C是不规则的曲线，无法判断实验处理是否有效。

时间序列设计中的多次测定对确定实验处理效果颇有用处，假设在曲线C中，如果只有O_3和O_4两次观测结果，那么研究者会认为实验处理有效。其实两次观测的结果可能是其他原因造成的。但是如果将前后测向两侧延伸，就能比较清楚地看到实验处理的作用。在曲线B中，如果只观测O_3和O_4，那么可能存在的实验处理的延迟效应将会被忽略。正如股票价格的走势图一样，单凭一两次的价格数据是很难做出趋势的正确判断的，只有长期地跟踪描绘才有可能看出股票价格的趋势。

时间序列设计采用的是定时重复观测，为了保证实验结果的可靠性，实施过程中要注意：

① 实验处理之前的观测次数一般不要少于三次；

② 要等前测数值趋于稳定后再介入实验处理；

③ 实验处理的插入点要随机安排；

④ 实验处理介入后的观测应持续较长一段时间，一般要到观测数值趋于平稳为止；

⑤ 每次观测的指标应是统一的，观测时间应定时；

⑥ 观测指标最好运用有大量复本的测验，或采用学校常规的测验分数。

（2）多组时间序列设计

G_1	O_{11}	O_{12}	O_{13}	O_{14}	X	O_{15}	O_{16}	O_{17}	O_{18}
G_2	O_{21}	O_{22}	O_{23}	O_{24}	X	O_{25}	O_{26}	O_{27}	O_{28}

单组的时间序列设计可扩展为两组或多组，在这种时间序列设计模式中，实验处理可随机插入一个组；另一个组为控制组，各组测量时间、次数均相同。实验处理介入前的观测结果用于检验两组的相似性。一般来说，组间的相似性越大，实验结果的可靠性越大。这种设计既可对被试自身的变化程度进行纵向比较，同时又可对不同被试组、不同实验处理前后的变化程度进行横向比较。因为有两个组，提供了外部比较，所以实验的内在效度增强了。

（3）等值时间取样设计：

$$G \quad O_1 \quad X_1 \quad O_2 \quad X_2 \quad O_3 \quad X_1 \quad O_4 \quad X_2 \quad O_5$$

这种设计，将两种不同的实验处理反复交替地使用，可以部分地控制偶然事件，因为外部因素的影响不大，可能每次都和 X_1 或 X_2 同时出现，结果是将 O_2 和 O_4 的平均分与 O_3 和 O_5 的平均分进行比较。这种设计的不足之处在于，实验处理 X_1 的效果可能会对后续的实验处理 X_1 产生影响。

（4）多次随机插入设计

$$G \quad O_1 \quad O_2 \quad O_3 \quad X \quad O_4 \quad O_5 \quad X \quad O_6 \quad X \quad O_7$$

这种设计是将实验处理随机地插入时间序列的测定之中。

时间序列设计是前后测实验设计的扩展形式，它的优点是比前后测实验设计能更好地控制条件；通过定时重复观测能控制成熟；并在一定程度上控制偶然事件；可避免一次观测的偶然性；可控制测验效应；可显示被试反应变量的发展趋势。时间序列设计的不足之处在于不易得到标准统一的观测数据，另外反复观测容易引起被试的厌烦和疲劳，以及对测验的敏感。

2. 单个被试设计

大多数实验研究的样本是多个被试的群体。在学前教育研究中，在特殊情况下有时可以将单个被试作为样本，如超常儿童研究、心理治疗、行为矫正、行动研究、个案研究等。因为单个被试不存在随机选择与分配的问题，所以单个被试设计被认为是准实验设计。单个被试设计与时间序列设计一样，通常要进行反复观测，并且一次实验仅改变或处理一个变量。单个被试设计的模式主要有：

（1）A—B 设计

A—B 设计是最简单的单个被试设计。A 表示基线阶段，或前测阶段，是实验处理介入前的持续观测；B 表示实验处理阶段，即持续的实验处理观测。A、B 两段的时间相同，测定次数也相同，至于每段测多少次要根据实际情况而定。A—B 设计的图解如图 9-5 所示。

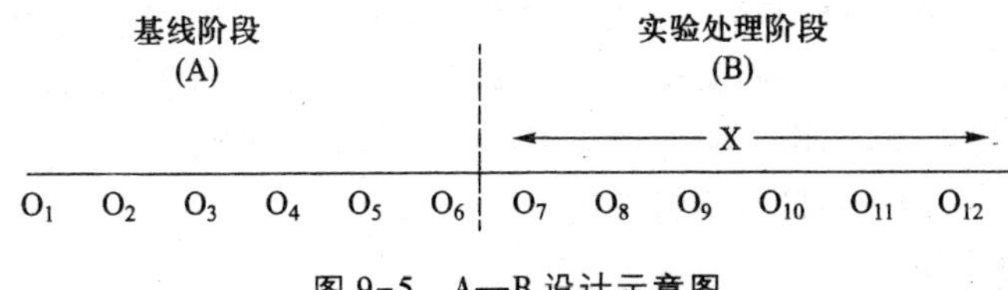

图 9-5　A—B 设计示意图

（2）A—B—A 设计

A—B—A 设计的基本思路是先取得被试行为的基线值，然后引入实验处理并观察被试行为的变化。

A—B—A 设计又称倒返实验设计，是 A—B 设计的展开。它是在前测阶段或称基线阶段（A）和实验处理阶段（B）之后，再加上实验处理撤除阶段（A），即这一阶段相当于又回到基线阶段（A）对被试进行基础观测。A—B—A 设计模式如图 9-6 所示。A—B—A 设计的三个阶段观测时间、观测次数相等，设计的基本思路是想通过前测阶段与实验处理撤除阶段测定数据的比较来检验实验处理的长期效应。

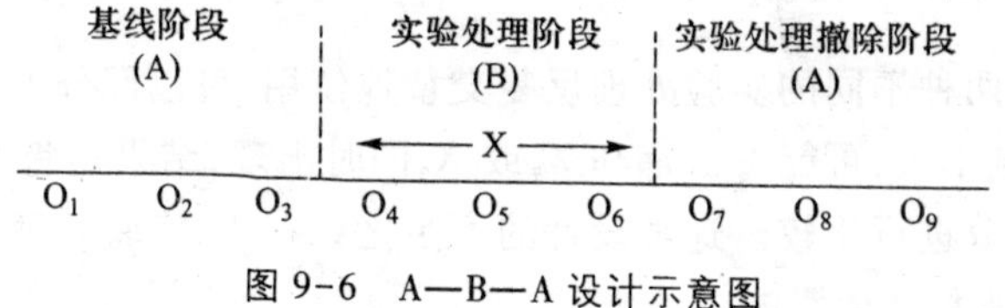

图 9-6　A—B—A 设计示意图

例如，幼儿多动症药物疗效的观测，基线阶段定时观测被试的基本行为状态；在观测趋于稳定的情况下，介入实验处理，即给被试服药，并继续观测；一段时间后，撤除药物，仍保持观测，直到行为状态保持稳定，最后将定时观测数据在坐标图上描点连线构成曲线图，并对服药前后被试的行为变化做出分析判断。

（3）A—B—A—B 设计

在 A—B—A 设计的基础上，再加上一个实验处理阶段就构成了 A—B—A—B 设计。设计模式如图 9-7 所示。

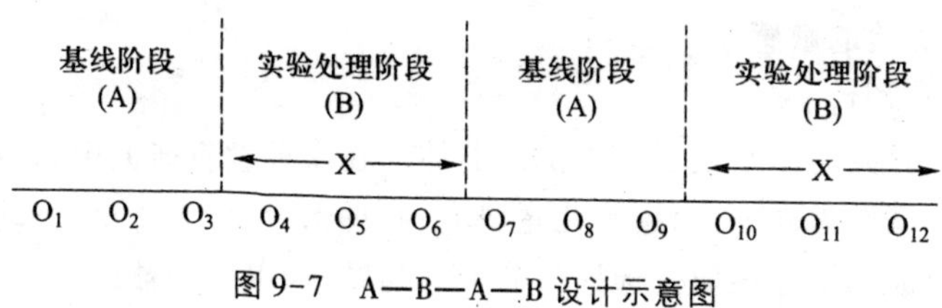

图 9-7　A—B—A—B 设计示意图

由于这种设计将基线阶段和实验处理阶段循环运用了两次，它的内在效度比 A—B 设计和 A—B—A 设计要高。如果两次循环的结果相仿，那么可比较有把握地做出实验结论。

例如，某教师对班上一个男孩经常打人、破坏纪律伤透脑筋，她尝试着用行为矫正法来改变这个男孩的打人行为。她所用的刺激物（奖品）是该男孩喜欢的玩具和吃的东西，实验处理为每小时如无打人行为就给一个奖品，一共观测四周，每周 5 天，共 20 天。她采用 A—B—A—B 设计，第一周为基线阶段，第二周为实验处理阶段，第三周撤除实验处理，第四周再次实施实验处理。实验结果的曲线如图 9-8 所示。

从曲线图可以看出，两次实验处理介入均使该男孩的打人次数明显下降，表明实验（奖励）对矫正该男孩的打人行为有效。

（三）真实验设计

真实验设计是一种变量得以严格控制的实验设计。根据自变量控制数量的多少，真实验设计又分为简单实验设计和复杂实验设计。

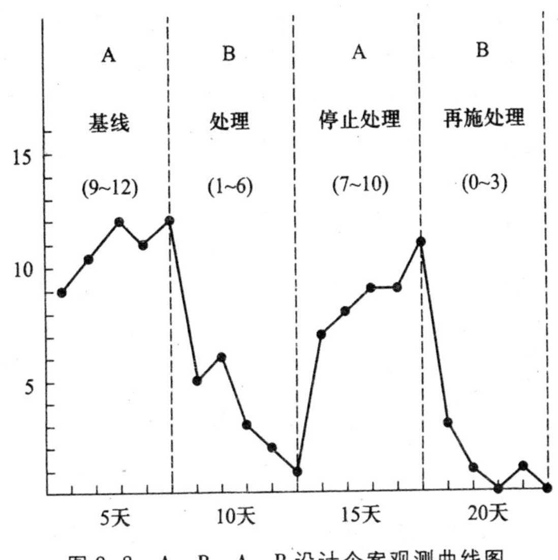

图 9-8　A—B—A—B 设计个案观测曲线图

简单实验设计就是实验设计中只有一个自变量，但这个自变量可以有两种或两种以上的水平，如教学方法可以作为一个自变量，有三种不同的教学方法就可以看作是教学方法的三种不同水平。复杂实验设计就是在设计中有两个或两个以上的自变量，每个自变量又有两种或两种以上的水平，如教学方法、学习策略对学生学习成绩的影响，这里教学方法是一个自变量，它可以有不同的水平，学习策略是另一个自变量，它也可以有不同的水平。

简单实验设计的模式有多种，下面介绍最典型的三种。

1. 等组后测设计

RG_1	X	O_1
RG_2	—	O_2

这种设计将被试随机分配到实验组和控制组，从而能控制偶然事件或成熟；其次，由于两组是随机等组，能控制被试的选择和统计回归效应；再次，由于不能进行前测，可避免前测效应。这是一种比较理想的实验设计，几乎可以控制所有影响实验效度的因素。所以在有条件随机分配被试的情况下，当前测与实验处理发生相互作用时，或无法实行前测时，最好采用这种设计。

2. 等组前后测设计

RG_1	O_1	X	O_2
RG_2	O_1	—	O_2

这种设计与等组后测设计不同之处在于用了前测。用了前测可以检查随机分组是否存在偏差，控制抽样误差，确认两组的等同性和可比性。然而前测有时会给实验增加麻烦，可能使被试取得经验或对实验处理有所察觉，从而使后测成绩提高，影响实验的内在效度。换句话说，前测和后测的相互作用在这种设计中是不受控制的。

等组前后测设计的适用范围：当研究者需要收集被试原始状态的数据，并且不担心前测会对后测成绩造成影响时；当研究者需要通过前测来验证两组是否为等组，或对两组被试的前后变化程度感兴趣时，可采用这种设计。但是，当研究者有理由怀疑前测会对实验结果造成影响，或者前测很花费时间和经费，那么最好回避前测，采用等组后测设计。

3. 所罗门四组设计

RG_1	O_1	X	O_2
RG_2	O_3	—	O_4
RG_3	—	X	O_5
RG_4	—	—	O_6

这种设计是所罗门在1949年提出的，主要目的是为了克服等组前后测设计中前测对后测可能造成的交互作用，即前测效应，并且能将前测效应分离出来，从而提高实验效度。所罗门四组设计实际上是等组前后测设计和等组后测设计的组合。在四组中，前两组为等组前后测设计，后两组为等组后测设计。

所罗门四组设计的实验结果分析比较复杂，如果 $O_2>O_4$ 且 $O_5>O_6$，则说明实验组的观测值总是显著地大于控制组。如果 $O_2>O_4$ 且 $O_5>O_4$，也可以认定实验处理有效。如果 $(O_2-O_1)>(O_4-O_3)$，且 $O_5>O_6$，也说明实验处理有效。如果 $O_2>O_5$，且 $O_4>O_6$，则说明前测对实验结果有明显影响，且有前测效应，因为无论是实验组还是控制组，有前测的组的观测值总是显著大于无前测的组。如果 $O_2>O_4$，且 $O_5=O_6$，则说明实验处理效果不明显，有可能是前测和实验处理产生相互作用。

所罗门四组设计是一种内在和外在效度较高的、比较理想的实验设计，它可将前测效应分离出来，并可做多种比较。但这种设计现实研究中很少被采用，这是因为同时进行四个组的实验会消耗大量的时间、精力、经费，也很难找到四组同质的被试。

思考题

一、选择题

1. 实验的特点是(　　)。

A. 以检验假设为前提　　B. 控制实验条件

C. 能揭示因果关系　　D. 可重复验证

2. 属于学前教育实验构成要素的是(　　)。

A. 实验条件　　B. 自变量

C. 实验结果　　D. 实验过程

3. 学前教育实验按实验场所可分为(　　)。

A. 前实验、准实验、真实验　　B. 单因素试验和多因素实验

C. 探索性实验和验证性实验　　D. 现场实验和实验室实验

二、名词解释

1. 学前教育实验　　2. 自变量　　3. 因变量

4. 无关变量　　5. 真实验设计　　6. 准实验设计

三、简答题

1. 简述学前教育实验的分类。
2. 简述实验设计应遵循的基本原则。
3. 简述实验的特点。
4. 简述实验设计的符号系统。
5. 试比较前实验设计、准实验设计和真实验设计的异同。

四、论述题

结合实践中的一些现象提炼成实验主题，建立假设并给出实验设计。

本章建议参考资料

1. David R. Krathwohl: Methods of educational & social science research: an integrated approach (2nd ed.), Addison-Wesley Educational publishers, Inc, 1993.
2. J. W. Best & J. V. Kahn: Research in education (7th ed.). Boston: Allyn & Bacon, 1993.
3. 董奇，申继亮著:《心理与教育研究法》，浙江教育出版社，2005 年版。
4. 梅雷迪斯 · D.高尔等:《教育研究方法导论》，江苏教育出版社，2002 年版.
5. 杰克 · R.弗林克尔等著:《教育研究的设计与评估》，华夏出版社，2004 年版.
6. 维尔斯曼:《教育研究方法导论》，教育科学出版社，1997 年版.
7. 金志成编著:《心理实验设计》，吉林教育出版社，1991 年版。
8. 舒华著:《心理与教育研究中的多因素实验设计》，北京师范大学出版社，1994 年版。

第十章　如何做教育行动研究

学习章节与目标

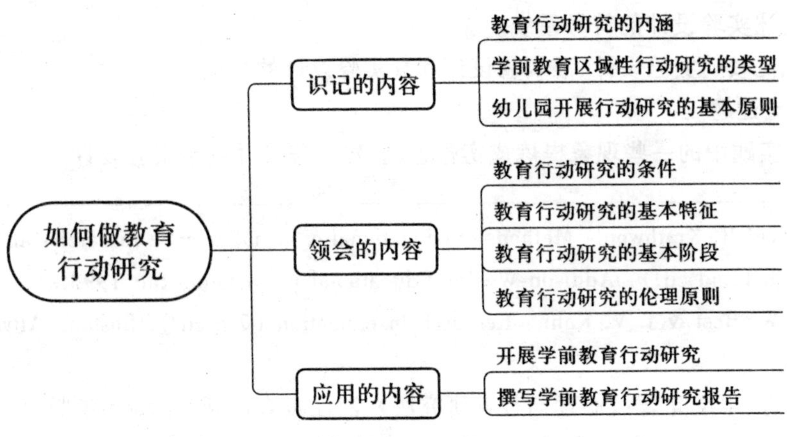

建议学时

3 学时。

老师导学

暑假结束后新学期开始了，刚入园的小班幼儿哭闹声一片。面对这种幼儿入园焦虑现象：有研究者通过观察法、问卷调查法等研究方法调查分析了小班幼儿入园焦虑的程度、性别差异等，这属于量的研究；也有研究者通过访谈法深入分析了班上某一入园焦虑严重幼儿的家庭教育、成长经历、个体特征等多方面因素，进而探究了导致这一幼儿入园焦虑严重的原因，这属于质的研究；还有研究者在查阅大量相关文献基础上，根据自身以及其他同事的相关经验，尝试采取了一系列教育干预措施，以缓解和消除小班幼儿的入园焦虑，并对研究过程中的相关资料进行了系统的收集、整理与分析，这属于行动研究。

每逢新学期伊始，幼儿园小班教师总会遇到幼儿入园焦虑现象。因此，如何缓解和消除幼儿入园焦虑就成了幼儿园教师无法回避的一个实践难题。某幼儿园一线教师曾经尝试以“小班幼儿入园焦虑的缓解”为题开展行动研究。但当她最终研究完成后，却有人指出她的研究不符合行动研究的要求，这令该教师非常困惑：行动研究不就是发现实践中的问题并解决问题的过程吗？为什么我的研究不属于行动研究呢？那学前教育行动研究应具备哪些条件呢？

本章我们将带领大家一一破解这些困惑，引领大家走入“学前教育行动研究”，去一探“学前教育行动研究”的究竟与奥秘。

行动研究是一种在社会现实情境中的参加者对自身的行为有目的地进行改进并进行自我反思、自我发展的过程。它既是一种社会改革策略，同时又是一种社会科学研究策略，广泛应用于管理学、教育学、社会学、政治学、心理学等社会科学领域。行动研究逐渐成为学前教育研究领域的一个重要研究范式，日益被学前教育研究者，尤其是幼儿园一线教师所重视与运用。

第一节　行动研究概述

在对教育行动研究有了初步了解的基础上，将进一步了解幼儿园教师开展行动研究的必要性、类型与基本原则。

一、幼儿园教师开展行动研究的必要性

教育行动研究是幼儿园教师继续教育的一种方式，是教研的一种方法，是教师追求专业成长的活动形态，也是幼儿园教育改革的根本途径。总体看，幼儿园教师开展行动研究的必要性主要体现在以下几方面。

（一）改进传统幼儿园教师继续教育的需要

从国内幼儿园教师继续教育的情况看，存在教师进修制度化不够、偏重于正式进修、教师进修意愿不强烈、课程与方式不理想、缺乏专业发展的中心概念等问题。传统教师进修教育造成幼儿园教师成为被教育、被训练的对象与被动的知识接受者，教师失去追求专业成长的主动性，视进修为个人发展的负担。由于大多数的进修课程在师范院校或省市县教师进修机构中进行，就容易产生流水线式的进修，缺乏协同合作与教师之间的互动，更缺乏与幼儿园发展或与教育理想之间的联系；进修的内容偏重于技术性、工具性的课程，或以教育专家所提供的教学方法与理论为主要内容，幼儿园教师较少对教学行为、教学制度与社会背景进行反省思考。

针对传统幼儿园教师进修教育的诸多缺点，以幼儿园为中心的园本教师进修已成为国内外学者大力提倡的教师进修教育模式，这种模式包括以同仁教导为主的技术教导模式、强调反省思考与专业对话的认知引导模式、协同改进教育实践的挑战引导模式等。每一种模式的重点不在于地点、课程、提供者或控制者，而在于教师本身的反省与实践。这正契合了教育行动研究的精神特征。因此，教育行动研究可以说是一种以幼儿园为中心，以幼儿园为本位的教师进修模式，提供了幼儿园教师专业成长的独特空间与途径。

（二）幼儿园教师专业共同体的建立与专业发展的需求

幼儿园教师长期孤立于教师教学情境，特别需要来自园长与同事在专业工作和情感上的支持。教育行动研究的目的之一，即借由幼儿园教师与其同事及其他教育专业工作者或与教育相关人员之间交互批判的反省与协同学习的情境，建立教师的专业共同体，以提高教师的专业权威，并改善教师的专业生活。

教育行动研究是改善幼儿园教学环境的一种方式。通过教育行动研究可以促使教师之间协同探究问题，进行交互的情感支持，并进行专业对话，一方面有助于改变教室教学的孤立情境，另一方面则有助于教师专业共同体的建立，使幼儿园与教室成为富有专业气息的学习环境，成为真正的“学习型组织”。这对教师发展的社会化、教学工作的专业化与教师专业发展均有极大贡献。

（三）当前幼儿园教育改革的需要

教育改革是每一个国家现代化发展中持续进行的重要课题。各国的教育改革强调以人为本的教育目标，并在改革中特别重视改进学校效能与教学品质，在这个过程中优先改进教师的专业地位、专业权威与工作条件，同时越来越多的改革政策强调赋

予教师权力，以进一步批判、反省教育制度与课程，建构教育知识。

在此背景下，教育行动研究日益受到广泛重视。随着教育行动研究运动的倡导，使教育专业工作者所形成的教育专业群体成为“批判性的群体”，并构成批判性的教育专业网络。基层的幼儿园一线教师必须激发专业自主的意识，持续主动反省，探究自己的教育实践，并在批判性的教育专业网络中协同实践教育的理想，只有这样，才能真正主导教育改革，促进教育进步。

（四）幼儿园教师知识观、教育观转变的需要

教育行动研究是引导教育进步、提升教育专业地位的主要途径之一。在幼儿园教学情境与相关社会、政治、经济、文化环境迅速变迁的时代里，职前教育阶段所获得的有限的专业知识随即过时，教育行动研究功能的发挥尤其重要。因为幼儿园教师所需要的不只是知识而已，他们更需要的是对获得知识、检验知识、反省知识、修正知识的工具和历程有所熟悉和领悟。同时，教育行动研究是系统的探究过程，并在教学工作中不断批判反省与重组，所得到的知识成为精确、有效、强有力的教学实践基础。从这个意义上可以说，教育行动研究是一种批判性的、反省性的、创造性的专业化过程。在此过程中，有助于促进幼儿园教师知识观与教育观的转变。

二、学前教育区域性行动研究的类型

学前教育领域行动研究的开展可在不同层次与水平上进行。传统的教育行动研究从规模上一般定位在小群体范围，就学前教育领域而言，幼儿园内的“先头小组”“课程探索小组”“领域小组”等最适合成为行动研究小组；但更广的区域性范围内的课程改革、教育体制改革、管理模式改进等同样也需要行动研究策略。

行动研究从广义看可以是区域性的。区域性的学前教育行动研究至少有以下类型：

（一）按研究模式分类

从研究模式的角度看，行动研究可分为技术模式、实践模式、解放模式。其中，技术模式的核心是行动中的操作，实践模式的核心是行动中的理解，解放模式的核心是行动中的批判。

（二）按研究内容分类

从研究内容上看，行动研究可分为制度革新、观念变革、幼儿园课程、幼儿园保教、幼儿游戏、幼儿室内外活动、区域活动等类型。

（三）按研究层级分类

从研究层级上看，行动研究可以是全国性协作的行动研究，省市县间合作性的行动研究，幼儿园间的行动研究，班级学科领域间的行动研究，幼儿园内特定群体的行动研究，幼儿教师自愿组织的行动研究等。

（四）按组织方式分类

从组织方式的角度看，可以是政府组织、托幼组织倡导和支持下的行动研究，也可以是教师、管理者自发组织的行动研究。

（五）按沟通方式分类

从沟通方式看，可以是现实情境每天直接交往的行动研究（如班级内、工作小组内的行动研究），也可以是定期直接交往的行动研究，还可以是虚拟现实的、网上合作的行动研究。

（六）按研究目标与结果分类

从研究目标与结果看，可能是为组织（如幼儿园）的改革与革新型的组织目标的行动研究，也可能是为个人的专业发展或业务改进的个人目标的行动研究，还可能是二者兼顾的行动研究。

（七）按研究成员的构成分类

从研究成员的构成看，行动研究小组可以是研究者、领导者、员工结合的小组模式，也可以是专业型教师、新手教师、在读师范生结合实际的模式，还可以是研究者、教师、家长甚至幼儿结合的模式。

三、幼儿园开展行动研究的基本原则

幼儿园开展行动研究的层次与水平很大程度上受制于甚至取决于幼儿园自身的组织氛围与教师的整体素养。现提出几条基本原则供参考：

（一）开展行动研究的循序渐进性

早期开展行动研究特别需要专家的指导，因而幼儿园要与专业科研人员合作，最好结合幼儿园的实际特别是工作目标，邀请专家编写一本《行动研究手册》，用以指导教师行动实践。随着教师对行动研究思想与方法实践的领会，研究专家可逐步淡出，由各行动研究小组独立进行，研究专家只作为咨询者的角色存在。

（二）开展行动研究的协同性

一所幼儿园开展行动研究需形成组织气氛，各行动小组的沟通与交流非常重要，因而行动的协同不仅是行动小组内部的协同、合作，同样需要小组间的协同合作，甚至跨园、跨地区、跨国界的协同合作。因此，建立协同性行动研究网络十分必要。幼儿园要为这种协同创造组织和网络平台。

（三）开展行动研究的情境性

这里的情境性是指行动的具体境脉。幼儿园行动研究的具体境脉是幼儿园教室及相关的其他幼儿活动场所。教室是幼儿园行动研究的大本营与基本单位，在教室中发现问题、澄清问题、反思问题、整理问题、解决问题是幼儿园行动研究的基本方式，在一定程度上幼儿园开展行动研究就是建立“教室行动研究网络”。

（四）开展行动研究的生态性

这里的生态性专指幼儿园和教育主管部门要为开展行动研究提供技术支持，搭建物化平台，营造社会氛围。如教师进修机构可以为教师行动研究建立学分认定体系，作为专业成长的重要方式，在更大范围内进行经验交流和业务提升。

幼儿园方面可以做以下方面的准备以提高行动研究质量：

（1）将行动研究纳入园本教师培训的框架中，建立园本教师评价体系。

（2）为教师提供行动研究的档案支持系统，如档案夹、档案柜、档案影像系统、档案软件系统等。

（3）为行动研究教室提供观察记录系统。

（4）定期让专家指导教师的行动反思笔记。

（5）提供行动研究交流的平台，规定交流时间、地点、方式、评价标准等。

第二节　教育行动研究的基本思想

教育领域中的行动研究是教师或教育管理者在教育实践中有目的地变革或改进自身的行为,并进行自我反思的过程。了解教育行动研究的内涵、特征、基本阶段与伦理原则等,是顺利与规范地开展教育行动研究的前提与基础。

一、教育行动研究的内涵

(一) 教育行动研究的概念

教育行动研究可视为应用研究的一种,是教育实践情境中的教师基于实际问题的需要,单独或与专家、研究人员共同合作,将实际问题发展成研究问题,进行系统研究,以解决实际问题的一种研究方法。

(二) 教育行动研究的条件

教育实践中,许多一线教师也经常会遇到问题并解决问题。那这些一线教师遇到并解决实践问题的过程是否就是教育行动研究呢?换言之,教育行动研究之所以能被认为是一种研究,需要具备哪些条件呢?

一般情况下,教育行动研究至少应具备以下五个基本条件:第一,应具备研究的动机、目的与问题;第二,应具有丰富的文献基础,进而使自己在教育行动研究过程中的各种“行动”是自觉的,而非仅凭“经验”解决问题,也绝非“跟着感觉走”;第三,应建立系统化并且真实、丰富的档案文件及数据记录,尤其是应具备研究参与者在行动过程中“变化”(或相关)的清晰文件数据;第四,应具备系统化的资料收集过程及方法;第五,应完整呈现行动研究的过程。

二、教育行动研究的基本特征

教育行动研究自其诞生之日起便旨在改善教育工作者的实践活动,其对象是教育工作者的实践活动,主体是教育工作者本人,成果主要应用于教育工作者的实践,在根本上属于实践本位而非理论本位。总体看,教育行动研究具有以下七方面的特征。

(一)“探究—介入”的行动主旨

教育行动研究是教师已经进行的专业工作方式,而不是与教学平行的教育学术研究。因此,“探究—介入”的行动根植于教学实践之中,成为教师专业成长与改进的动力。行动研究强调研究的行动性,要求研究者参与到实际工作中,在现场的行动中去发现问题、解决问题,在研究中行动,在行动中研究。检验行动研究的标准不是研究报告的规范性和学术性,而是行动过程的高质量,行动效果的成效性。

(二) 以研究者自身作为研究对象

就教育研究的方法而言,“教师即研究者”表明教师既是教育行动研究中的主体,同时又是客体。这是教育行动研究有别于其他研究方法的最大特色之一。过去教师在教育研究中主要是被观察、被研究、填问卷或协助收集资料的对象,而教育行动研究过程中,教师不再是被实验或操纵的对象,而是反省与探究自己的教学实际、建构自己的专业实践并获得专业知识和专业能力者。

（三）行动研究的自我反思特征

教育行动研究的另一重要特征是在行动中自我反思，至少包括以下几方面：

(1) 对行动者本人的教学行为、教学观念、教学技艺、教学物化品的反思。

(2) 对行动共同体其他成员的行为、观念以及互动方式的反思。

(3) 对教学环境、教学条件、教学管理、教学目标、教学对象的反思。

(4) 对行动者所关涉的教育制度、文化背景的反思。

(5) 对行动者将行动本身置于教育价值和社会意识形态中的批判反思。

（四）建立协同参与的学习共同体

教育行动研究的基本信念即是，对实际工作有效的改变只有在具体情境中所有参与者协力合作才有可能。教育行动研究中的发展与变革，不可违反成员的意志。在一定意义上说，教育行动研究方法论的主要目的在于发展民主平等与合作参与的学习共同体精神。

（五）教育行动研究的有效性追求

每一种研究方法在知识论上的合理性都建立在该研究方法追求知识、真理的严格程度上，即“效度”问题。教育行动研究往往被误解为效度粗略的次级研究，并仅适用于从事实际教学或学校行政工作的教师。这是一种极大的误解。教育行动研究的“效度”以教育发展进步为依据，并在教育专业的实践与反省思考中持续进行效度验证。因此，它和其他任何一种教育的科学研究方法一样，是严格的探究形式和合乎逻辑的思考与论证过程，也是有效的教育问题解决途径。

（六）教育行动研究强调伦理关系的建立

研究伦理主要涉及研究者与被研究者之间、协同研究者之间以及研究者与其他相关者之间的交互关系，这些关系在教育行动中都是相当重要并且独特的问题。教育行动研究所涉及的伦理问题甚为深入与复杂，限制也较为严格。举例说，一般教育科学研究与所研究的教育实际有所区别，研究结束时，研究者与被研究者的主客观关系就结束。而教育行动研究为教育专业工作的一部分，教师本身就是研究者，教育专业实务不会也不能停滞，教育行动研究则更应持续不断地进行。换言之，阶段性的行动研究方案可能会告一段落，但教师仍要留在教育实际情境（社会、学校与教室）中继续执行教学与探究活动。

同时，教育活动是有价值性的活动，任何行动的尝试都不容许对学生的学习与成长造成伤害。因此，教育行动研究者应特别注意其伦理原则，任何失败的行动或偏见不只危害教育实际的改进，同时也违反教育活动的内在规范或价值，是“非教育”甚至是“反教育”的行为。

（七）教育行动研究是公开形式的探究

教育行动研究可由教师个人进行，但不一定是教师个别的研究。教育行动研究是一种公开形式的探究，教师应把收集或记录的资料随时与其他志同道合者相互分享与讨论，并借以厘清和辨明资料中的冲突与矛盾。

公开形式的探究也包括教师即研究者内在的反省思考过程。反省思考本来是个人内隐的意识或心理历程，但因知识与价值的实践都必须在社会以及人际的沟通与交流中才能完成，因此，教师在教育行动研究中的实践与反思都应诉诸公开的探究。教育行动研究的反省思考并不完全是个人内省的历程，反省思考一方面必须诉诸语言符号，使其具有可沟通、可对话、可讨论与可对质的性质，另一方面则强调参与的教师之间及教师与其他相关者之间的交互批判思考与共鸣，在平等与自由沟通的条件下，相互启发，反省与协助成长，并共同分享专业成长。

三、 教育行动研究的基本阶段

勒温认为，行动研究是由许多圈所形成的反省性螺旋，其中每一个圈都包含计划、事实资料探索或侦察以及行动等步骤。每一个“研究—行动”圈会导致另一个“研究—行动”圈的进行。勒温由此将行动研究建构成一个连续不断的历程。后来的学者大都遵循勒温所提出的螺旋循环概念，或略有修正。

一般情况下，教育行动研究主要包含六个基本阶段：

（一）研究目的与问题的起始

行动研究的问题来源于学前教育教学的实际，着眼于改进现状，改善教育教学效果。教育教学实践中，总会遇到各种各样的问题和难题，如如何将幼儿有效地组织起来，主题故事如何呈现，如何让幼儿对主题感兴趣，如何培养幼儿的行为习惯等，发现这些问题后，就需明确这些问题的种类、范围、性质、形成过程、形成原因等。

行动研究者在思想上需澄清以下问题：① 你遇到的是一个什么问题？是儿童的心理问题、课堂组织方式问题、教学方法问题还是行为动机问题？② 问题是普遍的还是特殊的？是所有幼儿园所共有的还是某一幼儿园特有的？是所有幼儿共有的还是某一年龄段幼儿或某些幼儿所特有的？③ 这些问题可能的原因有哪些？是内在原因还是外在原因？是幼儿园原因还是家庭原因？是幼儿自身原因还是同伴群体原因？

（二）计划

问题界定之后，就需提出一个解决问题的总计划，要考虑以下的方面：① 计划实施后预期达到的目标，总目标下需要分解若干分目标。② 行动的步骤与时间安排。行动的步骤是行动研究中最重要的环节，行动研究的步骤需统筹安排，既有明确的行动时间表，又要有一定的灵活性，这种灵活性主要是体现行动步骤中各种未遇见的事项与影响因素。③ 计划执行表的制定，计划的实施是在现实的教育教学情境中进行的，要考虑行动者本人的工作经验与研究能力，所遇到的问题在已有实践中的解决方案和相关参照事实，该问题可同哪些人交流合作，在实施过程中会受哪些人或事件的影响，每一个实施环节的时间跨度有多大，所需的人力物力有多少。

（三）协同合作

一项行动研究通常需要由研究共同体协同完成，这一研究共同体可能是所有行动研究人员的组合，也可能是行动研究人员与非行动研究人员的组合。行动研究人员需在行动研究过程中明确自己的角色协同合作，共同分享行动经验，保持开放的心态，与他人进行无障碍的沟通。在行动研究过程中，要想保证研究共同体成员的协同合作，需制定研究共同体的工作规范，保证协同合作有效。

（四）行动

将计划付诸行动是行动研究的核心环节。行动研究的根本目的是解决实践中的问题，在行动中改善实践质量。教育教学中的行动研究是以不能脱离正常教学秩序为前提的，因而具有更大的情境性与实践性。

在整个行动过程中，要注意通过以下方式收集资料：

1. 观察

行动研究者要观察、记录行动研究过程中的课堂教学情况，可以是行动研究者相互观察，也可以邀请专家参与观察。在有条件的情况下，要尽可能地对教学情况进行录音、录像，撰写观察笔记，一般每一课堂教学活动观察结束后，行动研究共同体成员就要进行交流，讨论共同感兴趣的现象和主题，交流彼此的体会和心得，留下研究札记或研究心得。

2. 访谈

访谈是获得现场行动研究资料的重要手段，访谈的对象可以是老师、幼儿、家长、幼儿园领导、社区工作者。正规的访谈都需要拟定访谈提纲。

3. 问卷

问卷是获得大规模行动研究资料的重要手段，在行动研究过程中，有时需设计问卷进行广泛的资料收集，获得客观的事实数据。

4. 档案资料

行动研究过程中也可能需要收集教师、幼儿甚至家长的个人档案资料。通过这些档案资料可以分析当事人的个人历史、生活经验，有时通过当事人的工作笔记、个人日记可了解当事人的所见、所闻、所想、所感。

（五）评价

行动研究的评价主要涉及以下几方面：

（1）行动研究的问题是否明确。行动研究者是否对研究问题进行明确界定，研究的目标是否具有可操作性，用何种方法检验目标是否达成。

（2）行动研究计划是否周详。研究计划是否考虑各方面因素，是否制定详细的实施步骤，整个研究过程中研究时间表是否有一定的可控性。

（3）行动研究者是否执行研究计划。检验研究者计划的执行情况，看在执行过程中是否对研究计划有所修改，是否由于变动因素没有执行研究计划。

（4）资料的收集整理是否完整、准确。行动研究的资料既有定性资料，也有定量资料，一般比较庞杂，评价时需要理清头绪，核实各项资料的出处，看是否有误填、伪造现象。

（5）资料的分析和解释是否恰当。行动研究的资料一般是在特殊情境下获得的，能否具有一定的推广性不能轻率做出，需认真分析，恰当解释。

（6）评价研究的信度、效度。近年来，随着教育行动研究中教师专业化水平的提高，特别是研究素养的提高，行动研究也开始重视研究信度和效度的评价，评价方式同一般研究大同小异。

（六）报告

行动研究是否需要撰写研究报告是一个有争议的问题。总体看，有两种不同看法。一种认为行动研究的核心在于改进教育教学实践，而不是强调研究的形式化，因而更重视行动研究的实践效果；另一种看法认为，行动研究不仅是行动研究共同体自己的事情，行动研究报告除供研究成员作为反思的依据外，还可以供其他类似成员学习借鉴,分享行动研究的经验,改进行动研究的实施效果,提高行动研究的质量。

四、 教育行动研究的伦理原则

教育行动研究是一项公开探究、协作分享的事业,研究成员在研究过程中为保证顺利进行,需遵守以下伦理原则:

(1) 行动研究之前,需向相关的人员、单位、组织机构进行咨询协商。

(2) 行动研究应遵循团队公开协同原则,而不是个人隐秘性探究。

(3) 行动研究过程中,所有参加者应平等参与行动研究方案,其他不愿意参加者也应受到尊重。

(4) 行动研究的目的应让每一个参与者了解,而不应隐瞒参与者。

(5) 行动研究的过程应保持透明性,以便随时接受反省、批判与建议。

(6) 行动研究的观察记录与档案收集应征得当事人和主管领导的许可。

(7) 行动研究中的观察或访谈对象应与研究者共同讨论访谈或观察记录并随时加以修正,以保证信息的准确有效。

(8) 行动研究中涉及他人的描述性资料需经当事人的同意后才能公开呈现或出版,引述内容应加匿名。

(9) 行动研究的所有成员对不公开的研究资料都应有保密责任。

(10) 行动研究过程中所有成员达成的共识都应该严格遵守。

第三节 幼儿园教师行动研究的实例

学前教育领域中行动研究到底如何开展?本节将以"乡镇中心幼儿园民间游戏'竹趣'方案开发的行动研究"①为例,以教育行动研究的基本阶段为框架,具体进行分析。

一、 研究问题的确定

教育行动研究的问题源于教育实践,是一线教师在实践中具体遇到的并且是迫切需要解决的问题。因此,学前教育行动研究问题的根源在于幼儿园教师的实践。但实践中经常出现幼儿园教师虽遇到很多问题或困惑,但很难明确提出研究问题。此时,就需要园外理论研究者等人的参与和引导,从幼儿园教师的困惑中逐渐提炼进而确定研究问题。

例如,"乡镇中心幼儿园民间游戏'竹趣'方案开发的行动研究"中,该乡镇中心幼儿园于2003年开始进行民间游戏的开发和利用工作,其中独具特色的"竹筒竹条"系列民间游戏最为成熟。但在探索过程中也存在诸多问题,如研究成果的形式单一、零碎,多为游戏经验的总结和玩具设计,未形成一个比较具体的普适于幼儿园各年龄阶段幼儿的实施方案,时效性短、普及率低。正如该园一位老师所指出的那样:我们园现在对本土民间游戏已经开发了很多年了,也日益发展了很多成熟的民间游戏,经常有

① 叶小艳:《乡镇中心幼儿园民间游戏"竹趣"方案开发的行动研究》,秦元东为本文指导教师,浙江师范大学硕士学位论文,2012年。

各地专家来参观、研讨。如今我们想把民间游戏作为我们园的一个特色课程，但是国家规定特色课程不能超过本课程的 20%，特色课程的开发也或多或少地影响了主课程的开展，所以教师们在开展相关课题时的积极性不高。我们想请专家给我们提些建议，如何能把这些零碎的经验整合成具体的成体系的课程。另一位老师也指出：儿童民间游戏与幼儿园原有课程的整合不能单纯体现在游戏的开发上，还要根据幼儿的年龄特点、生活经验和需要选择游戏内容，并根据本园的课程内容，渗透并融入幼儿园课程中去。幼儿园可以尝试从“儿童民间游戏融入幼儿园课程”的目标制定、内容选择、组织实施、评价几个维度初步提出一个实施方案，通过行动研究来开展。

除了该幼儿园具有开展有关民间游戏方面行动研究的内在需求外，“乡镇中心幼儿园民间游戏‘竹趣’方案开发的行动研究”的作者也有开展此方面研究的兴趣和需要。该作者一直参与导师的相关研究课题，对民间游戏有浓厚兴趣，积累了一定的理论和实践基础。

该作者在随导师调研该园过程中找到了自己的兴趣、需要和该园的内在需求之间的契合点，决定在该园已有经验和基础上，探索幼儿园民间游戏融入幼儿园课程中的方案。本课程方案的中心主题是“竹趣”，旨在通过行动研究，探讨幼儿园民间竹游戏融入幼儿园课程中遇到的问题及解决策略，具体包括三方面研究内容：① 幼儿园民间竹游戏课程（走近民间“竹游戏”——走进民间“竹游戏”——创新民间“竹游戏”三个阶段）实施的基本过程；② 民间竹游戏融入幼儿园课程中的实施方案，包括课程目标的制定、游戏的选择、材料的投放与调整、教师的指导等；③ 乡镇中心幼儿园开展民间竹游戏课程的可行性和有效性。

二、计划

研究问题确定之后，就需要在考虑多方面因素的基础上制订解决问题的计划。例如，“乡镇中心幼儿园民间游戏‘竹趣’方案开发的行动研究”中，以“竹趣”为出发点，以该幼儿园的一个班级为例，先以访谈、研讨的形式总结该班在“竹筒竹条”游戏方面的研究现状、经验及实践中存在的问题。根据研究的问题，以幼儿园民间游戏传承、方案教学、支架教学三方面为设计理念，以行动研究法进行研究活动，在行动中实践，在实践中调整，进而分析幼儿的成效及教师获得的专业成长，最后提出适当的建议。为此，研究主要分三个阶段进行（见图 10-1）。

1. 研究的准备阶段（2009 年 9 月—2011 年 9 月）

这一阶段主要是研究的构思和文献的收集。确立了研究对象后，通过实际调研初步了解该幼儿园在民间游戏开发方面的已有经验及存在的问题。这一阶段的主要目的是在已有文献基础上，确定研究方向、研究对象及研究主题。

2. 研究的实施阶段（2011 年 9 月—2011 年 12 月）

分析幼儿园民间游戏的特征、价值，探讨开发幼儿园民间游戏“竹趣”的教学方案，具体包括游戏的选取、材料的投放与调整、教师的指导等，并在可能的情况下构建理想的课程模式。

（1）确定被试班级，设计与开展活动方案（2011 年 9 月—2011 年 10 月）

① 选择班级，确定试点班的教师。对试点班级幼儿进行测量评估，了解该班在“竹趣”游戏方面的现状及存在的问题。

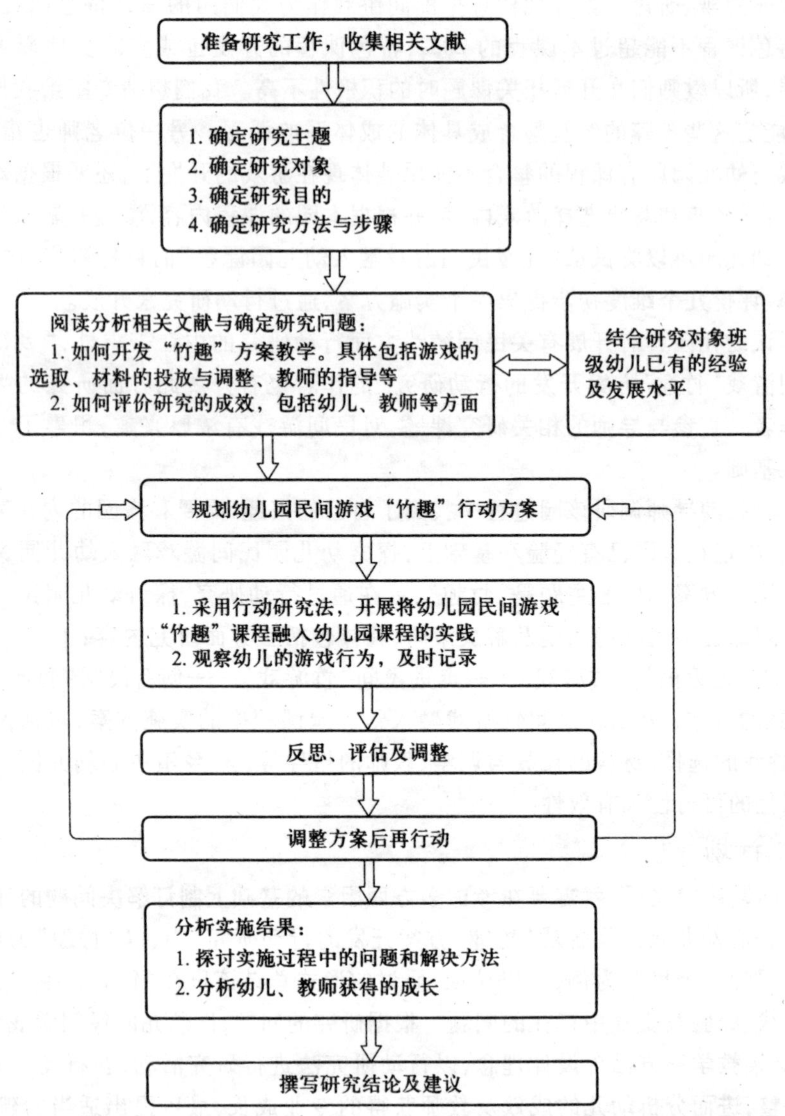

图 10-1　乡镇中心幼儿园民间游戏“竹趣”行动方案研究架构流程图

② 梳理已有的儿童民间游戏活动的内容和指导策略，在相关设计理念的指导下，设计幼儿园民间竹游戏课程方案，编制主题网络。

③ 在总结已有“竹趣”游戏活动内容的基础上，引导幼儿围绕主题讨论活动内容，内容以教师预成与幼儿生成相结合。在行动中不断探究儿童民间竹游戏融入幼儿园课程中的实施方法，主要包括环境创设、材料投放与调整、组织形式和实施途径等具体操作策略。

(2) 反思与调整，开展下一阶段计划（2011 年 10 月—2011 年 12 月）

通过整理访谈记录、观察记录、研究日记等资料，反思实施构建的内容及出现的问题，通过研讨的方式制定解决方案和下一阶段计划，再次实施。

3. 总结阶段(2011 年 12 月—2012 年 5 月)

这一阶段主要是资料的整理与反思,最后将研究结果与发现撰写成论文。

研究的三个阶段中,“研究的实施阶段”是核心。为了使研究能顺利有效地进行,研究者可以事先规划和制定初步的研究发展方向或程序(见图 10-2)。

三、 协同合作

行动研究过程中,研究共同体的构建是关键。研究共同体的人员构成应尽量多元化,可以是幼儿园一线教师、园长、教研员、高校理论研究者等,这有助于在研究共同体不同成员之间形成互补、碰撞与对话的良好氛围。

“乡镇中心幼儿园民间游戏‘竹趣’方案开发的行动研究”中,构建了一个开放的研究共同体,既包括一些相对稳定的核心成员,同时也邀请对民间游戏经验丰富的骨干教师参加研讨会议。该研究共同体中核心成员的具体情况如下:

(一) 研究者

教学者兼研究者、学前教育专业在读研究生,对幼儿教师行动研究颇感兴趣,从 2009 年 10 月起开始参与导师主持的有关儿童民间游戏的课题研究。2011 年 9 月,在中二班班主任 T3 老师参加“国培计划”专业培训的一个月里,研究者以“换岗实习”的身份在该班担任教学工作,正式实施幼儿园民间竹游戏的开发。

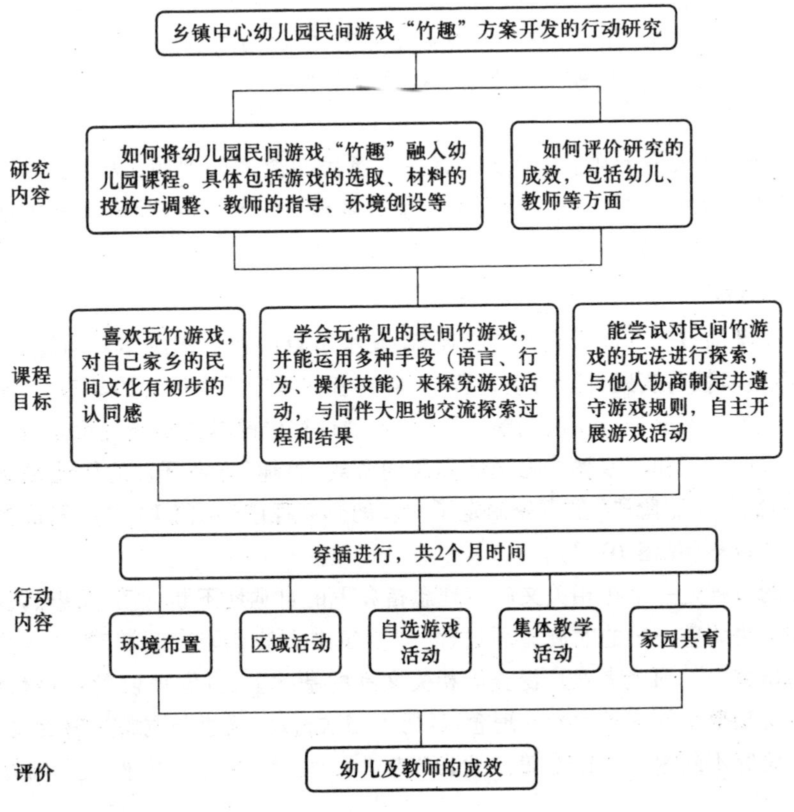

图 10-2 乡镇中心幼儿园民间游戏“竹趣”方案开发的行动研究最初程序图

（二）合作教师

1. T1 教师

T1 教师是该园园长、幼儿园高级教师，在幼儿园工作近 20 年。她不仅积极组织开展民间游戏活动，带动教师参与民间游戏相关的课题研究，还编写了《民间游戏 120 例》《民间游戏大宝典》等材料，形成了一定的园本课程。她教学经验丰富，对“行动研究法”很感兴趣，也有较高的研究热情。研究者常与她进行探讨、交流，她给研究者提供了研究行动修正与再行动的很多参考意见。

2. T2 教师

T2 教师是中一班的主班老师，也是中班教研组长，在幼儿园工作十余年，对民间游戏的开展具有丰富的教学经验，特别是所带大班参与设计的游戏《竹筒竹条》在国际华人幼儿教育学术研讨会举办的“浙江省幼儿园民间教玩具展览”评比中荣获一等奖。她所带班级幼儿拍摄的视频《竹筒游戏》，荣获“2009 年鹤琴杯全国幼儿园优秀 DV 作品展评活动”优秀作品。她对本研究很感兴趣，经常与研究者探讨，向研究者提供了修正与再行动的不少参考意见。

3. T3 教师

T3 教师是研究者所带班级的主班老师，在幼儿园工作 4 年，教学经验丰富，事先开展过关于混龄儿童玩民间游戏的课题。她对该行动研究兴趣很高，在整个过程中都很配合，即使在外培训期间也经常询问研究情况，培训结束后经常和研究者一起参与观察、记录和讨论，不定期地给予协助并提供宝贵意见。

4. T4 教师

T4 教师是研究者导师，主持多项有关儿童民间游戏的课题，发表了多篇相关论文，并出版相关著作一部。在本研究中给予很多理论指导，并与研究者就方案的实施进行讨论，提供宝贵意见。

四、行动

行动是学前教育行动研究的核心环节，其根本目的在于解决实践问题，改善实践质量，具有情境性与实践性。行动过程中，研究者在原定研究计划的基础上，必然会在实践中根据具体情况进行相应调整。因此，行动过程中的具体实施过程经常会和原定计划有所不同。例如，“乡镇中心幼儿园民间游戏‘竹趣’方案开发的行动研究”中，研究者在“研究的实施阶段”虽事先制定了初步的研究程序（见图 10-2），但最终实施过程却有较大调整（见图 10-3）。

行动的过程是一个在相关文献与理念指导下的自觉地不断行动、反思、调整、再行动、再反思、再调整……的螺旋循环过程。“乡镇中心幼儿园民间游戏‘竹趣’方案开发的行动研究”中，研究者在广泛查阅相关文献的基础上，自觉地以民间游戏传承、方案教学与支架教学等思想为指导理念，经历了多次行动、反思与调整的螺旋循环，进而推动行动研究不断深入。这在第二阶段“走进民间‘竹游戏’”中得到了较好的体现（见表 10-1）。

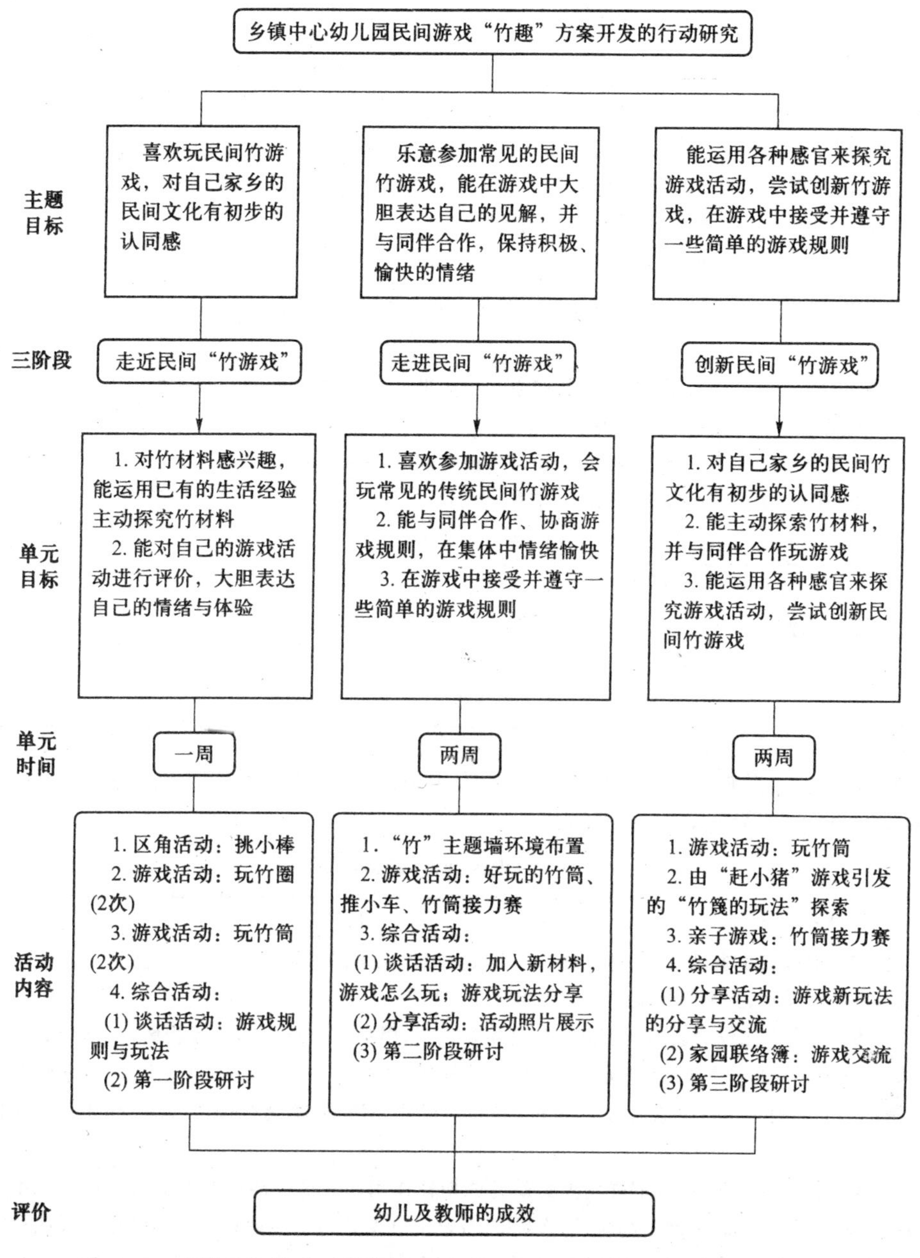

图 10-3 乡镇中心幼儿园民间游戏“竹趣”方案开发的行动研究最终流程图

表 10-1 走进民间“竹游戏”活动内容一览表

活动名称	活动内容纲要
好玩的竹筒 (2011 年 10 月 17 日—10 月 28 日)	1. 谈话活动:了解适合中班幼儿开展的民间竹游戏及玩法 2. 集体活动:赶小猪(未加入竹篾材料) 3. 研讨活动:针对集体活动中幼儿的游戏规则与秩序问题开展研讨,并讨论混龄游戏的构思

续表

活动名称	活动内容纲要
好玩的竹筒 （2011 年 10 月 17 日—10 月 28 日）	4. 区角活动： （1）玩竹筒（一） （2）玩竹筒（二） 5. 混龄游戏：踩梅花桩 6. 综合活动： （1）区角游戏问题及混龄游戏的探讨 （2）幼儿游戏照片的分享与展示
推小车 （2011 年 10 月 21 日—10 月 28 日）	1. 谈话活动：竹筒游戏中如果加入竹篾材料，可以怎么玩 2. 集体活动：推小车（一） 3. 研讨活动：竹篾材料的改编及环境布置 4. 集体活动：推小车（二） 5. 综合活动：幼儿活动照片展示
竹筒接力赛 （2011 年 11 月 2 日）	1. 混龄游戏活动：竹筒接力赛 2. 综合活动： （1）第二阶段研讨 （2）幼儿活动照片的分享与展示

具体地说，“混龄游戏：踩梅花桩”（见表 10-2）的设计、实施、反思及调整，较好地体现了行动、反思与调整的螺旋循环。

表 10-2　混龄游戏：踩梅花桩

1. 设计意图

根据之前成员小组讨论的意见，在这个阶段我们加入了混龄游戏，选择一些适合不同年龄段幼儿共同玩的游戏，把不同年龄段的幼儿组合在一起。

T1 说，大班有比较明显的规则意识和合作意识，利用幼儿伙伴之间的互相影响，提高幼儿游戏的水平，通过“社会学习”促进幼儿策略意识的发展，并在其中渗透这样的理念，即遵守游戏规则，制定协商规则时要关注他人的想法并与自己的想法相协调，学会合作。（2011 年 10 月 25 日建议）

在交流讨论的过程中，我们强调大龄幼儿的榜样作用。先请大龄幼儿说说自己在活动中的表现，比如今天玩什么、和谁一起玩、怎么玩等，让幼儿在交流讨论中把自己的经验感受与同伴分享，体验成功的快乐，发展口语表达能力。同时，小龄幼儿也渐渐地会在大家面前大胆交流和讨论。教师最后总结，提出新的游戏要求和规则，使幼儿在愉快、自信的感觉中结束，并激发幼儿下一次继续活动的愿望。

正如 T2 所说，我在想，除了隐形规则的制定外，是不是可以创设一些情境，让其在一定情境中游戏，赋予一定的角色。游戏内容选择多人游戏，因为多人游戏需要合作，所以可在内容的选择、组织和材料的提供上进行适当改编。另外在大带小上，不一定要大班带中班孩子，也可以能力强的幼儿带能力弱的幼儿。对于材料的选择，教师也需要有一定的创新意识，可降低难度，让中班幼儿来玩。（2011 年 10 月 28 日谈话）

2. 活动实施

根据“支架教学”理念，在玩超出幼儿能力范围内的游戏时，可通过同伴的影响（能力稍强的

续表

幼儿或年长一点的幼儿)或成人的"支架",促使这些幼儿在最近发展区内再往前迈出一步,最终战胜困难,获得自信和成功的体验。刚开始研究者设计的大带小活动是"踩梅花桩",大班幼儿不仅能踩排放整齐的梅花桩,还想出了新的玩法,只拿三个竹筒,轮换位置不停往前走。可是在开展这项活动时,效果并不理想。 T:我们让大班哥哥姐姐教我们学本领,好不好? S2:好。 T:请大班幼儿和我们说说,你是怎么玩的?怎么才可以踩得稳,不摔倒呢? S43:拿三个竹筒,一边放,一边走。(2011 年 10 月 18 日观察) 3. 活动反思与调整 我设计的这个"大带小活动"开展起来似乎有些困难,中班幼儿看完后也没有学会,更多的是在和自己班的幼儿玩。我在想,我选择的内容是不是不太合适?因为玩竹筒,特别是踩梅花桩,不用合作,大多还是自己探索。看来我需要重新设计游戏活动。(2011 年 10 月 18 日反思日记) 经过思考和合作教师讨论,研究者重新选取了两个合作性比较强的集体游戏"推小车"和"竹筒接力赛"。这两个游戏不仅需要较多人数参加,而且游戏的规则性、合作性较强,适合多人一起玩。

此外,研究者在行动过程中,一定要注意综合采用观察、访谈等多种方法收集有关活动的开展状况、幼儿的表现等多方面的相关资料。"乡镇中心幼儿园民间游戏'竹趣'方案开发的行动研究"中,研究者在研究过程中收集各种资料,包括研究日记、幼儿活动中的观察记录、谈话活动及与团队成员的交流、研讨会、录像等,并随时阅读、记录和反思本活动方案的进行,以发现研究中遇到的和存在的各种问题,随时调整并修改研究方案。研究数据来源主要有以下方式:

(1)观察记录:对幼儿随时随地观察记录,包括幼儿的游戏行为、活动情境的描述、聊天访谈记录等,必要时研究者会以录音、拍照等方式记录,观察时间主要包括幼儿自由探索时间、集体游戏活动时间及分组探索活动时间。

(2)研究日记:主要包括对幼儿游戏活动的观察、解释、评价及反思,研究的假设与反思记录。

(3)教师研讨记录:每一阶段活动实施后,研究者与导师、参与研究的教师针对活动的内容、方式、幼儿活动的情况加以讨论,反思活动开展情况,并针对出现的问题进行探讨,作为下次改善的参考。

(4)访谈记录:主要采用非正式访谈,包括研究者与合作教师不定期的交流、与幼儿的个别或集体谈话、与家长的交流。

(5)录像:以录像记录幼儿游戏过程和研讨过程,并将录像及时转化为文字。

五、评价

在学前教育行动研究过程中,需要不断地对研究问题的明确性、研究计划的详细性与合理性、研究计划的执行情况、资料的完整性与准确性等进行评价。

"乡镇中心幼儿园民间游戏'竹趣'方案开发的行动研究"主要通过对收集的资料(访谈记录、观察记录、录像记录等)相互对照,并通过三方(研究者、合作教师、指导教师)的观点验证研究结果和不同来源的资料,最终获得一致的研究资料,保证研究资料的真实性和可靠性。具体做法如下：

（1）资料的多元：以观察记录、访谈记录、反思日记、札记、录像、研讨记录等不同方法所收集的资料，来检验研究的发现。

（2）参与者的多元：以三方（指导教师、研究者、参与研究教师）的观点验证研究结果，核对不同来源所得资料的可信性，以此来证明研究的内在效度。

（3）以详细描述本研究的理念基础、研究架构、研究目的、研究方法以及研究过程来阐述研究的内涵；以详实地描述研究的场所及对象、研究者和合作教师的角色、研究资料等来证明研究的外在效度。

（4）以录音、照片、录像等方式协助资料的收集，并在当天整理现场笔记，撰写反思日记，以利于后期资料的分析。

（5）研究者省思：在教学活动现场和资料收集时尽量避免主观偏好，并且当日整理所收集的资料，随时请导师指导，并呈现资料，讨论分析资料的方法。

行动研究中还需要结合收集的资料对研究成效进行评价，主要包括幼儿的发展、包括教师在内的研究者的发展、家长的发展等。例如，“乡镇中心幼儿园民间游戏‘竹趣’方案开发的行动研究”主要对幼儿的发展和教师的专业发展两方面进行了评价：幼儿发展方面主要从民间文化传承、同伴关系两方面进行评价，教师专业发展方面主要从研究者的改变及合作伙伴关系的发展两方面进行评价。如“研究者的改变”方面，刻画了研究者经历的三个阶段，即茫然排斥阶段——研究的困境、转折阶段——研究的契机与突破、稳定阶段——研究的调整与发展。在转折阶段主要从“研究意识逐渐清晰”“学会反思教学问题并不断发展课程”和“其他方面的成长”三方面进行了评价。具体地说，在“学会反思教学问题并不断发展课程”方面进行了如下评价：

这是研究者第一次开展行动研究，并且以研究者兼实践者的身份参与，在行动研究开展之前，研究者并没有意识到设计理念及反思的重要性，一开始错误地只是借鉴该园已有的教学活动开展，主体意识不强，研究过程中也不注意反思，有时候被其他老师带着走，把自己研究的目的都混淆了，导致后面活动无法进行。在T4的指导下，随着研究的进行，自身的思想状态、研究意识开始逐步增强，总体思路逐渐清晰，先是竹圈、竹筒材料的探索，再由这些竹材料引发的儿童民间游戏的探索，最后到创新民间“竹游戏”，而不是盲目遵从其他人提出的“花样竹趣”方案（由竹材料设计组合了一系列游戏）。

刚开始开展“竹趣”方案的时候，我只是粗略地设计了实施方案，具体怎么开始还比较模糊。随着方案的进行，思路慢慢开始清晰，三阶段活动的设计在不断计划—反思—再计划的实施过程中进行，每次活动幼儿的表现不断给我提出新问题，也引发了我进一步的思考。比如当幼儿出现规则意识、合作意识弱的问题时，我引入了“大带小活动”，在游戏文化创生阶段，又引入了亲子活动。由此我也明白了课程设计理念对一个行动方案开展的重要性。（2011年11月10日反思日记）

行动研究中对研究成效的评价可以综合使用质性研究资料和量化研究资料，但总体看主要以质性研究资料为主。

六、报告

学前教育行动研究是否需要撰写研究报告存在争议。如果要撰写研究报告,其基本要素、格式与一般的研究报告大同小异。例如,“乡镇中心幼儿园民间游戏‘竹趣’方案开发的行动研究”的研究报告主要包括绪论、国内外相关文献综述、方案设计与实施过程、幼儿园民间游戏“竹趣”方案的实施与讨论、课程评价与讨论、结论与建议六部分。

思考题

一、选择题

从研究模式的角度看,教育行动研究可以分为三类,其中(　　)的核心是行动中的理解。

A. 技术模式　　B. 解放模式　　C. 实践模式　　D. 变革模式

二、名称解释

教育行动研究

三、简答题

1. 简述教育行动研究的基本条件。
2. 简述教育行动研究的基本特征。
3. 简述幼儿园开展行动研究的基本原则。

四、论述题

论述教育行动研究的基本阶段。

本章建议参考资料

1. 郑金洲等著:《行动研究指导》.教育科学出版社,2004 年版。

2. 陈惠邦著:《教育行动研究》.台湾师大书苑有限公司,1998 年版。

3. 蔡清田著:《教育行动研究》.台湾五南图书出版公司,2000 年版。

4. 玛丽·路易丝·霍莉等著,祝莉丽等译:《教师行动研究(第 3 版)》.中国人民大学出版社,2014 年版。

5. John Elliott.Action Research for Educational Change. Milton Keynes: Open University,1991.

6. D. Hustler, T. Cassidy & T. Cuff. Action Research in Classrooms and Schools. London: Allon & Unwin,1986.

7. J. McNiff. Action Research: Principles and Practice. London: Macmillan, 1988.

8. J. McNiff. Teaching as Learning: An Action Research Approach. London Routledge,1993.

第十一章　量化研究资料的整理与分析

学习章节与目标

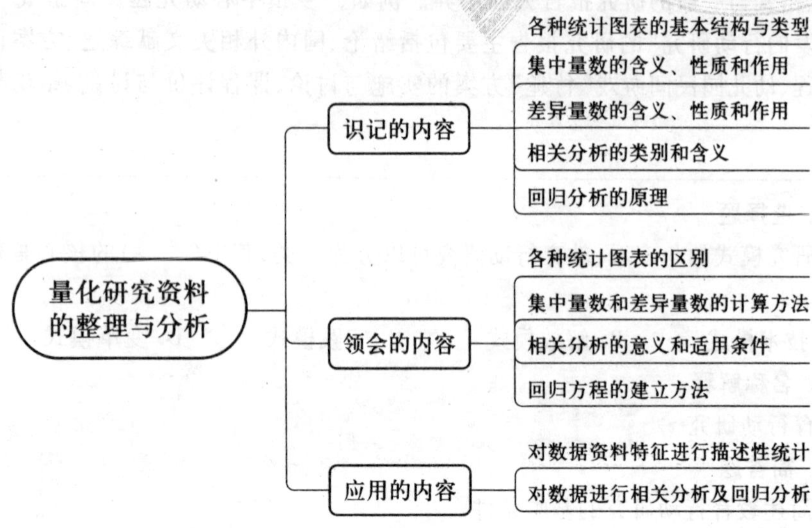

建议学时

9 学时。

老师导学

在创业初期，要跟投资人进行洽谈，说服投资人接受你的意见，你就要拿出足够的证据也就是明确的数据让投资人看到这个投资的风险是可控。一句模糊的“只要你愿意投资，你就能挣很多很多的钱”是没有力量的，模糊的东西让人如雾里看花，有距离感，而数据就不一样，它能明确地给你答案，让人明确地了解事实，因此数据更有说服力。在科学研究中更是如此，这也是为什么教育领域的研究也趋于量化研究的原因之一。在教育领域，很多的研究工作是通过科学实验或调查进行的，研究工作者必须对所要研究的事物进行观察或采用一定的手段进行测量，然后将观察和测量的结果用一定的数量化的方式加以表示，在此基础上得出的结论就更加有说服力，也更加客观准确。数字作为一种符号系统，既是刻板的，同时又是生动的，关键在于我们如何理解数字，其具有的意义、价值取决于我们的理解方式、认知方式。

在教育科学研究中，一般都是先获得大量的观测数据。这些数据乍看起来杂乱无章，但经过整理可以提供大量规律性知识和有用的信息，成为发展科学与指导实践的重要依据。本章将带你了解如何反映教育现象集中趋势和差异程度的表达方法，反映教育现象的关联与因果关系的分析方法。

第一节　量化资料的归类整理

本节主要介绍如何对数据进行初步整理即各种统计图表的制作方法。

一、统计表

统计表是表示数字资料的一种重要方式，在对数据进行统计分类以后，一般都用统计表的方式加以表达。对数据进行分类以后，所得到的各种数量结果称为统计指标。把统计指标和被说明的事物用表格的形式加以表示就构成统计表。统计表可以给人以一目了然、简洁、清晰的印象,表中的数据易于比较分析,是心理与教育科学研究报告和教育管理部门整理数据时普遍采用的方法。

统计表的构造一般包括如下几个项目,现将各项目的名称及编制要求一并叙述。

序号:一般写在表的上方,序号一般以在文章中出现的先后顺序排列。

名称:又称标题,是一个表的名称,应写在表的上方,常位于序号后。标题的用语要简明扼要,使人一看就可知该表的内容。如果用语过简,可在下面附加说明,但这种情况不宜多用。

标目:即分类的项目。标目的好坏决定统计表的质量,因而要认真酌定。标目一般在表的上面一行和左侧一列。如果分类的标志只有一个,写在表的左列或上行都可以。如果分类的标目有两个,且二者没有隶属关系,则左列与上行各一个。如果两个分类标志有隶属关系,则要都在一个方位(或上面或左侧)分两行分述。

数字:数字是统计表的语言,又称统计指标。它占据统计表的大部分空间,书写一定要整齐划一,位数要上下对齐,小数点后缺位的要补零,缺数字的项要划"—"。

表注:写于表的下面。它不是统计表的必要组成部分。如果需要的话,可对标题补充说明。数据来源、附记等都可作为表注的内容,文字可长可短。

另外,关于统计表的画法应注意以下几点:表格的各行(或列)之间要用线条隔开,表的左、右两条边线可以省去,上、下两边须有横线,标目与数字间、数字与总计间、两个总标目之间都须用线条隔开,表的上、下两条横线的线条要粗一些,等等。

统计表可按形式及内容不同的分类标志,将其划分成不同的类型。不同类型统计表的具体功能不同。下面介绍几种常用的统计表的类型:

简单表:只列出调查名称、地点、时序或统计指标名称的统计表。

分组表:只有一个分组标志的统计表。

复合表:统计分组的标志有两个或两个以上的表。其中,只有两个分组标志的称为两项表,分组标志有三个的称为三项表,依此类推。

二、 统计图

所谓统计图就是依据数字资料,应用点、线、面、体、色彩等的描绘制成整齐而又规律、简明而又知其数量的图形。统计图在数据的整理中占有很重要的地位。一图知万言,一张简单的图形,就可以把一大堆数据中的有用信息概括地表现出来。图形比数字更为具体,能把事实或现象的全貌形象化地呈现出来,给人以清晰、深刻的印象,因而便于理解和记忆。统计图还有一定的艺术性,它可以表现得生动、有趣。但它也有缺点,那就是图示的数量不易精确,如果制图不当,反而会掩蔽事实真相,因而在使用时应倍加注意。

(一) 统计图的构成

统计图一般采用直角坐标系,横坐标用来表示事物的组别或自变量 X,纵坐标常用来表示事物出现的次数或因变量 Y。除直角坐标外,还有角度坐标(如圆形图)、地理坐标(如地形图)等。

图号及图题:统计图的名称为图题或标题。图题的文字应简赅,只要求能扼要叙述统计图的内容,使人一见能知道该图所要显示的是何事、何物,发生于何时、何地。

如果图示资料比较复杂,用语简单不能明了,这时图题可用大标题与小标题。图号是图的序号,图题与图号一般写在图的下方。图题的字体是图中所用文字中最大的,但也不能过大,要与整个图形的大小相称。一般与图形标目的顺序一致,自左至右书写。

图目:图目是写在图形基线上的各种不同类别、名称,或时间、空间的统计数量,即横、纵坐标上所用的各种单位名称。在统计图的横坐标及纵坐标上都要用一定的距离表示各种单位,这些单位称为图尺,有算术单位,亦有对数单位、百分单位等,这要根据资料的情况加以选用。图尺分点要清楚,整个图尺大小要包括所有的数据值,如果数据大小相差悬殊,图尺可用断尺或回尺法,减少图幅。

图形:图形是图的主要部分。图形曲线要清晰,一般除图形线外,避免书写文字。要表示不同的结果,用不同的图形线以示区别,各种图形线的含义用图例标明,图例可选图中或图外某个适当位置表示,这一切的总目的是为了使整个图形和谐、美观、均衡。

图注:凡图形或其局部或某一点,需要借助文字或数字加以补充说明的,均称为图注。图注部分的文字要少,印刷字号要小,它可以帮助读者理解图形所示资料,提高统计图的使用价值,又不破坏图的美观。

此外,一个图形要使用各种线条,这些线条因在图中的位置不同而有不同的名称,包括:图形基线(横坐标)、尺度线(纵坐标)、指导线、边框线等。

(二)统计图的种类

统计图可按形状、数字性质、图的用途等标志分为多种类别。心理与教育统计中常用的统计图可按形状划分为条形图、线形图、圆形图、散点图等。下面分述各图形的绘制方法、功用及特点。

条形图:主要用于表示离散型的数字资料,即计数资料。它是以条形长短表示各事物间数量的大小与数量之间的差异情况。条形图所用的条形形状各不相同,名称也有多种:如直条图(或者矩形条图),梯形条图,尖形条图等。直条图应用最多。

圆形图:用于间断性资料,主要目的是为了显示各部分在整体中所占的比重,以及各部分之间的比较,所要显示的资料多以相对数(如百分数)为主。圆形图的图尺部分为圆周,分度是将图周等分为100份,每百分之一相当于3.6°,它的基线是在圆的上方或下方的半径。

线形图:用于连续性资料,凡欲表示两个变量之间的函数关系,或描述某种现象在时间上的发展趋势,或一种现象随另一种现象变化的情形,用线形图表示是较好的方法。这是实验报告中最常用的图示结果的方法。

直方图:用于表示连续性资料的频数分配。它是以矩形的面积表示频数分配的一种条形图,是统计学中常用而又有特殊意义的一种统计图。

散点图:又称点图,它是以圆点的大小和同大小圆点的多少或疏密表示统计资料数量大小以及变化趋势的图。散点图是以圆点分布的形态来表示两种现象间相关程度的。

第二节　量化资料的特征描述

一、 集中量数

前面介绍的统计表、统计图，只是对研究工作中所收集的数据进行初步整理，其目的是对数据的性质、分布特征、差异情况等数据的一般规律有一个直观而形象的认识。为了进一步发现和表达一组数据的规律性，需要计算出一些能够反映这组数据的统计特征的数字，这些特征数字称为统计特征值。对于一组数据来讲，最常用的统计特征值有三类：一是表现数据集中性质或集中程度的；二是表现数据分散性质或分散程度的；三是表现数据所处的位置的。数据的集中情况是指一组数据的中心位置集中趋势的度量，即确定一组数据的代表值。描述数据集中情况的统计特征值主要包括算术平均数、加权平均数、几何平均数、调和平均数、中数、众数。由于这些统计特征值的作用在于度量数据的集中趋势，因此它们都称为集中量数。

（一）算术平均数

算术平均数又称为平均数或均数。一般只有在与其他几种集中量数如几何平均数、调和平均数、加权平均数相区别的时候，才把它叫作算术平均数。平均数一般用字母 M 表示。如果平均数是由 X 变量计算的，就记为 $\bar{X}$；若由 Y 变量求得，则记为 $\bar{Y}$。由于任何平均数都是由特定的变量计算而来，因此 $\bar{X}$ 或 $\bar{Y}$ 习惯上就成为算术平均数的常用符号。

算术平均数的公式为：

$$\bar{X}=\frac{\sum X_i}{N}$$

公式中 X_i 表示数据中的任意一个数；$\sum X_i$ 表示所有数据的和，即 $\sum X_i=X_1+X_2+\cdots+X_N$；$N$ 为数据的个数。

算术平均数的计算公式很好理解，就是将所有的数据相加，再除以数据的个数即得算术平均数。

1. 算术平均数的性质

性质 1：离均差之和等于 0。即设 $X_i-\bar{X}=X_i'$，则 $\sum X_i'=0$。

因为：

$$\sum(X_i-\bar{X})=(X_1-\bar{X})+(X_2-\bar{X})+\cdots+(X_N-\bar{X})=\sum X_i-N\bar{X},$$

根据 $\bar{X}=\frac{\sum X_i}{N}$，$N\bar{X}=\sum X_i$，代入上式得：

$$\sum(X_i-\bar{X})=\sum X_i-\sum X_i=0,$$

即 $\sum X_i'=0$。

性质 2：在一组数据中，每一个数都加上一个常数 C，所得数据的平均数为原来数据的平均数加常数 C。

因为

$$\frac{\sum(X_i+C)}{N}=\frac{\sum X_i+\sum C}{N},\ \sum C=NC$$

所以 $$\frac{\sum(X_i+C)}{N}=\bar{X}+C。$$

性质 3：在一组数据中，每一个数都乘一个常数 C，所得数据的平均数为原来数据的平均数乘常数 C。

$$\frac{\sum(X_i \cdot C)}{N}=\frac{C \cdot \sum X_i}{N}=C \cdot \bar{X}。$$

平均数的这些特点或性质，是推演、计算平均数其他公式的基础。在其他的一些统计公式中，亦常用到平均数的这些性质。

下面举一个含具体数据的例子，帮助大家理解。

现有一组共 10 个实验观测数据：

25　27　28　27　25　29　30　34　32　33

根据公式计算如下：

$$\bar{X}=\frac{25+27+\cdots+33}{10}=\frac{290}{10}=29,$$

其离均差之和为

$$\begin{aligned}\sum(X_i-\bar{X})&=(25-29)+(27-29)+\cdots+(33-29)\\&=(-4)+(-2)+\cdots+4\\&=0。\end{aligned}$$

公式 $\bar{X}=\frac{\sum X_i}{N}$ 是应用最多的计算算术平均数的公式，需要大家深刻理解。如果数据数目以及每个观测数据的表面值（即数字）都很大时，应用基本公式计算算术平均数较麻烦。若缺少现代计算工具的帮助，计算的工作量会大大增加。在这种情况下，利用估计平均数的方法可以简化计算。这种方法就是根据平均数的特点，首先将每一个数据减去一个常数（所选常数称估计平均数，用符号 AM 表示），使数据的表面值减小，然后再计算算术平均数，最后在计算结果中加上这一常数。可用公式表述如下：

$$\bar{X}=AM+\frac{\sum X_i'}{N},$$

式中 $X_i'=X_i-AM$，AM 为估计平均数，可根据数据表面值的大小任意设定，但其值以越接近平均数越好。N 为数据个数。

上述示例数据的算术平均数可计算如下：设 $AM=27$，则有：

X_i	25	27	28	27	25	29	30	34	32	33
X_i-27	-2	0	1	0	-2	2	3	7	5	6

根据表中数据可知 $\sum X_i'=20$，$N=10$，则

$$\bar{X}=AM+\frac{\sum X_i'}{N}=27+\frac{20}{10}=29。$$

上面介绍的用估计平均数计算平均数的方法，有助于进一步理解计算平均数的基本公式，特别是对平均数性质的理解。

2. 算术平均数的特点

算术平均数是应用最普遍的一种集中量数。它是“真值”逼近的最佳估计值。在科学实验中人们进行观测，是想知道被观测事物真正的值是多少，如研究人的反应时，用计时器进行测量，人们是想测到真正的反应时间是多少。再如，使用某种测验，是想测量某个人或某些人的真实的能力水平到底有多高。但是由于主客观各种随机因素的影响，如仪器的精密程度、测量方法、实验情境、人的观测力及观测标准等都不能做到尽善尽美，因此想获得真值是不大可能的，人们只能用一些集中量数作为它的估计值。算术平均数在大多数情况下，是真值的最佳估计值，对这一点可做如下的数学证明。

设真值为 μ，观测值与平均数的差为 $X_i'=X_i-\bar{X}$，与真值的差为 $d_i=X_i-\mu$，则

$$\sum X_i'=\sum X_i-N\bar{X}, \sum d_i=\sum X_i-N\mu。$$

又根据算术平均数的特点 $\sum X_i'=0$，$\sum X_i=N\bar{X}$，代入 $\sum d_i=\sum X_i-N\mu$ 中，得

$$\sum d_i=N\bar{X}-N\mu, \frac{\sum d_i}{N}=\bar{X}-\mu,$$

当 $N\to\infty$ 时，$\frac{\sum d_i}{N}\to 0$，故 $\bar{X}\to\mu$。

这就是说，当观测次数无限增加时，算术平均数趋于真值 μ。

算术平均数的优点主要体现在以下几个方面：

(1) 反应灵敏。观测数据中任何一个数值的变化，在计算平均数时，都能反映出来。

(2) 确定严密。计算平均数有确定的公式，只要是同一组观测数据，所计算的平均数都是相同的，不凭主观确定。

(3) 简明易解。平均数的概念简单明白，容易理解，较少数学抽象。

(4) 计算简单。计算时只需要简单的四则运算。

(5) 符合代数方法的进一步演算。不但平均数的计算过程应用代数方法，而且可应用平均数做进一步的数学演算。

(6) 较少受抽样变动的影响。在进行观测时，样本大小或个体的变化对计算算术平均数影响很小。

算术平均数的缺点主要有：

(1) 易受极端数据的影响。由于算术平均数反应灵敏，因此数据中若出现或大或小的极端数据，就要影响算术平均数。在实验观测中，偶然因素十分复杂，经常会出现极端数，计算算术平均数时就需按三个标准差法则，剔除极端数据。

(2) 若出现模糊不清的数据时，无法计算算术平均数，因为计算算术平均数时需要每一个数据都加入计算。在这种情况下，一般采用中数作为该组数据的代表值，描述其集中趋势。

(3) 凡不同质的数据不能计算算术平均数。所谓同质数据是指使用同一个观测手段，采用相同的观测标准，能反映某一问题的同一方面特质的数据。如果使用了不同质的数据计算算术平均数，则该算术平均数不能作为这一组数据的代表值。

根据以上对算术平均数优缺点的分析，可以明确，如果一组数据比较准确，可靠又

同质，而且需要每一个数据都加入计算，同时还要做进一步代数运算时，就可用算术平均数表示其集中趋势。

（二）加权平均数

有些教育研究中所得数据，各部分数据的重要性不同，这时若要计算平均数，就不能用算术平均数，而应用加权平均数。加权平均数的符号记作 M_W，其计算公式为：

$$M_W=\frac{W_1X_1+W_2X_2+\cdots+W_NX_N}{W_1+W_2+\cdots+W_N}=\frac{\sum W_iX_i}{\sum W_i}。$$

式中 X_i 为任一数据，W_i 为权数。所谓权数是指各变量在构成总体中的相对重要性，每个变量的权数大小，由观测者依据一定的理论或实践经验而定。

在教育工作中，我们时常遇到对测量数据进行加权的情况。例如，在一次考试中教师共出 10 道考题，由于各题的题型不同，难易程度不同，在总分为 100 分的条件下，绝不能每题都以 10 分为满分，而是有的题设为 1 分、2 分，有的题设为 10 分、20 分，甚至 30 分。加权的道理不难理解，但关键是权数确定的依据，即各变量的权数依据什么来确定。

（三）几何平均数

几何平均数符号记作 M_g，因为在计算时需取对数计算，又称对数平均数。

几何平均数的公式为：

$$M_g=\sqrt[N]{X_1\cdot X_2\cdot\cdots\cdot X_N}。$$

式中 N 为数据个数，X_i 为数据（变量）的值。

例如下面 5 个数据：3，6，9，10，12（$N=5$），要求几何平均数，可代入公式得 $M_g=\sqrt[5]{3\times6\times9\times10\times12}$，这种直接开多次方的运算，难于进行。一般的计算器也不能简便地进行运算，因此在计算时常用取对数的方法：

$$\lg M_g=\frac{1}{N}(\lg X_1+\lg X_2+\cdots+\lg X_N)$$

$$=\frac{\sum\lg X_i}{N}。$$

由此就可以理解为什么将几何平均数称为对数平均数。上面的例子可计算如下：

$$\lg M_g=\frac{1}{5}(\lg 3+\lg 6+\lg 9+\lg 10+\lg 12)\approx0.857\ 739,$$

所以

$$M_g\approx10^{0.857\ 739}\approx7.206\ 7。$$

几何平均数可在以下条件满足时使用：

（1）直接应用基本公式计算几何平均数。属于这种情况的是：一组实验数据中有少数数据偏大或偏小，数据的分布呈偏态，这时若计算算术平均数也会偏大或偏小，算术平均数就不能很好地反映这组数据的典型情况，此时可用几何平均数作为集中趋势的代表。

（2）应用几何平均数的变式计算。属于这种情形的有：一组数据彼此间变异较大，几乎是按一定的比例关系变化，如教育经费的平均年增长率、学校人数的年增长率、学习的平均进步率、阅读速度的平均增加率等，这时就要用几何平均数计算平均比率。

（四）调和平均数

调和平均数用符号 M_H表示，因在计算中各数据先取倒数求算术平均数，然后再取倒数，故又称倒数平均数。它的计算公式为：

$$M_H=\frac{1}{\frac{1}{N}\left(\frac{1}{X_1}+\frac{1}{X_2}+\cdots+\frac{1}{X_n}\right)}=\frac{1}{\frac{1}{N}\sum\frac{1}{X_i}}=\frac{N}{\sum\frac{1}{X_i}}。$$

公式中 N 为数据的个数，X_i为变量值。

调和平均数在教育研究方面的应用主要是用来描述学习速度方面的问题。调和平均数作为集中量数之一，在描述速度方面的集中趋势时，优于其他集中量数。

在有关研究学习速度的实验设计中，一般常取两种形式：一是工作量固定，记录各被试完成相同工作所用的时间；二是学习的时间一定，记录一定时间内各被试所完成的工作量。由于反应的指标不同，在计算学习速度时也不一样，这是应用调和平均数要特别注意的地方。

（五）中数

中数是集中量数中常见的一种。中数，又叫中位数，符号为 Md，是指位于一组数据中较大一半与较小一半中间位置的那个数。这个数可能是数据中的某一个，也可能不是原有的数。如果将数据依大小顺序排列，中数恰好处于数据的数目分成较大的一半和较小的一半中间。

确定中数时，首先将数据依其取值大小排列成序，然后找出位于中间的那个数，就是中数。中数的确定分两种不同的情况：

（1）数据的个数为奇数。如果数据个数为奇数，则大小排序后序列中第$(N+1)/2$的那个数即为中数。

比如，有 9 个数依从小到大的顺序排列为：

4　7　8　9　10　11　12　13　14　$(N=9)$

$(N+1)/2=5$，可知序列中第 5 个数据 10 即为该组数据的中数。

（2）数据个数为偶数。如果数据个数为偶数，则取大小排序后序列中第 $N/2$ 与第 $N/2+1$ 这两个数据的算术平均数为中数。

比如有 8 个数依从小到大的顺序排列为：

2　3　5　7　8　10　15　19　$(N=8)$

序列中第 $N/2=4$ 个数是 7，第 $N/2+1=5$ 个数为 8，则这组数的中数为$(7+8)/2=7.5$。

从以上两例可以看出，求中数不受极大值和极小值的影响，决定中数的关键是居中的那几个数据的数值大小。

中数的优点是：

（1）概念简单，容易理解。

（2）确定方便，不需要复杂计算。

（3）不受极端数值的影响。

中数的缺点是：

（1）确定不严密，容易受抽样变动的影响。

(2) 不是根据每一个数据计算得来的,受取样主观性的影响。

(3) 中数不能做进一步的代数运算。

在下列情况下常使用中数:

(1) 一组数据若出现极端数值时,用中数反映数据的集中趋势代表性更好。

(2) 粗略估计一组数据的集中趋势时,常用中数。

(3) 数据按次序排列后,两端数据模糊不清时,也常用中数。

(六) 众数

众数又叫范数、密集数等,用符号 *Mo* 表示。众数是指在数据中出现次数最多的那个数的数值,它也是一种集中量数,用来代表一组数据的集中趋势。

不论是分组的数据还是未分组的数据,都可用观察法求众数,即只凭观察找出出现次数最多的数据,就是众数。例如有一组数据为 1,3,5,3,7,3,6,其中 3 出现的次数最多,因此 3 为众数。

数据整理成次数分布表后,观察次数最多那一组区间的组中值为众数。

众数的优点:

(1) 概念简单明了,容易理解。

(2) 计算时不需每一个数据都加入,因而较少受极端数据的影响。

众数的缺点:

(1) 不稳定,受分组的影响,亦受样本变动的影响。

(2) 反应不够灵敏,观察法求众数不是严格计算而来,用计算方法所得的众数亦是一个估计值。

(3) 众数不能做进一步的代数运算。

众数在下述情况下常有应用:

(1) 当需要快速而粗略地寻求一组数据的代表值时。

(2) 当一组数据出现不同质的情况时,可用众数表示典型情况,如工资收入、学生成绩等常以次数最多者为代表值。

(3) 当一组数据中有极端的数据时,有时也用众数反映集中趋势(但一般用中数)。

二、 差异量数

教育研究中实验或调查所得到的数据,大都具有随机变量的性质。对这些随机变量的描述,只进行集中趋势的度量是不够的。集中量只描述数据的集中趋势,它还不能说明一组数据的全貌,还需要描述数据的变异性特点。对于数据的变异性即离中趋势进行度量的一组统计指标,称作差异量数。常见的差异量数有全距,四分差,平均差,标准差和方差。

在实际生活及科学研究中,要想全面反映事物的面貌,只说明典型情况远远不够,还必须对事物的特殊性进行描述。这些特殊性常表现为数据的变异性。集中量数对一组数据的典型情况进行描述时,还存在着这些集中量数的代表性如何。例如下面三组数据:

A:7,7,8,8,8,9,9,$\bar{X}_A = 8$,最大与最小的数相差 2;

B:4,5,7,8,9,11,12,$\bar{X}_B = 8$,最大与最小的数相差 8;

C:1,4,7,8,9,12,15,$\bar{X}_C = 8$,最大与最小的数相差14。

每组7个数据,平均数都是8,但A组数据的最大数与最小数只相差2,明显非常集中;C组数据最大数与最小数相差14,最为分散;B组居中,相差为8。也就是说,A组平均数8的代表性最好,C组平均数8的代表性最差。可见,一组数据集中量数的代表性如何,可由表示差异情况的量数来说明。差异量数愈小,则集中量数的代表性愈好。若差异量数为零,则说明该组数据彼此相等,其值都与集中量数相同。

因此,在整理数据时,既要求出集中量数,还要计算差异量数。集中量数可看作量尺上的一点,是点值,而差异量数则是量尺上的一段距离,只有将二者结合,才能对一组数据的全貌进行准确描述。

(一)全距

全距又叫两极差,用符号R表示。它是表示一组数据离散程度的最简单、最易理解的一种差异量数。全距的计算公式就是:R=最大数-最小数。这种差异的量数,只利用了数据的最大值与最小值,其他数值对全距的计算不起作用。如果数据两端有偶然性或异常值时,全距不稳定,不可靠,也不灵敏,它明显地受取样变动的影响。因此,全距是一种低效的差异量数。它通常用于研究的预备阶段,估计数据的分布范围,以便确定如何进行统计分组。

(二)四分差

四分差通常用符号Q来表示,指在一个数据分布中,中间50%的数的全距之半,也就是第一四分点与第三四分点之差的一半。其意义在图11-1中可以直观表示。

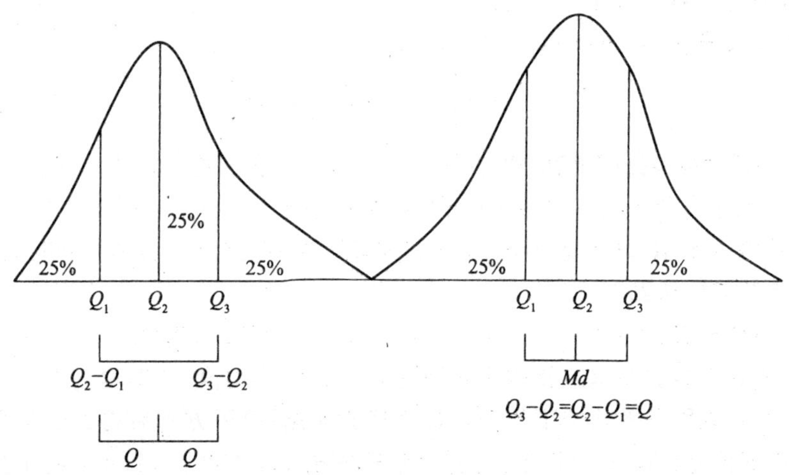

图11-1 四分差Q与四分位数Q_1,Q_2和Q_3之间的关系

四分差的计算公式为:

$$Q=\frac{Q_3-Q_1}{2}。$$

在分组数据中:

$$Q_1=L_b+\frac{\frac{N}{4}-F_b}{f_{Q_1}}\cdot i,$$

$$Q_3=L_b+\frac{\frac{3N}{4}-F_b}{f_{Q_3}}\cdot i。$$

这里 L_b 为四分点所在组的精确下限；

f_{Q_3} 与 f_{Q_1} 为四分点所在组的次数；

F_b 为四分点所在组以下的累加次数；

i 为组距；

N 为数据的个数。

四分差可以反映中间数据的差异，不受极端数据影响，它同全距一样不能反映全部数据的差异，代表性较差。

（三）平均差

平均差一般用符号 AD 表示，是指每个原始数据与平均数距离的算术平均数。其计算公式为：

$$AD=\frac{\sum|X_i-\bar{X}|}{N}=\frac{\sum|X_i'|}{N}。$$

例如，有 5 名被试的错觉量为：16，18，20，22，17。

计算其平均差：$\bar{X}=18.6$，

离均差 X_i' 分别为：-2.6，-0.6，1.4，3.4，-1.6，

$$\sum|X_i'|=9.6, AD=\frac{9.6}{5}=1.92。$$

平均差用以度量数据的离散程度，可以反映每一个数据的差异情况，代表性好，因而优于全距和四分差。但平均差的计算要取绝对值，不利于代数运算。因而对平均差的改进就是如何去掉绝对值，且不能使离均差之和等于 0，这样就产生了方差和标准差。

（四）方差与标准差

方差又叫变异数、均方。作为统计量，常用符号 S^2 表示；作为总体参数，常用符号 σ^2 表示。它是每个数据与该组数据平均数之差平方和的均值，即离均差平方和的算术平均数。方差克服了平均差不便于代数运算的缺点，但平方和后得到的是平方单位，不便于同其他差异量进行比较。这样方差开平方后就得到了标准差。标准差即方差的平方根，标准差的统计量常用 S 或 SD 表示，其参数常用 σ 表示。

方差与标准差的基本公式是：

$$S^2=\frac{\sum(X_i-\bar{X})^2}{N}=\frac{\sum X_i'^2}{N},$$

$$S=\sqrt{\frac{\sum(X_i-\bar{X})^2}{N}}=\sqrt{\frac{\sum X_i'^2}{N}}。$$

以下是计算方差与标准差的具体步骤：① 先求平均数 $\bar{X}$；② 计算 $X_i-\bar{X}$；③ 计算 $(X_i-\bar{X})^2$；④ 将各离均差的平方求和（$\sum X_i'^2$）；⑤ 代入公式求方差与标准差。

例如，给出一组数据：6,5,7,4,6,8，要求这组数据的方差和标准差，可列表计算，如表 11-1 所示。

表 11-1　方差与标准差求解示例

X_i	$X_i-\bar{X}$	$(X_i-\bar{X})^2$
6	0	0
5	-1	1
7	1	1
4	-2	4
6	0	0
8	2	4
$\sum X_i=36, \bar{X}=\frac{36}{6}=6$		$\sum(X_i-\bar{X})^2=10$

由表 11-1 可得，此组数据的方差 $S^2=\frac{10}{6}\approx1.67$，标准差 $S=\sqrt{\frac{10}{6}}\approx1.29$。

前面求方差与标准差，都要先求平均数，再求离均差，若平均数不是一个整数或者有不能除尽的数，那么在计算过程中就要带来计算误差，同时也使计算冗繁，对此，就需要由原始数据直接求方差与标准差。其公式如下：

$$S^2=\frac{\sum X_i^2}{N}-\left(\frac{\sum X_i}{N}\right)^2=\frac{N\sum X_i^2-(\sum X_i)^2}{N^2},$$

$$S=\sqrt{\frac{\sum X_i^2}{N}-\left(\frac{\sum X_i}{N}\right)^2},$$

式中 $\sum X_i^2$ 为原数据的平方和；

$(\sum X_i)^2$ 为原数据总和的平方；

N 为数据个数。

用这个公式计算方差和标准差的步骤与前面定义中的公式是不同的，但计算结果是一致的，可利用前面的例子进行验证。

方差与标准差的特点：方差与标准差是表示一组数据离散程度的最好的指标。其值越大，说明离散程度越大；其值越小，说明数据越集中。方差与标准差是统计描述与统计分析中最常用的差异量数。其优越性表现在：① 反应灵敏，每个数据取值发生变化，方差或标准差都随之变化；② 按照计算公式严密确定；③ 容易计算；④ 适合代数运算；⑤ 受抽样变动的影响小，即不同样本的标准差或方差比较稳定。此外，方差还具有可加性特点，用它对一组数据中造成各种变异的总和进行分析，可确定出属于不同来源的变异性（如组间、组内等），并可进一步说明每种变异对总结果的影响，是以后统计推断部分常用的统计特征值。

三、 位置量数

在教育研究中通常需要确定某个数据在一组数据中所处的位置，表示数据所处位置的统计特征值就是位置量数。常见的位置量数有：百分位分数、百分等级分数、标准分数、T 分数等。

（一）百分位分数

百分位分数就是次数分布中相对于某个特定百分点的原始分数，它表明在次数分布中特定个案百分比低于该分数。百分位分数用 P 加下标 m 表示，如 P_{30} 等于 80，表明在该次数分布中有 30% 的个案低于 80 分。

其公式为：

$$P_m = L + \frac{\frac{m}{100} \times N - F_b}{F} \times i。$$

式中：P_m——第 m 百分位分数；

L——P_m 所在组的下限；

F——P_m 所在组的次数；

F_b——小于 L 的累加次数；

N——总次数；

i——组距。

（二）百分等级分数

百分等级分数是指次数分布中低于这个原始分数的次数百分比，用 P_R 表示。百分等级分数指出原始数据在常模团体中的相对位置，百分等级越小，原始数据在常模团体中的相对位置越低，百分等级越大，原始数据在常模团体中的位置越高。

计算百分等级分数的公式如下：

$$P_R = \frac{100}{N} \times \left[F_b + \frac{f(X - L_b)}{i} \right]$$

式中：X——给定的原始分数；

F_b——小于 L 的累积次数；

f——某特定原始变量所在组的次数；

L_b——某特定原始变量所在组的下限；

i——组距；

N——次数分布的总次数。

（三）标准分数

标准分数又叫 Z 分数，是以标准差为单位表示一个数值在团体中所处的相对位置量数。其计算公式为：

$$Z_i = \frac{X_i - \bar{X}}{S}。$$

式中 X_i 代表原始数据，$\bar{X}$ 为该组数据的平均数，S 为标准差。Z 分数有如下特点：① 它是一个数与平均数之差除以标准差所得的商数，它无实际单位。② Z 分数既可以为正，也可以为负，还可以为零。如果一个数小于平均数，其值为负数；如果一个数大于平均数，其值为正数；如果一个数的值等于平均数，其值为零。

如某班平均成绩为 90 分，标准差为 3 分，甲生得 94.2 分，乙生得 89.1 分，问甲、乙二学生的 Z 分数各是多少？

根据 Z 分数公式可得

$$Z_{甲}=\frac{94.2-90}{3}=1.4, Z_{乙}=\frac{89.1-90}{3}=-0.3。$$

Z 分数表示原分数在以平均数为中心时的相对位置，这比使用平均数和原分数表达了更多的信息。

Z 分数具有下列性质特点：

（1）在一组数据中所有由原分数转换得出的 Z 分数之和为零，其 Z 分数的平均数亦为零。

根据求平均数及 Z 分数的公式可知：

$$\sum Z_i=\sum\frac{X_i-\bar{X}}{S}=\frac{\sum X_i-N\bar{X}}{S}=\frac{\sum X_i-\sum X_i}{S}=0,$$

$$\bar{Z}=\frac{\sum Z_i}{N}=0.$$

（2）一组数据中各 Z 分数的标准差为 1。

因为 $\bar{Z}=0$，根据标准差的计算公式，得 Z 分数的标准差为

$$\sigma_Z=\sqrt{\frac{\sum(Z_i-0)^2}{N}}=\sqrt{\frac{\sum Z_i^2}{N}}$$

$$=\sqrt{\frac{\sum\left(\frac{X_i-\bar{X}}{S}\right)^2}{N}}-\sqrt{\frac{\sum(X_i-\bar{X})^2}{NS^2}},$$

因为 $\sum(X_i-\bar{X})^2=NS^2$，

所以 $\sigma_Z=\sqrt{\frac{NS^2}{NS^2}}=1$。

Z 分数在以下几个方面得到广泛应用：

（1）Z 分数可用于比较分属性质不同的观测值在各自数据分布中的相对位置的高低。不同观测值在数据分布中的相对位置包含两个意思，一个是表示某原始数据以平均数为中心、以标准差为单位所处距离的远近与方向；另一个意思是表示某原始数据在该组数据分布中的位置，即在该数目以下或以上的数据各有多少。

（2）当已知各不同质的观测值的次数分布为正态分布时，可用 Z 分数求不同的观测值的总和或平均值，以确定在团体中的相对位置。例如高考的各科成绩分布是正态分布，但是由于各科的难易度不同，因此，各科成绩就属于不同质的数据。以前常采取求总分或求平均分的方法，这是不科学的。如果应用 Z 分数求总和或平均数则更有意义。举例如表 11-2 所示。

表 11-2　利用 Z 分数求总和示例

科目	原始分数		全体考生		Z 分数	
	甲	乙	平均数	标准差	甲	乙
语文	85	89	70	10	1.500	1.900
政治	70	62	65	5	1.000	-0.600

续表

科目	原始分数		全体考生		Z 分数	
	甲	乙	平均数	标准差	甲	乙
外语	68	72	69	8	-0.125	0.375
数学	53	40	50	6	0.5000	-1.67
理化	72	87	75	8	-0.375	1.500
总计	348	350			2.500	1.505

假设此例是高等学校入学考试两名考生甲与乙的成绩。如果按总分应优先录取乙生,但若按标准分数则应优先录取甲生。为什么会出现如此悬殊的差异呢?这是由于不恰当地计算总和分数造成的。因为各科成绩难易不同,分散程度也不同,各门学科的成绩分数是不等值的,这时应用总和分数不够科学,故此出现这类问题。科学的方法应当采用 Z 分数。从 Z 分数可知,甲生多数成绩是在平均数以上,即使有两种成绩低于平均数,差别也小,成绩较稳定且在分布较高处,而乙生则不然。可见应用 Z 分数更合理。

(3)表示标准测验分数。

经过标准化的教育测验,如果其常模分数分布接近正态分布,常常转换成正态标准分数。转换公式为:

$$Z'=aZ+b,$$

式中 Z'为正态标准分数,$Z=\frac{X-\bar{X}}{\sigma}$,$a$,$b$ 为常数,σ 为测验常模的标准差。

如早期的智力测验所测的智力指标为智商(IQ),但最早采用的是比率智商,即

$$\text{IQ}=\frac{MA(\text{智龄})}{CA(\text{实龄})}\times 100。$$

这种表示智力的方法有一定局限性,因为人到成年以后智力不再随年龄而增长,到了老年甚至智力有所衰退,而实际年龄却在不断增加。这样比率智商的表示就有很大的局限性。因此,韦克斯勒制定新的智力量表时就提出了离差智商的概念,表示一个人在同龄团体中的相对智力。

韦氏成人智力量表(WAIS)离差智商的计算公式为:

$$\text{IQ}=15Z+100,$$

公式中 $Z=\frac{X-\bar{X}}{S}$,其中 X 为原分数,$\bar{X}$ 为某团体(或年龄组)的平均数,S 为该年龄组的标准差。离差智商的常数 100 与 15 实际为总平均数与标准差。类似的标准测验分数还有:普通分类测验 $Z'=20Z+100$,比奈-西蒙智力测验 $Z'=16Z+100$ 等。因此,运用标准分数能更清楚地表明某一个体的特征在相应团体中的位置。

(四) *T* 分数

T 分数是表示标准测验分数常见的一种位置量数。

T 分数的表达公式同标准分数相类似,也可看作是标准分数的线性转换,其公

式为：

$$T=aZ+b,$$

其中，a，b 为常数，可根据测验的特点自行确定。

美国测验学家麦考尔在 20 世纪 30 年代为我国学科成就测验提出了 $T=10Z+50$ 的转换公式，就是结合我国传统考试的特点提出来的。

第三节　量化资料相关与因果分析

一、相关分析

事物之间有可能存在三种关系，即因果关系、共变关系和相关关系。相关关系是指事物之间存在关联，不存在因果联系，也不受第三事物的影响。相关分析就是对存在相关联系的事物的数量关系所做的统计分析方法。

相关有三种基本类型：一是正相关，是指两列变量变化方向相同，即一种变量变化时，另一种变量亦随着前一种变量同方向的变化而变化。如身高与体重的关系，一般来说身高越高，体重就越重。二是负相关，是指两列变量中若有一列变量变动时，另一列变量随前一列变量相反的方向变动。例如初学打字时，练习次数越多，出现错误就越少。第三种相关是零相关，即两列变量之间无相关关系。这种情况下，一列变量变动时，另一列变量做无规律的变动。如学习成绩优劣与身高之间的关系，就属零相关。

相关系数是变量间相关程度的数字表现形式，即表示相关程度的指标。相关系数作为样本间相互关系程度的统计特征数时，常用 r 表示，作为总体参数时，一般用 ρ 表示。

相关系数的取值介于-1.00 与+1.00 之间，常用小数形式表示。相关系数在解释时应注意以下几个问题：

（1）相关系数的正负号，表示相关方向，正值表示正相关，负值表示负相关。相关系数绝对值的大小表示相关的程度。相关系数为 0 时，称零相关；为 1.00 时，表示完全正相关；为-1.00 时，为完全负相关。如果相关系数的绝对值在 1.00 与 0 之间不同时，则表示相关程度不同。接近 1.00 端为相关程度密切，接近 0 则关系不够密切。

（2）相关系数在解释时，还要考虑计算相关系数时样本数目的多少。如果样本数目较少，相关系数就会受取样偶然因素的影响较大，很有可能本来无关的两类事物，却计算出较大的相关系数来。相关系数的大小一定要经过统计检验才能判断是否存在密切的关联。

（3）相关系数不是等距的度量值，因此在比较相关程度时，只能说绝对值大者比绝对值小者相关更密切一些，如只能说相关系数 $r=0.50$ 的两列数值比相关系数 $r=0.25$ 的两列数值之间的关系程度更密切，而绝不能说前二者的密切程度是后二者密切程度的两倍，也不能说相关系数从 0.25 到 0.50 与从 0.50 到 0.75 所提高的程度一样多。

计算相关系数一般要求成对的数据，即若干个体中每个个体要有两种不同的观测值。如每个学生的算术和语文成绩；每个人的视觉反应时和听觉反应时；每个学生的智力分数与学习成绩等。任意两个个体之间的观测值不能求相关系数。计算相关系数的成对数据的数目,一般以30个以上为宜。

从相关数据的性质和计算方式看,相关分析可分为:积差相关分析、等级相关分析、质量相关分析、品质相关分析等。

(一) 积差相关

1. 积差相关的特点与适用资料

积差相关,又叫积矩相关,是英国统计学家皮尔逊于20世纪初提出的一种计算相关的方法,因而也叫皮尔逊相关,是求直线相关的基本方法,在教育调查与教育测量研究中应用十分广泛。

适用于积差相关分析的数据资料应满足以下条件:

(1) 两列数据都是测量的数据,且两列变量各自总体的分布都是正态的。为了判断计算相关的两列变量其总体是否为正态分布,一般要根据已有的研究资料查询,若无资料可查,研究者应分别对两列变量做正态性检验。

(2) 两列变量之间的关系应是直线型关系,如果是非直线型的双列变量,不能说明线性相关。

要判断两列变量之间的相关是否为直线型,可作相关散布图进行初步分析,也可查阅已有的研究结果论证。相关散布图是以两列变量中的一列变量为横坐标,另一列变量为纵坐标,画散点图。如图11-2所示,如果所有散点分布呈椭圆形,则说明两列变量之间呈线性关系;如果散点呈弯月状(不论弯曲度大小或方向),说明两列变量之间呈非线性关系。画散点图时,如果分别以两列变量的 Z 分数为横坐标与纵坐标,则相关趋势更清楚。若散点接近相等地散布在四个象限中,则相关系数接近于零。若第一、三象限的散点明显地多于第二、四象限,或第二、四象限的散点明显地多于第一、三象限,都说明两列变量呈线性相关。相关系数的大小,亦可根据散点呈椭圆形状的狭长的情况进行粗略分析。

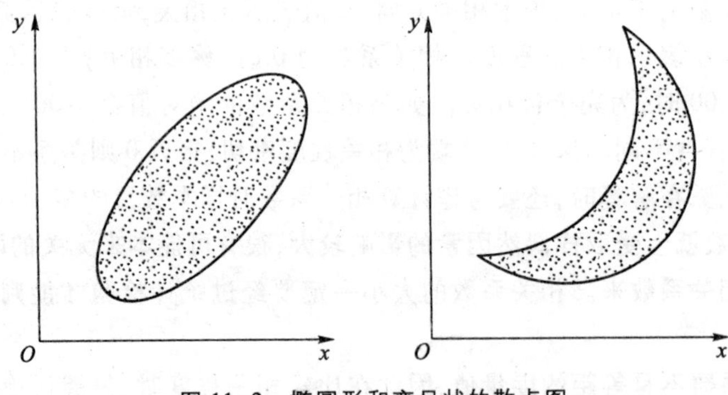

图11-2 椭圆形和弯月状的散点图

(3) 计算积差相关系数一般要求数据的对数在30对以上,以保证相关系数的稳定性。

2. 积差相关的公式

积差相关系数用 r 表示,

$$r=\frac{\sum X_i'Y_i'}{NS_XS_Y},$$

式中 $X_i'=X_i-\bar{X}, Y_i'=Y_i-\bar{Y}, N$ 为成对数据的数目。

将 $S_X=\sqrt{\frac{\sum(X_i-\bar{X})^2}{N}}, S_Y=\sqrt{\frac{\sum(Y_i-\bar{Y})^2}{N}}$ 代入公式可写为

$$r=\frac{\sum(X_i-\bar{X})(Y_i-\bar{Y})}{\sqrt{\sum(X_i-\bar{X})^2\cdot\sum(Y_i-\bar{Y})^2}}。$$

如果用原始数据计算，可用下式，这也是积差相关最常采用的公式：

$$r=\frac{\sum X_iY_i-\frac{\sum X_i\sum Y_i}{N}}{\sqrt{\sum X_i^2-\frac{(\sum X_i)^2}{N}}\sqrt{\sum Y_i^2-\frac{(\sum Y_i)^2}{N}}}。$$

（二）等级相关

在教育研究中，有时收集到的数据不是等距或等比的测量数据，而是具有等级顺序的数据，即使收集到的数据是等距或等比的数据，但不满足求积差相关的要求，在这种情况下，就要用等级相关。由于这种相关方法对变量的总体分布不做要求，故又称这种相关法为非参数的相关方法。等级相关常见的有斯皮尔曼等级相关和肯德尔等级相关。

1. 斯皮尔曼等级相关

斯皮尔曼等级相关适用资料的特点：斯皮尔曼等级相关适用于只有两列变量，且属于等级变量的性质，具有线性关系的资料。有的资料尽管属于等距或等比变量的性质，但它们不符合积差相关的要求，则按其取值大小，赋以等级顺序，亦可计算等级相关。可见等级相关方法适用的范围要比积差相关广泛，对数据的总体分布也不做要求，这是它的优点。缺点是同一组能计算积差相关的资料若改用等级相关计算，精度稍差，因此，凡符合计算积差相关的资料，就不用等级相关计算。斯皮尔曼等级相关常用符号 r_R 表示。

斯皮尔曼等级相关公式如下：

$$r_R=1-\frac{6\sum D^2}{N(N^2-1)},$$

式中 D 为对偶等级之差，N 为等级数目。

若直接用等级次序数计算，可用下式：

$$r_R=\frac{3}{N-1}\cdot\left[\frac{4\sum R_XR_Y}{N(N+1)}-(N-1)\right],$$

式中 R_X, R_Y 分别为两变量的各等级次序数，$\sum R_XR_Y$ 为各对偶等级次序数乘积之和。

2. 肯德尔等级相关

肯德尔 W 系数适用资料的特点：肯德尔 W 系数又叫和谐系数，是表示多列等级变量相关程度的一种方法。这种资料的获得一般采用等级评定的方法，即让 K 个被试（或称评价者）对 N 件事物或 N 种作品进行等级评定，每个评价者都能对 N 件事物

（或作品）的好坏、优劣、喜好、大小、高低等排出一个等级顺序。因此，最小的等级序数为1，最大的为 N，这样，K 个评价者便可得到 K 列从1至 N 的等级变量资料，这 K 列等级变量资料综合起来求相关，可用肯德尔 W 系数。

肯德尔和谐系数常用符号 r_W 表示，其公式为：

$$r_W=\frac{SS}{\frac{1}{12}K^2(N^3-N)},$$

式中：$SS=\sum\left(R_i-\frac{\sum R_i}{N}\right)^2=\sum R_i^2-\frac{(\sum R_i)^2}{N}$；

R_i 为每一件被评价事物的 K 个等级之和；

N 为被评价事物的件数；

K 为评价者的数目或等级变量的列数。

在教育测量中，肯德尔 W 系数经常作为评分者信度指标。

（三）质量相关

在相关分析中，若一列变量为等比或等距的测量数据，另一列变量是按性质划分的称名变量，求这样两列变量的相关，称之为质量相关。质量相关主要包括：点二列相关，二列相关。

1. 点二列相关

点二列相关适用资料的特点：如果两列变量中有一列为等距或等比的测量数据且其总体分布为正态分布，另一列变量是按事物的性质划分的二分的称名变量（如性别可分男、女，选择答案可分是、否，生命状态可分生、死等，这类变量被称作二分称名变量），这类资料适用点二列相关。

点二列相关多用于编制是非题测验时评价测验内部一致性等问题。这类测验每题只有两个答案，答对得分，答错不得分，同时统计整个测验的得分，则得到一列等距或等比性质的连续变量，每一题目的“对”“错”就成为二分的称名变量，求每一题目与总分的相关，就要应用点二列相关。

点二列相关的公式是：

$$r_{pb}=\frac{\bar{X}_p-\bar{X}_q}{S_t}\cdot\sqrt{p\cdot q},$$

式中 $\bar{X}_p$ 是与一个二分变量对应的连续变量的平均数，$\bar{X}_q$ 是另一个二分变量对应的连续变量的平均数，p 与 q 是二分变量各自所占的比率，$p+q=1$，S_t 是连续变量的标准差。

2. 二列相关

二列相关适用资料的特点：二列相关适用的资料是两列变量均属正态分布的等距或等比的测量数据，其中一列被人为地划分为两个类别。例如健康状态可视为正态分布，但将其分为健康与不健康两类；再如学习成绩也可视为正态分布，仍可依一定标准将其划分为及格和不及格两类等。

二列相关有两种计算公式，它们是等值的。

$$r_b=\frac{\bar{X}_p-\bar{X}_q}{S_t}\cdot\frac{pq}{y},$$

$$r_b=\frac{\bar{X}_p-\bar{X}_t}{S_t}\cdot\frac{p}{y},$$

式中：S_t 与 $\bar{X}_t$ 是连续变量的标准差与平均数；

$\bar{X}_p$ 为与二分变量中某一二分变量对偶的连续变量的平均数；

$\bar{X}_q$ 为与二分变量中另一二分变量对偶的连续变量的平均数；

p 为某一二分变量在所有二分变量中所占的比率；

y 为 p 的正态曲线的高度，查正态表可得到。

（四）品质相关

品质相关是指两个变量分别按照其性质划分为性质不同的称名变量而得名。品质相关的数据一般都是计数的数据，而非测量的数据。品质相关依二因素的性质及分类项目的不同，有不同的名称和计算方法，常见的有四分相关和 Φ 相关。

1. 四分相关

四分相关适用资料的特点：两个变量都是连续的正态变量，如学习能力、身体状态等，只是人为将其按一定标准划分为两个不同的类别，如“好”“不好”“对”“错”等，即一个变量划分为 A、非 A 两个类别，另一个变量划分为 B、非 B 两个类别。这样就将资料整理成四格表的形式（见图 11-3）。

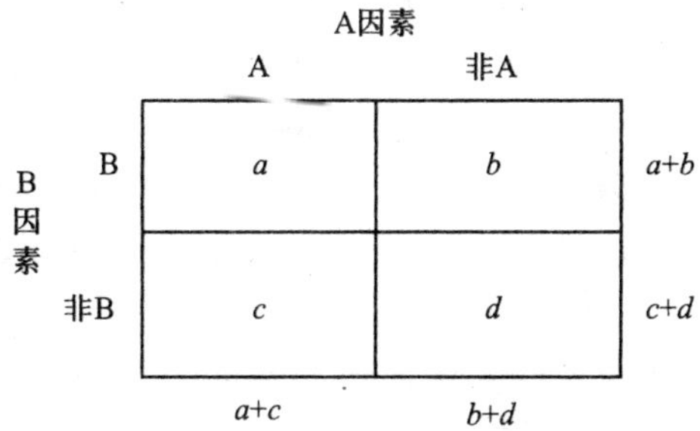

图 11-3　四分相关表格

四格表中属于 A、B 项和非 A、非 B 项二格内的实际数据分别为 a,d，属于非 A、B 项和非 B、A 项二格内的实际数据分别为 b,c，边缘次数分别为 $a+b,c+d,a+c,b+d,N=a+b+c+d$。

这类四格表是对同一被试样本，分别调查两个不同因素两项数值的情况，所以也称相关四格表。

计算四分相关最常用的公式是皮尔逊余弦 π 法

$$r_t=\cos\left(\frac{\pi}{1+\sqrt{\frac{ad}{bc}}}\right),$$

式中 a,b,c,d 符号的意义同前，π 为圆周率。

2. Φ 相关

Φ 相关适用资料的特点：Φ 相关的适用资料是除四分相关之外的四格表的其他计数资料，它通常是独立四格表的计数资料，因其系数用 Φ 表示，因此而得名。

计算 Φ 相关的公式为

$$\Phi=\frac{ad-bc}{\sqrt{(a+b)(c+d)(a+c)(b+d)}},$$

式中的 a,b,c,d 同四分相关四格表的位置。

Φ 相关系数的大小，表示两因素之间的关联程度，但要确定其相关是否显著，则应经过统计检验。

二、回归分析

在许多教育研究中，常常需要确定变量间的因果关系，用一个数学模型来表达，并由已知变量预测未知变量，这个过程就叫回归分析，简称回归。

回归分析的应用非常广泛，不但适用于实验数据，还可以分析未做实验控制的观测数据或历史资料。建立了变量之间关系的数学模型，实际上就等于确定了自变量与因变量间的关系模型，利用这个数学模型，可以从一个变量的变化来预测或估计另一个变量的变化。

（一）相关与回归的关系

回归与相关有区别也有联系。相关表示两个变量之间双方向的互相关系，而回归表示一个变量随另一个变量变化的单方向的关系。如果两个变量之间相关为 0，表明它们之间无相关，于是由一个变量值无法预测另一个变量值，此时回归就失去了意义。在存在相关的情况下，相关越高，由一个变量值预测另一个变量值越准确，误差越小；当相关系数为 1.00 或 -1.00 时，预测会更为准确。

（二）回归线与回归方程

变量间的因果关系可以用拟合的直线或曲线来表示，这就是回归线。确定回归线的方程称为回归方程。

根据拟合线的特征，可将回归方程分为：直线回归方程与曲线回归方程；根据自变量的多少，可将回归方程分为：一元回归方程、二元回归方程、多元回归方程。一元直线回归方程的公式为：

$$\hat{Y}=bX+a,$$

式中 b 是回归直线的斜率，称回归系数，a 是回归直线在 Y 轴上的截距。b 和 a 是两个统计量，可以根据实测数值计算出来。一旦 b 和 a 计算出来之后，这个回归方程就确定了，就可以利用这个方程进行预测。因此确定回归方程的关键在于根据实测数值求出回归系数和截距。

回归表示两个变量间的单方推算关系，因此在二元的相关中回归直线可以有两条。以 X 为自变量、Y 为因变量的回归直线有一条，以 Y 为自变量、X 为因变量的回归直线也有一条，即

$$\hat{Y}=b_{YX}X+a_{YX}（由 X 估计 Y），$$

$$\hat{X}=b_{XY}Y+a_{XY}（由 Y 估计 X）。$$

下面以 X 为自变量，Y 为因变量说明求 b 和 a 的原则及方法。

用最小二乘法求回归系数：在配制回归线时，回归系数（b）的确定原则是使散布图上各点距回归线上相应点的纵向距离平方和为最小，这种求 b 的方法称为最小二

乘法。

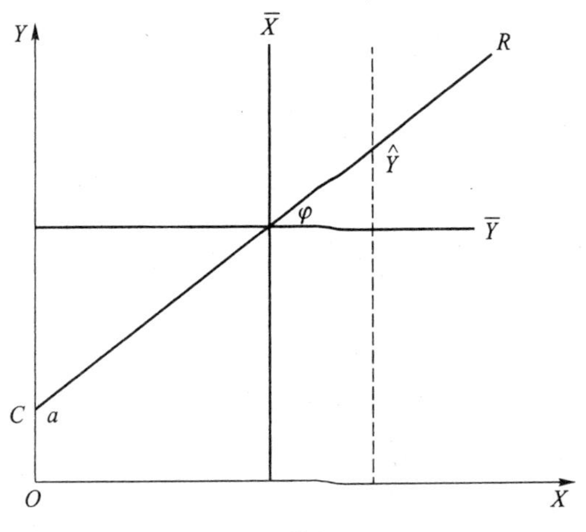

图 11-4　回归线的斜率和截距

在图 11-4 中，CR 是已经配制好的回归线，$\hat{Y}$ 是与 X 某一定点相对应的回归线上的一点，即，与 X 某一点相对应的回归值。但是由于偶然因素的影响，与 X 某一点相对应的 Y 值，往往不落在回归线上，有的高于回归值，有的低于回归值，我们所要配制的回归线就是要使散布图上的各点距回归线上相应点的纵向距离（或称残值）为最小。但是各点与回归值的离差有正有负，因此需将残值平方，使其平方和为最小，也就是使 $\sum(Y-\hat{Y})^2$ 为最小。

从图 11-4 中可以看出：

某一点的残值

$$Y-\hat{Y}=(Y-\bar{Y})-(\hat{Y}-\bar{Y}),$$

回归线的斜率 $b=\dfrac{\hat{Y}-\bar{Y}}{X-\bar{X}}$ 是 φ 角的正切，则 $\hat{Y}-\bar{Y}=b(X-\bar{X})$，将之代入上式，于是

$$Y-\hat{Y}=(Y-\bar{Y})-b(X-\bar{X}),$$

残值平方：

$$(Y-\hat{Y})^2=[(Y-\bar{Y})-b(X-\bar{X})]^2,$$

各点的残值平方和：

$$\begin{aligned}\sum(Y-\hat{Y})^2&=\sum[(Y-\bar{Y})-b(X-\bar{X})]^2\\&=\sum(Y-\bar{Y})^2-2b\sum(Y-\bar{Y})(X-\bar{X})+b^2\sum(X-\bar{X})^2。\end{aligned}$$

为了使残值平方和 $\sum(Y-\hat{Y})^2$ 为最小，根据微积分学中的极值原理，上式（等号右边）对 b 求导，再令其导数等于 0，便可求出使 $\sum(Y-\hat{Y})^2$ 为最小的 b 值：

$$b_{YX}=\frac{\sum(X-\bar{X})(Y-\bar{Y})}{\sum(X-\bar{X})^2},$$

根据斜率的特点，又可求得

$$a_{YX}=\bar{Y}-b_{YX}\bar{X}。$$

思考题

一、选择题

1. 条形图适用于(　　)。

A. 连续性资料　　B. 间断性资料

C. 计数资料　　D. 连续性资料的频数分配

2. 下列选项中(　　)是差异量数。

A. 众数　　B. 中数　　C. 算术平均数　　D. 全距

3. 相关系数(　　)。

A. 是变量间相关程度的数字表现形式

B. 取值范围在实数 0 和 1 之间

C. 根据其值大小可以判定相关方向

D. 不管用哪一个公式,计算的结果应该一致

二、名词解释

1. 集中量数　　2. 算术平均数　　3. 标准差　　4. 百分位分数

5. 标准分数　　6. 积差相关　　7. 品质相关　　8. 回归分析

三、简答题

1. 简述算术平均数的优缺点。

2. 简述方差与标准差的特点。

3. 简述积差相关的使用条件。

四、论述题

如何区分点二列相关与二列相关?

本章建议参考资料

1. 张厚粲,徐建平著:《现代心理与教育统计学》,北京师范大学出版社,2011 年版。

2. 李伟明著:《多元描述统计方法》,华东师范大学出版社,2001 年版。

3. 方开泰编著:《实用多元统计分析》,华东师范大学出版社,1989 年版。

4. 侯杰泰等著:《结构方程模型及其应用》,教育科学出版社,2004 年版。

5. 张雷等著:《多层线性模型应用》,教育科学出版社,2003 年版。

第十二章　质性研究资料的整理与分析

学习章节与目标

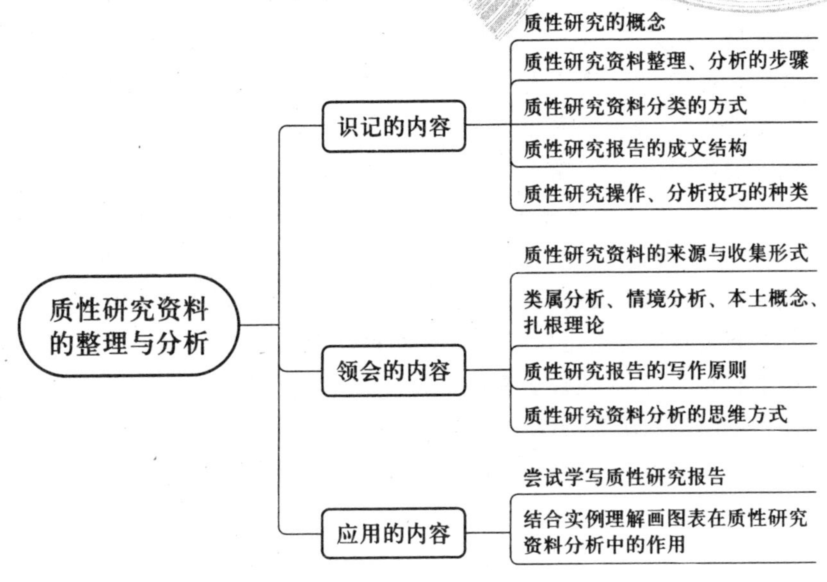

建议学时

9 学时。

老师导学

学前教育研究很多是在一定的教育情境下进行的，而质性研究就是在自然情境下收集资料对教育现象进行整体性探究的过程。本章主要介绍质性研究资料整理与分析的一般程序、方法、技巧以及在原始资料的基础上建构理论、撰写质性研究报告的方式与原则。通过对本章的学习，你将对质性研究资料的整理与分析有一定了解，知道如何对质性研究资料进行分类与分析，并在以建构理论为目的的质性研究方法——“扎根理论”以及质性研究的写作原则的支持下，了解撰写质性研究报告的一般技巧。在本章的学习过程中，你还会了解质性研究资料的整理、分析与资料的收集以及结论的建立之间不仅仅是一个先后顺序之间的关系，而是一个相互渗透、相互作用的关系。

第一节　质性研究与质性研究资料

对于什么是质性研究，许多理论工作者从不同视角进行了论述。“质性研究是产生描述性资料的研究”（黄瑞琴，1999 年）；“质性研究是指任何不经由统计程序或其他量化手续而产生研究结果的方法”（斯特劳斯和科宾，1990）；“质性研究方法是以研究者本人作为研究工具、在自然情境下采用多种资料收集方法对社会现象进行整体性探究、使用归纳法分析资料和形成理论、通过与研究对象互动对其行为和意义建构获得解释性理解的一种活动。”（陈向明，2001）上述第一个定义是从研究所产生的结果来表述的，第二个定义是从产生结果的方法来表述的，第三个定义则是从研究活动的特征来表述的。这些关于质性研究的解释中有一个共性，就是以有别于定量研究的方式收集、整理、分析描述性、解释性质性研究资料来达成研究目的。

在质性研究中，自然情境是研究资料的直接来源，研究者是获得研究资料的工具。质性研究的研究者直接到他们感兴趣的特定环境中进行观察并收集资料，是因为质性研究者必须关注事情发生的环境，他们认为，只有在行为发生的实际环境中才能获得对人们行为的最佳的理解，而且人们的行为是受到环境的极大影响的。质性研究资料的收集一般都在现场进行，研究者的观察与看法会被作为资料的一种补充。因此，幼儿教师进行质性研究，将要花费相当多的时间在幼儿园、家庭、社区和其他地方观察教师、家长、幼儿的行为，并在日常生活中直接观察或访谈访谈对象。

质性研究资料一般是以文字或图片的形式来收集的。在质性研究中，收集到的资料包括访谈记录、现场观察记录、照片、录音、录像、日记、个人评论、备忘录以及其他可以表达人们实际语言和行动的任何材料。为了能更好地理解所收集到的资料，质性研究者一般不会将资料进行量化处理，而是尽可能详细地描述所观察到的或者通过其他途径记录到的材料。所以，质性研究者在观察、访谈时应该努力保留对理解情境有价值的任何东西，如姿势、玩笑、开场白、幼儿园活动室或教师办公室的陈列物品及其他摆设都应记录下来。对一个质性研究者来说，与研究有关的任何资料都是需要注意与重视的。

第二节　质性研究资料的整理

质性研究资料最常见的就是以文字记录下来的反映研究对象行为的性质、特点及其变化以及研究对象的态度、意见等方面信息的描述性资料。以图片形式收集的质性研究资料在整理与分析时一般也是转化为文字描述资料进行处理。文字资料一个明显的特征就是只进行定性分析，很少进行量化分析。

质性研究资料的整理往往涉及访谈记录、现场观察记录、评论、教师教育笔记、教学计划、备忘录等，其他如录音、录像、照片等资料则需要转化为相应的文字资料再进行有针对性的整理。对于记录材料的整理要及时、全面。研究者可以通过录音、录像进行对照，逐字逐句地整理出来，最大限度地凸显原汁原味，最好整理为电子文件保存。

一、审查补充

审查收集到的原始研究资料是否符合研究的基本要求是质性研究资料整理的第一步工作。资料审查往往包括两个方面：

其一是审核收集的资料是否明确、是否完整，假如发现资料不明确、有内容缺失，应该及时采取补救措施，通过合理的方式、方法进行补充收集，充实材料，使之全面、完整。

其二是辨别资料的真实与可靠程度。研究者反思资料来源，考察资料收集是否按规范的程序进行是分析与判断质性研究资料真实性的主要方法。研究者要能够判断资料提供者是否存在不合适的个人动机或倾向，如对访谈者不信任而提供不真实的材料，或对谈论的问题没有领会等，判断资料提供者可能出现的主观成分。另外可以通过对原始资料中出现的不同观点、态度进行比较分析，考察其是否存在内在矛盾的现实合理性。有时资料反映的内容会与现实有着较大差距，主观成分可能较多，研究者必须重新核实、修正。在质性研究资料审查补充环节，主要任务就是对原始资料的客观性进行鉴定。

二、分类归纳

对质性研究资料进行分类归纳是指按某种标准将原始资料分成若干类，同时归纳出各个类别的资料的主要特点。将资料分类归纳的主要目的是为了使其条理化和系统化，方便对其进行分析。确定分类标准可以依据研究的目的与研究内容的性质，资料的特点、形式、来源也可成为分类标准。在同样的研究中，资料的分类标准要统一，保证资料能有清晰的逻辑性。在对原始的质性研究资料分类之后，需要对不同类别的资料进行适当的概括，说明资料的主要特征，比如资料中反映的主要观点、在研究中的用途等。如对某幼儿教师教学活动中的口头言语行为进行研究，研究者可以按照教学活动开展的不同阶段对所收集的资料进行统整。

三、摘要

做摘要的主要目的在于将研究中获得的典型的、能有效反映研究问题的内容显现出来，将鲜明、生动、有着典型意义的研究资料作为分析的基本素材提炼出来，以便在研究报告中使用，增强研究的说服力。如摘录观察或访谈对象的典型行为表现，或者针对问题所表述的观点、态度等。

四、编整加注

编整加注是将各个类别的研究资料进行统一的编排和修整，分别注明它们的主要用途，以备对研究资料做进一步分析时使用，也有利于保存。加注时，一般需要注明各类资料的主要内容、收集时间与地点、收集资料的真实性评估、收集者的姓名等情况，同时应该对资料进行序号排列，如对某某的第一次观察或谈话、第二次观察或谈话。

第三节 质性研究资料的分析

一、质性研究资料的初步分析

分析质性研究资料的主要目的在于按照研究目标和一定的标准将原始资料进行必要的浓缩，形成一个有一定结构、有条理、有内在联系的有意义的系统。一般可以通过以下四个步骤对质性研究资料进行初步分析。

（一）浏览原始资料

研究者应通过浏览原始资料，熟悉相关资料的内容，并仔细斟酌其中的意义与相关关系。研究者必须尽最大的努力克服自身的价值判断与假设对资料分析产生的影响，做到让资料自己说话。实践证明，研究者本身的阅历与阅读能力对资料的理解有着比较大的影响，一个缺乏对研究内容深刻理解的研究者对相关质性研究资料的阅读与理解往往会有一定缺陷。同时，寻找意义是阅读原始资料的重要目的。研究者可以在语言的层面寻找重要的词、句子以及它表达的概念与命题，在内容上寻找主要事件、次要事件及其相关关系，在主题层面探讨与之相关的社会、文化、经济和家庭背景等。如在一份访谈资料中，反复出现被访谈者使用的“不能让孩子比人家差”，依据背景资料可能就能明白，这是现在父母的一种普遍的观点。现代社会竞争加剧导致了父母之间的比较、儿童压力的增大，这对于研究者分析学前儿童热心参与各种兴趣班或培训班的原因提供了有用的资料。又如在一份观察记录资料中记录了幼儿之间的争执事件,根据记录的背景资料可以了解为什么而争执,从而可以确认争执事件的性质。假如能有关于相关幼儿更为详细的资料,可以进一步分析他(她)为什么会经常与人发生争执,与家庭教育、他(她)的个性有什么关联等。

(二)登录资料

登录资料是指将收集到的资料打乱,赋予一定意义后以新的方式重新组合在一起,这是质性研究资料分析中的一项基础的工作。对研究资料的取舍往往取决于研究问题,研究者一般应该按照有目的抽样的形式对研究资料进行选择。在资料登录中,确定思考单位与设码是两个重要的思维策略。确定思考单位是指在已有的资料中提炼出某些有意义的内容。所谓有意义的内容是指在资料中出现频率高或者带有感情色彩的被研究者所关注的焦点。研究者务必要找到和建立这些思考单位之间的内在联系,最终将研究资料浓缩与聚焦到研究目的上。设码就是对所确定的思考单位进行必要的编码,赋予相应的代码。代码的确定有助于资料的归档。例如在观察幼儿园某班幼儿人际交往的状况中,可以将不同时间对某个幼儿与其他幼儿的交往行为的观察记录打散、重组和浓缩,按照该幼儿的活动顺序或事件发生的先后顺序加以梳理,形成他的一个连续的故事集。在这里,观察对象以及与之发生关系的相关幼儿就可以成为思考的单位,给每个相关的人员进行编码,可以比较清晰地展现目标幼儿的人际交往的一些特征,并可以用图表进行表示。图表可以将文字的记录进一步地精简,质性研究中图表可以有因果关系图、曲线图、网络图等多种形式。如网络图可以清晰地把目标幼儿与其他幼儿的交往情况反映出来。见图 12-1,⊙代表目标幼儿,①②③④⑤⑥分别代表他周围的其他幼儿。从图中可见,他与①④交往是双向的,与②⑥⑤的交往是单向的,而与③之间没有交往。这里揭示了目标幼儿的人际交往倾向性,可以探询其交友观。

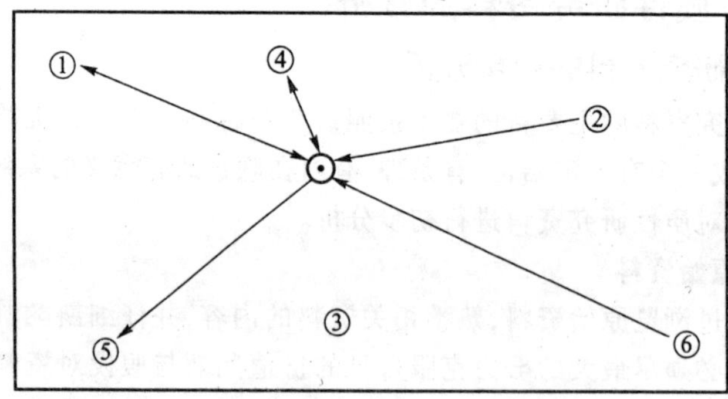

图 12-1　某幼儿在班级交往的行动简图

(三)寻找“本土概念”

寻找“本土概念”是研究者在分析访谈性资料时,经常需要做的一个工作。所谓“本土概念”是指研究者要尽可能地使用被访谈人自己的语言作为思考单位的码号。“本土概念”可以是词,也可以是句子。当研究者难以从资料中得到“本土概念”的时候,研究者必须使用自己的概念或一些被普遍接受的概念进行表示。例如在某次家长访谈中，被访谈的家长多次提到一句话“社会竞争这么激烈”，并且强调“多学点总是好的，多学点对孩子的好处是很明显的，多一些本领，在未来就能多一些竞争力，但孩子不可能认识到这一点，逼他学一点是一点”。在这位家长看来，知识是很重要的，社会竞争激烈是让孩子多学一点的根本原因，体现了现在许多家长的心态。假如能对更多家长进行了解，就会对现在大、中城市中学前儿童，特别是中、大班幼儿普遍参加各种兴趣班的原因有一个新的认识。在这里，“社会竞争这么激烈”就可以成为一个本土概念。

（四）编码与归类

依据研究的主题，理清研究记录中的意义分布和相互关系，编组成号码系统是这一环节的重要工作内容。一般来说，号码要根据一定的原则进行分类。下面对斯伯来德里的分类系统进行简要的介绍。斯伯来德里的分类系统包括九个方面的内容①：① 空间（地点的物质环境）；② 行动者（参与事件的人）；③ 活动（有关人员的一系列活动）；④ 实物（在场的物品）；⑤ 行为（有关人员的单一行为）；⑥ 事件（有关人员的一系列活动）；⑦ 时间（事件发生的先后序列）；⑧ 目标（有关人员希望完成的任务）；⑨ 感受（感受到的和表现出来的情绪）。

研究者在进行具体研究时，由于研究目的不一样，收集到的内容构成也会存在着较大的差异，因此研究者可以根据需要确定研究分类原则，对研究资料进行有效的归档。例如对幼儿社会性交往进行访谈，可以按照被访谈人对幼儿社会性交往的评价、对社会影响的评价、对家庭影响的评价、所采取的引导措施等几个编码主题将访谈记录内容进行归类，也可以按照不同的访谈人进行分类，还可以同时考虑前面两种分类原则进行归档。

建立档案袋是对资料进行编码与归类时一个比较有效的辅助措施，研究者将相近相似的材料放在一起，有利于对资料进行编整。

二、质性研究资料的深入分析

对质性研究资料进行初步的分析后，研究者就需要按照一定的标准进行归类与深入分析，找到资料内容中的主线并建立起必要的关系，以得出初步的结论。要对资料进行归类，研究者就要同时考虑研究目的和所得资料本身的特点。常见的对资料进行归类的方式有类属分析和情境分析两种。

（一）类属分析

类属是一个比较大的意义单位，是说按照资料所呈现的某个观点或者主题进行分析。如“社会性交往”这个类属概念之下，有“争执”“伙伴”“谦让”“合作”等一些要素。类属分析就是在质性研究资料中寻找反复出现以及用来解释它们的概念、术语的过程，包括类属要素、要素之间的关系和结构、形成类属的原因以及作用的分析②。在一次观察中，一位幼儿教师在带幼儿外出春游时，向幼儿提出了“不乱跑”“不打架”“互相帮助”等要求。其实，这些要求也是教师评判幼儿的标准。这里就可以提出一个类属“好孩子”，下面可以分“常规”“品德”两个核心类属，分别列出“不乱跑”“不打

---

① 陈向明著：《教师如何做质性研究》，教育科学出版社，2001 年版，第 172 页。

② 白芸著：《质的研究指导》，教育科学出版社，2002 年版，第 109 页。

架”与“互相帮助”三个要素。如图 12-2 所示。

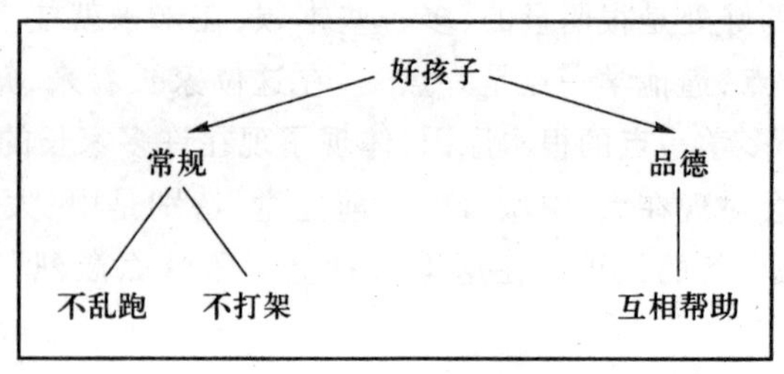

图 12-2　类属分析举例

即使有时观察对象或者被访谈者对事物的分类方式看起来是不合理或缺乏逻辑性的,研究者在设定类属时还是应该按照他们自己的分类方式进行,这样能了解他们看待问题的方式或者角度。

在进行分类时,研究者必须要注意两个问题:其一是避免子项过多,指分类时所得子项的外延和母项的外延不相等,如将好孩子的核心类属分类为“常规”和“男孩”,这样“男孩”的外延与“好孩子”的外延就互相包含了;其二是避免子项相容,指分类时标准不统一,使各个子项的外延相互存在交叉、兼容的情况。如不能有效地避免这两个问题发生,将直接导致分类的混乱,这对类属分析是很不利的。

类属分析通过从整个事件或情境中抽取一些材料,清晰地显现出材料间的逻辑或事实上的关系,有效地强调了材料所反映的主题特征。但是,在这样的一个材料的处理过程中,材料原来所处的具体情境容易被忽略,无法完整地反映出事件或行为发展的动态过程,有时可能会遇到材料分类难的情况,导致材料不能充分地得到利用。

(二) 情境分析

情境分析就是将资料置身于研究现象所处的自然情境当中,按照事件发生的先后顺序对人物或者事件进行描述性分析,以呈现出在整体脉络下的各部分之间的连续性。情境分析的具体手段包括轮廓勾勒、片段呈现、个案、访谈片段、观察事件、故事等①。

在运用情境分析时,研究者要有效把握资料中与研究目的相关的重要信息,理出贯穿其中的故事线索,描述事件的有关情节发展,把握对象即时的言语情境、背景,领会他们所说的话的意思等。研究者可以以整个研究现象中的主题、人物、事件、时间、地点等内容进行分析。

情境分析的第一步要求系统认真地通读资料,发现资料中的核心叙事、故事的发展线索以及组成故事的主题内容。核心叙事是情境分析中内容最密集的部分,它可能是对资料一个个的汇总,用一个典型个案的方式表达出来;也可以以一个个案为主,辅之其他个案的内容作为补充。第二步是按照已经设立的编码系统为资料设码。情境分析中的设码是寻找资料中的叙事结构,如时间、地点、事件、问题解决等,在寻找到这些因素的同时,研究者应该对它们之间的关系以及与其他因素之间的关系进行探讨,如主要与次要事件各是什么,它们之间有什么关系,等等。在编码工作完成后,第三步

① 陈向明著:《质的研究方法与社会科学研究》,教育科学出版社,2000 年版,第 293 页。

就是要对资料进行归类，归类要求与类属分析基本相同，但情境分析在资料归类后，要将内容浓缩，然后以完整的叙事结构呈现出来，有关内容被整合为一个具有情境的整体。组成整体的各个部分之间应该具有时空、意义或结构上的联系。

情境分析的优势在于贴近观察或访谈对象的生活实际，符合他们自身的意义建构方式。同时，以叙事的方式进行描述与他们的日常生活情境比较相近，会给人带来真实感。但情境分析缺少行为事件间的对比，可能会忽略一些事件之间的意义关系。

总而言之，类属分析与情境分析各有自身的特色，如果能将两者结合使用，可以很好地体现研究陈述的层次性与逻辑性，又能有生动性与翔实性，将研究内容生动地展现出来。

三、 从质性研究资料中建构理论

质性研究中的理论是指在原始资料中提取出来的，适用于特定情境中解释特定社会现象和实际的语言表述，其一般包括前人的理论、研究者自己的理论与资料中呈现出的理论几个方面①。

经过对原始资料的整理、初步与深入分析，质性研究资料分析就进入理论建构的阶段。在质性研究中，往往采用“自下而上”的路线，通过归纳分析逐步产生理论。

自下而上建构理论采用的一般模式是：首先对原始资料进行初步的描述、分析和综合，从中提炼出许多概念来，然后不断归纳提炼，并依据资料的特性建立初步的理论框架；其次按照初步建立的理论框架对资料进行系统分析，在原始资料与理论框架中的概念和命题之间不断地进行比较和对照，建立一个具有内在联系的理论体系。研究者在建构理论时，需要同时顾及资料内容内部的相同点与不同点，尽量表现出资料本身的特质。如资料本身包含了不同的声音，研究者要设法让它们表现出来，让各种不同的声音都能为自己说话，使理论能获得概念密集的品质。只有整合了不同人群与事件的特征与观点，理论才能丰富和全面。

在质性研究中，1967 年格拉斯和斯特劳斯提出了“扎根理论”，就是从经验材料中提取与建立理论的一种研究方法。这种方法强调，只有对原始资料的深入分析后才能逐步地形成理论框架，认为概念必须来源于原始资料，理论要有很强的实用性，同时要求开放地、灵活地处理资料。

“扎根理论”的主要操作程序是对原始资料进行逐级登录，从中提升概念→不断地对资料和概念进行比较，系统地询问与概念有关的生成性理论问题，并建立概念与概念之间的联系→理论性抽样，系统地对资料进行编码→建构理论，不断地将理论概念高度整合，并在写作中生成理论结果。其中对资料进行编码是扎根理论中最重要的一环，它的编码程序中的许多具体步骤与前面关于资料的整理、初步与深入分析中所介绍的编码方式有许多相似之处，这里不再做介绍。

---

① 前人的理论是指研究界在本领域目前已经建立起来的、被公认的理论；研究者自己的理论指的是研究者自己对本研究现象的假设、观点、前见等；资料中呈现的理论是研究者从被研究者那里直接获取的，或者通过对原始资料进行分析以后获得的意义解释。

第四节　质性研究报告的成文结构与原则

经过前面对质性研究资料的层层分析，通过从真实世界借助观察或谈话等方式获取原始资料，在利用多种分析技巧获得相关概念并逐级形成理论后，可以进入质性研究报告的撰写阶段。

一、质性研究报告的成文结构

质性研究报告一般要包括六个部分：

（1）研究问题，包括研究现象与问题。

（2）研究的目的，包括研究者想了解什么，想让读者知道什么，所研究的文化现象的主题是什么，探究的焦点是什么，等等。

（3）背景知识，包括文献综述（一般要涉及某些观点、模式、理论、学说等）、研究者个人对研究问题的了解与看法、有关研究问题的社会文化背景等。

（4）研究的方法或策略，包括研究场所选择、进入现场、抽样标准、与研究对象的关系的维护与保持、资料收集的方式与方法、资料的整理与分析方式、写作的方式等。

（5）研究的结果，一般包括对现场和被研究者的实际情况或现象、现象主题、被研究者的观点、所使用的行为类别与知识等方面进行具体的描述与分析；对研究结果的社会、文化、教育意义进行讨论，并解释所描述的现象与意义等。

（6）研究的结论，主要回顾整个研究过程中呈现的意义，讨论研究的效度、推广度和伦理道德问题等。

除此之外，质性研究报告还应包括诸如摘要、参考文献或注释、附录等内容。质性研究报告的结构与量化研究报告的结构基本是一致的，但质性研究报告撰写形式相对比较灵活。比如上述的这些内容不一定在所有的研究报告中都出现，而且有时研究报告各部分内容呈现的顺序可以根据需要进行调整。

二、质性研究报告的写作原则

（一）深描

质性研究报告强调对研究现象进行整体性的、情境化的、动态的深描。质性研究要求研究结论必须有足够的资料支持，研究者不能抽象地、孤立地列出几条理论或结论。在写作中，应该原汁原味地呈现从原始资料中抽取的素材，以此说明研究者的观点与意图。在研究报告的结果之前要有一定的篇幅介绍研究的地点、时间、社区、任务、事件、活动等，力图通过详细的描写，将读者带到现场，产生“身临其境”的感觉。

详细引用当事人的原话、提供较多的未经分析的原始材料是深描的一种重要表达方式。在写作中，使用当事人引言与研究者分析语之间的比例应该被考虑。但在这个问题上还没有统一的认识，有人认为应该是4∶6，也有人认为是6∶4。然而一切还是应以实际需要作为出发点，如果报告是以描述为主，可以多使用当事人的直接引言，如果研究是为了探讨某个理论问题，引言的比例可以少些。

具体到引言的使用格式，一般有两种不同的态度：其一是保留主义的态度，在引用当事人的语言时尽量使用原话，包括各种语气词。其二是标准化的态度，就是要对资料进行标准化的编辑，在尽量保持原话的同时，删除没有实质意义的语气词、停顿、重复的话语、非言语表情等。在编辑修改时，可以使用省略号表示被省略的地方，还可以用文字进行直接说明，如，“此时当事人沉默了三分钟”，其目的是便于读者进行顺畅的阅读。在实际运用中，可以根据具体情况有针对性地选择使用。

（二）注意作者自己的态度和语言

进行质性研究时，研究者在写作中一般不大提出十分明确的政策性建议，假如一定要对某些现实问题提出改进意见的话，通常采用比较弱化的方式。比如提出本研究可能产生的引申意义，分享自己对某些问题的看法等。有时，研究者会对研究现象或事件有一些感觉、印象或猜测，但又没有原始资料来给予必要的支持，研究者应该在告诉读者这些感觉时加以说明，同时解释为什么会有这些感觉。

研究者自己的语言一般分为描述型语言与分析型语言两种①。前者是一种“隐蔽性语言”，而后者是一种直接的“介入性语言”。在写作中，这两种语言一般不应混在一起使用，否则很容易造成对读者的误导。例如下面这段话：“我在观察卡卡小朋友时，发现她十分喜欢在教学活动中为了引起教师注意而经常举手，虽然她经常不能回答教师的问题，有时可能教师问什么问题都还不清楚……”作者在客观描述事实“举手”“经常不能回答教师的问题”“教师问什么问题都还不清楚”的同时，将自己的主观推断加了进去，如“十分喜欢”。假如这样写：“我在观察卡卡小朋友时，发现她在教学活动中经常举手，虽然她一般都不能回答教师的问题，有时可能教师问什么问题她都还不清楚。据我对她的了解（这里可以进一步列出有关证据），我想她是为了引起教师对她的注意。”这样效果就比较理想。

研究者需要注意，不论是描述型语言还是分析型语言，研究者都应该避免使用对被研究者直接进行价值评价的语言。

在研究报告的撰写过程中，研究者要有开放的态度，语言运用要谨慎，同时要不断地反思自己的研究过程。可以不断追问自己：我的研究资料是如何得来的？研究结论是如何得出的？研究还存在什么漏洞？研究应该如何进行改进？这样有利于与读者之间建立对话关系，体验研究的成果和困惑。

（三）要充分尊重读者

考虑自己的读者是“谁”是撰写质性研究报告中需要考虑的一个重要方面。在现实中，研究者必定要面临不同的读者群体，他们对作品会有着不同的要求。因此，研究者应该考虑他们的知识水平和认知方式，尽可能运用他们容易理解的语言与他们进行交流。如果读者是学者或技术人员，研究者要注意对建立理论的逻辑步骤进行详尽的描述，要注重理论的丰富性；如果是一般的大众，研究者要尽量使用通俗易懂的语言进行描述，避免出现生僻的专业术语，注重语言表达的生动性。当然最理想的是能兼顾两类不同的读者，做到雅俗共赏。

第五节　质性研究资料的分析技巧和思维方式

一、质性研究资料的分析技巧

在质性研究资料的分析中，无论是类属分析还是情境分析，研究者都需要运用一

① 描述型语言即研究者对研究现象的描述；分析型语言即研究者对研究现象的分析。

些操作和分析的技巧对资料进行归类。这里主要是对操作技巧和分析技巧两方面进行分析。

（一）操作技巧

对质性研究资料进行归类分析，常用的操作技巧一般有手工操作和电脑分析两种。

手工操作的一般程序是研究者将资料复印备份，原件保留，把复印件上的相关资料剪下，并标上相应的代码，分别放进档案袋；进行分析前，可以将某一个代码或几个相关代码的全部资料放在大桌子、地板或墙上，将同类资料进行必要的仔细拼凑。

运用计算机分析可以大大提高归类的速度。具体步骤为：第一步，将资料输入电脑资料库，编成电子文件，给文本的每一行编号；第二步，选择或发展相应的类别系统，利用它对电子文件中的每个分析单位编号，必要时要检查每个分析单位并决定它所描述的现象是否适合类别系统中的一个类别，如果适合，可以用相应类别的缩写词做上记号；第三步，给类别系统归类，即将所有的分析单位按类别系统进行归档；第四步，得出结论，发现质性研究资料中的概念或主题。

如果研究者获得的资料比较广泛，用手工操作就比较费时，电脑分析是一种理想的选择。但计算机只能机械地对资料进行分类，至于设定框架、类属和代码等的工作仍需有人来完成。

（二）分析技巧

质性研究与量化研究一样，需要使用一定的分析手段和工具对所得资料进行分析。对质性研究资料的分析要能随情境灵活调整。

1. 写备忘录

又称分析报告，它是质性研究中一个重要的分析手段。研究者一般都要注重写备忘录，将研究者自己的发现、想法和初步的结论及时进行记录，帮助自己明确主题、理清思路、形成观点和反思整个过程，也能对分类系统进行必要的调整。备忘录有很多种类型，常用的有描述型，即用研究者自己的言语将所发生的事情进行描述；方法型，即对研究者自己从事的研究方法进行反省；分析型，即对研究中遇到的重要的概念与现象进行分析，特别是“本土概念”；理论型，既对资料分析中开始出现的初步理论进行分析，进而建立研究的假设与理论。在上述的备忘录类型中，分析型备忘录是最常见的。

2. 写日记、总结和内容摘要

写日记不仅可以将自己的想法与感受随时记录下来，并且可以利用写日记的机会反省自己在观察或访谈中的一些活动。写总结与内容摘要的目的在于将质性研究资料浓缩，表现出资料的中心内容或思想。要对资料进行总结，研究者可以围绕内容本身的因果关系、时间序列等顺序进行总结，也可围绕一些主题对资料进行总结。内容摘要是从资料信息比较密集的部分将一部分内容原封不动地提取出来，提取的原则是这些信息对回答研究的问题比较有效。

3. 画图表①

① 陈向明著：《质的研究方法与社会科学研究》，教育科学出版社，2000年版，第307页。

图表是很好的展示质性研究资料的方式。在对质性资料的分析中,常用图表有网络图、等级分布图、矩阵图、曲线图、报表、认知图、因果关系图、决策模型等。如运用网络图分析,可以将一些生活事件进行压缩后,提炼出一条生活的主线。图 12-3 就是反映一位大学生学习与工作经历的网络图。左边表示的是该学生的主要经历,右边是研究者对导致该学生从一个生活事件转向下一个生活事件的动力总结。图中加号(+)表示这些动力有所增加;减号(-)表示该学生对上一段生活经历不满意的程度。关于其他分析图表就不再一一介绍。

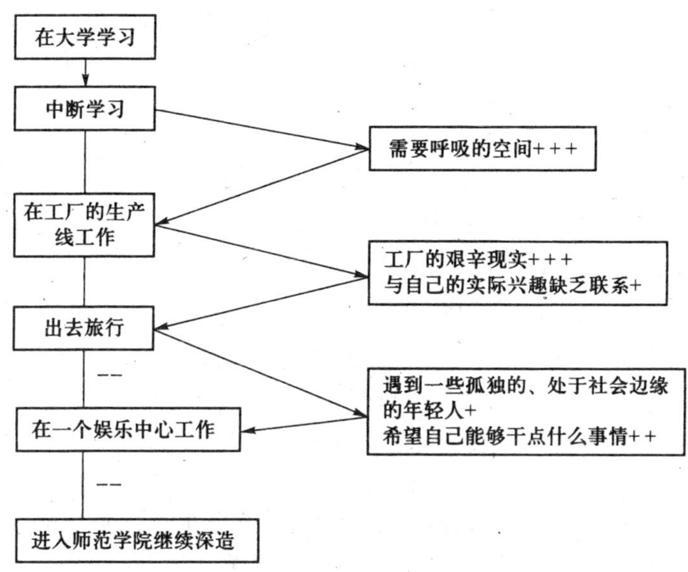

图 12-3 事件流程网络图:一位学生的学习和工作经历①

4. 交流

交流是指与同事、朋友、家人、其他研究者交谈与阅读有关的文献或资料。在分析资料的时候,研究者与有一定领会能力、了解自己研究的人交流思想,对于扩展资料分析的思路,发现新的分析视角是很有帮助的。此外,以阅读有关的文献资料与外界交流也是一种可行的方式。研究者通过阅读文献,了解相关领域内的同行、专家们是如何分析资料的,从中借鉴他们的经验与教训。研究者在阅读他人的文献资料时,务必在自己的头脑中形成一个理论导向,以帮助自己对资料进行聚焦,否则,很容易将别人的理论作为自己研究资料分析的替代物,使得研究结果出现偏差。

二、 质性研究资料分析的思维方式

质性研究资料的分析主要采用逻辑思维的方法进行,分析方法主要有以下几种。

(一) 比较与分类

比较是按照一定的标准,确定事件或现象之间异同关系的思维方式,包含同中求异与异中求同两个思维方向。它一般用于分析与认识两种以上事件之间的性质和程度上的异同,以揭示事件内在的本质和规律为目的。比较一般要求在一定的标准下进

① 迈尔斯,休伯曼著:《质性资料的分析》,重庆大学出版社,1994 年版,第 114 页。

行;对事件的比较要在同一层面、同一侧面进行;要依据收集的资料客观地进行比较。对质性研究资料的比较是在资料与资料之间、理论与理论之间不断进行对比,然后通过资料与理论之间的相关关系提炼出有关的类属及其属性。

分类是在比较的基础上,将事件按照特定的关系进行区分的思维方法。分类大致有现象分类和本质分类两种。以事件的某种外在的特征或表现形式为标准进行的分类是现象分类;以事件的多种内在属性为标准进行的分类为本质分类。在对质性研究资料进行分类时,应该注意根据研究问题的性质与研究目的进行分类,分类应该在同一维度上进行,分类的各类目之间不能有交叉,要互相排斥。

对质性研究资料进行比较与分类将有利于对资料进行浓缩,进而寻求资料内容之间的因果关系。

(二)分析与综合

分析是将研究对象的整体分为各个部分、方面、因素和层次,分别加以考察,从而认识事件本质性的思维方法。将整体性的事件进行分解,可以使复杂的研究对象变得简明与清晰,并且可以通过将分解出的事件的各个部分、方面、因素或层次放到相互联系、相互作用和发展变化中去认识它们各自在整体中的地位和作用以及相互关系,从而发现事件的本质特征。运用分析方法分析质性研究资料时,应该注意在研究的总体目标、整体观念以及一定理论的指导下按照一定标准和规则来进行。

因果分析与系统分析是对质性研究资料进行分析的主要分析方式。通过系统分析考察事件各个要素之间的关系,并结合对事件的发展过程的分析,去发现不同事件发生的时间顺序、它们之间的相关关系以及它们内部存在的各种因素,据此可以对事件之间的因果关系进行推导。对质性研究资料因果关系的分析不是过早地将因果概念强加到资料之上,而应该在资料本身所呈现的关系的基础上进行。在具体的分析过程中,不同的分析方式需要结合运用。

综合一般是在分析的基础上进行的,它在思维过程中是一个与分析相反的方向。它是将有关事件的各个部分和要素联结成一个整体进行考察,力求从整体的认识上来把握事件本质性的思维方法。在探究事件各部分或各要素之间本质联系的基础上对事件各部分或要素进行联结,这是达到对事件本质特征认识的基本途径。在对事件进行综合时,应该注意与分析相结合。

对质性研究资料的分析是一个整—分—合的过程,研究者可以在部分与整体之间运用自己的想象对资料进行逐步的螺旋式的提升。在对事件的整体与部分进行考察时,陈向明教授提出了“阐释循环”的观点,其有两层基本含义:一是在文本的部分和整体之间反复循环论证,以此来提高对文本的理解的确切性;二是在阐释者的阐释意图与阐释对象(文本)之间的循环,寻求两者之间的契合。对资料进行分析可以有两种开始的方式:其一是将研究资料或者一个整体印象分解为数个部分,深入其内部了解各个部分的特性,掌握各个部分之间的关系,然后在此基础上进行概括,形成一个新的整体;其二是从局部开始,对一些具体的部分进行分析,然后整合为一个整体。这两条路线可以分别进行,也可以同时进行,总的原则是在部分与整体之间形成一个“阐释循环”。

对质性研究资料进行分析与综合的另外一个手段是“回溯觉察之重组”,即研究者在了解资料的基础上,采取回溯的方式,回想自己是如何得到这些结论的,自己有哪些资料可以支撑这些结论。这种方法有两个基本要求:其一,要检查参与研究的各方在不同时间和场合对有关事件或主题的看法;其二,报告研究者本人要了解自己在不同时间、从不同角度对某一现象或主题的认识所发生的变化①。

(三)归纳

归纳在通过质性研究资料建构理论的过程中有着重要的作用。归纳是从已有的具体事实或个别性的结论出发,概括出一般性或普遍性结论的思维方法。质性研究中的"扎根理论"是一种研究方法,其宗旨是从经验资料的基础上建立理论。扎根理论强调从资料中提升理论,认为只有通过对资料的深入分析,一定的理论框架才可能逐步形成。这是一个归纳的过程,自下而上将资料不断地浓缩。归纳是质性研究从原始资料到理论建构过程中不可缺少的思维方式。研究者通过将资料有关概念的类属与它们的属性进行整合,同时对类属进行比较,考虑它们之间有什么关系,如何将这些关系联系起来,最终勾勒出相关的理论。这个过程中,归纳是一种贯穿始终的思维方式。

(四)直觉与想象

一个人如果能全神贯注地长期对某一问题高度关注,并抱有浓厚兴趣,有着解决问题的强烈愿望,思维敏捷,有丰富的生活经验等特征,就比较容易产生直觉。直觉是一种思维的感觉,是潜意识的活动。它的作用在于能猛然抓住事件的本质特征。在质性研究资料中发现重要概念,以及对资料整体内容建立假设时,直觉都有它的用武之地。

想象是以人的表象为基础,进行分析、综合、加工、改造而构成新形象的思维过程。尽量使研究资料具体化,形成直观的形象,善于反省自己,将研究者对象化是想象产生的基本条件。想象是进行模拟与类比的重要手段,在质性资料分析时自由地运用比喻、隐喻、联想是必要的。

直觉与想象的思维方式对质性研究资料的分析带来很多启发,诸如研究者必须长时间关注原始资料;随时记录相关的灵感与感受;不害怕猜测;用愉快、轻松的方式对待自己的分析工作等。

第六节　提高质性研究资料的真实性

质性研究资料的真实性是保证相应研究结果的真实性的必要前提,对其进行探讨,势必要涉及对研究的效度分析。质性研究对效度的理解与量化研究有所不同。在质性研究中,效度是指对研究结果的表述是否真实地反映了某一特定条件下某一研究人员为了达到某一特定的研究目的而使用某一研究问题及其相应的方法对某一事物进行研究这一活动②。

在实际研究资料的收集过程中,影响到质性研究效度的原因有很多种,常见的有:

(1)记忆问题。导致资料失真的一个主要原因是时间过长、记忆力衰退。

(2)研究效应。是指当研究在一个人为的环境中进行时,被研究者可能表现得与平时不一样,导致效度失真。

(3)文化前设。研究者与被研究者之间的文化前设不一致也是一个导致效度失

---

① 陈向明著:《质的研究方法与社会科学研究》,教育科学出版社,2000年版,第314页。

② 陈向明著:《质的研究方法与社会科学研究》,教育科学出版社,2000年版,第389页。

真的主要原因，具体地说，就是研究者与被研究者如果来自不同的文化背景，使用不同的语言，很容易产生误解。

(4) 间接资料来源。就是指被研究者提供的资料是从别人那里获得的二手资料，他们自己并不知道这些信息。

除了上述这些原因以外，在质性研究资料的获取过程中，研究者可能还会遇到诸如说谎、表现不一、隐瞒真相等会严重影响研究资料有效性的实际问题。在质性研究中，质性研究者要学习如何克服可能遇到的困难，提高自己的洞察力，确保自己不被误导，确保自己所看到的和听到的就是事件的真实情况。一般而言，质性研究者可以通过以下的一些程序来提高质性研究资料的真实性：

(1) 运用多种不同的手段或途径收集资料。比如研究者可以运用观察法研究某个现象，并有所发现，还可以通过谈话和收集实物的方法进行检验和补充研究。这种检验的方法就是通常说的三角检验法。

(2) 对研究对象进行多次的访谈或观察。

(3) 在恰当的时候，可以使用录音和录像设备。

(4) 描述问题的语境与观察的环境。

(5) 记录下推断的依据。

(6) 要尽可能地记录下话语的来源。

(7) 在进行观察和访谈时，要记录下个人的想法，以便在以后检查不正确和不寻常的回答。

(8) 写下研究者所问的问题与回答者所做的回答，这样有助于研究者理解所记录的回答，减少由于选择性遗忘而引起的对研究结果的歪曲。

(9) 在适当的时候，学着理解并尝试使用所研究群体的语言，克服文化前设的影响。如果研究者不理解研究对象说的某些词汇（特别是一些方言）的意思，可能会记录到无效的资料。

(10) 比较不同报告者对同一事件的描述之间的差异。

(11) 根据研究者个人对所观察的情境的理解做出结论，然后再根据结论来继续下面的行动。如果这些结论无效，研究者就会在研究过程中很快发现这一点。

(12) 保持较长的时间对所感兴趣的环境或情景进行观察。因为只有当研究者内部成员之间以及研究者与被研究者之间互相熟悉时，才可以提高同一研究在不同人或不同时间段之间的一致性。

思考题

一、选择题

1. 下列不属于影响到质性研究效度的原因的是（　　）。

A. 记忆问题　　B. 研究效应

C. 文化前设　　D. 直接资料来源

2. 下列不属于质性研究资料分析的思维方式的是（　　）。

A. 比较与分类　　B. 归纳　　C. 分析与综合　　D. 猜测

3. 下列不属于质性研究资料分析技巧的是（　　）。

A. 写备忘录　　B. 写日记、总结和内容摘要

C. 画图表　　D. 比较与分类

二、名词解释

1. 质性研究扎根理论　　2. 情境分析

3. 类属分析　　4. 本土概念

三、简答题

1. 简述对质性研究资料进行归类分析时常用的操作技巧。

2. 简述质性研究资料分析技巧的主要类型。

3. 简述质性研究资料整理的步骤。

4. 简述质性研究中的理论。

5. 简述质性研究报告的成文结构。

四、论述题

1. 结合实例理解画图表在质性研究资料分析中的作用。

2. 试述质性研究资料主要的分析方法有哪几种。

3. 结合实际分析影响到质性研究效度的原因。

第十三章　幼儿园教师研究成果的表达

学习章节与目标

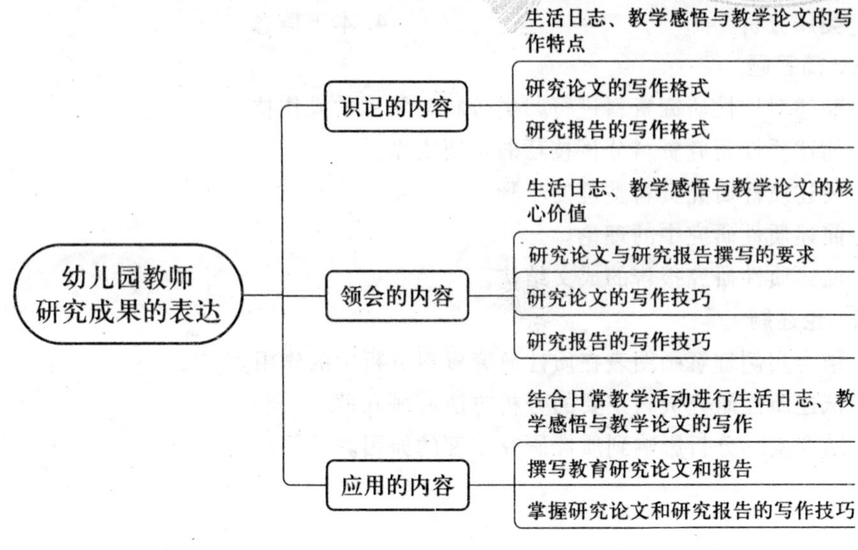

建议学时

6 学时。

老师导学

很多幼儿园教师都有这样的感受:自己在教育实践中有很多的体会和想法,积累了一大堆问题,可就是没有时间,或者不知道怎么把它们写成成文的东西。这一方面是因为这些老师缺乏科研成果意识,不注重在日常教育实践中积累成果;另一方面是对幼儿园教师科研成果的具体类型缺乏了解,对它们的具体格式、特点、要求和写作技巧掌握甚少。

因此,把握生活日志、教学感悟与教学论文写作的核心价值,掌握研究论文和研究报告的标准撰写格式对于研究成果的表达尤为重要,领会研究论文和研究报告的撰写技巧是帮助幼儿园教师从一名实践型教师迈向研究型教师,开启专业研究成长大门的金钥匙。

第一节　基于教学实践的研究成果表达

大多数幼儿教师进行了不少的写作,写教案、记日记、写心得、书感言、应征论文、投稿杂志等,教师的教育教学写作已被工作的规定、领导的要求、先进的驱使、职称的评定等外在目的性要素所左右,教师专业发展的内在驱动缺乏生态土壤,这是导致教师教育教学写作异化的根本原因。教师投稿的杂志划分了不同的等级、教师的“论文”评了不同的奖级,似乎高水平教师就是一个专业的研究者,一方面使一线教师对教育研究“高山仰止”,另一方面处于实践场的教师开始坐而论道,常以“论”“评”等方式开始论文写作。本节集中分析幼儿教师的写作特点,其基本立场是:幼儿教师写作不仅是为了“研究”,更重要的是促进自身的专业发展。幼儿教师写作的第一目的不是为了研究,而是为教育教学能力的提升,为改进教育教学实践而写作。

一、生活日志

幼儿教师的日常生活与其专业生活既存在区别又存在联系。生活日记的写作风格可区分为记事型、描写型、抒情型、议论型。

日记一般记述那些生活中独特、别样的风景。因为第一次经历，所以难忘；因为它是人生中重要的转折，所以涌动着忐忑的心怀；因为带着使命与责任、光荣与梦想，所以热血青年们充溢着满腔的豪情，恣肆着英雄者的壮举。

一位一直生活在大城市的女孩，写下了她的第一篇赴贫困地区支教日记，名曰《支教序曲》。读完日记你可能要感慨"有什么样的教师生活就有什么样的教师工作"。教师的生活虽然平实、琐碎，但其折射的态度、信念、价值观，自然要渗入教师的专业工作、专业发展中；反过来，教师的专业精神、专业态度，也激荡着教师的日常生活。那些被专业学者关注的专业信念、专业修养等，就潜伏在教师的日常生活中。日记是教师日常生活的一个窗口，这对于教师本人是回眸、是心灵港湾、是一面镜子；对同行或他人是分享、是沟通、是理解、是顿悟、是提升，是宛如相册的集体记忆照；对教师群体而言是遗传密码的代际传递。

"教师的生活都是阳光的吗？"这是一次论文答辩会上的诘问。想必读者也会有这样的疑问，因为媒体中不时地有报道教师体罚、虐待儿童的事件。在日记中能捕捉到这些阴暗吗？重要的不是像媒体那样暴露阴暗，甚至渲染阴暗，而是要探寻这些阴暗为什么不能被阳光普照，教师的个人生活史、代际生活史是探寻这个问题的重要路径，教师的生活是阳光还是阴暗，它嵌套在教师的个人生活史及代际传递中。一些本不喜欢学前教育、缺乏幼儿教师基本专业能力的学生，为了获得编制，被动成为幼儿园教师后，面对开学幼儿的入园适应问题，心力交瘁甚至精神崩溃，进而对幼儿教师职业产生厌恶、恐惧，并将这种消极状态投向幼儿。对教师生活史的研究必须通过教师生活日志这一窗口，教师生活日志并非可有可无，它是教师集体生活史的基因排序，在教师专业成长中，它比填鸭式的教师集体培训重要得多。

二、教学感悟

写教学感悟是教学反思的重要方式，教学感悟既要感同身受，又要感中有悟，悟中寻理。教学感悟可以在日记、笔记、随笔中体现，也可以在日积月累中形成系统的思想、观点、态度甚至转化为系统的行为。

下面是一篇教学日志。

> 经过三天持续"作战"，一半孩子的情绪基本稳定，早上来的时候还学会了向老师问好。可是也有近一半的孩子还是有哭闹现象，尤其是早上更是哭声震天！处于适应期的孩子，哭闹现象应该是在所难免的，这几天我一直尝试着用爱去安抚他们的情绪。许多孩子在我的安抚下停止了哭泣，但只要我一走开，他们又开始哭闹不止。面对这一现象，我感到既高兴又忧虑。值得高兴的是，可爱的孩子已经把我当成了保护伞，喜欢上了我；同时令我担忧的是，如果每天他们都这样黏着我，我要如何开展教学活动？如何能从全局出发照顾到其他孩子？怎样才能使孩子停止哭闹，喜欢我，但又不会对我过于依恋呢？
>
> ——选自陈亚男班级教学日志

教学的感悟有时是一瞬间的事,它稍纵即逝,常需要即刻以随笔的方式记录下来,下面就是一位新教师的课堂教学感受。

> 正常教学活动开始了,今天由我给孩子们发油画棒、水彩笔等学习用品,并教孩子如何使用油画棒。看似简单的小环节,做起来可真不容易呢。在教小朋友们使用油画棒的时候,我说:"油画棒装在一个盒子里面,我们要把它打开,就要用我们的小手把它推一推。"我边说边示范,一半的幼儿也照着我的样子做了,但是有些幼儿还是坐在椅子上不动,感觉幼儿很没有兴趣。这时候,主班老师轻轻告诉我说,要用幼儿的口气说话。我一下子就明白过来。刚才的语言和教态对于小班幼儿来说过于成人化,幼儿不喜欢,有些能力弱一点的还听不懂。因此,我马上再说了一遍:"这是我们的油画棒宝宝,和我们的宝宝一样,很能干,它以后要帮助我们画画呢!你们喜欢它吗?"孩子马上大声说:"喜欢!喜欢!"有些孩子还迫不及待要打开来看,但是怎么也找不到好方法。我看到孩子的兴趣已经有了,马上说:"这个油画棒有个小抽屉呢,打开来,油画棒宝宝就住在里面了,宝贝们想不想去看看油画棒宝宝?"孩子们马上说:"想!"于是,我顺势引导,教孩子打开的方法,孩子果然很感兴趣。这两种方法都是教孩子如何使用油画棒,但孩子的兴趣和积极性却大不相同。这使我领悟到,孩子有孩子自己的语言,童话式的、拟人化的语言更令孩子喜欢。教师的教学手段很关键,幼儿教师要做到很重要的一点,那就是要运用幼儿能接受的方式进行教育。
>
> ——选自陈亚男班级教学日志

教学感悟需要细微的观察,需要敏锐的觉察,在幼儿教育中更需要爱心,有爱心的滋润,教学感悟才会内在地降临、真切地降临、灵动地降临。

> 户外活动回来,我请孩子们去喝水,孩子们听到我的指令后,争先恐后地去拿水杯。我连忙大声说:"排队,一个一个来,踩着地上的小脚印。"孩子们按照我的方法做了,秩序变得好起来。可是过了一会儿,还是传来好几个孩子的哭声,他们摔跤了。我仔细观察孩子们喝水的情景,查出了问题所在,原来是孩子们倒水的时候太满了,倒好水之后又不坐下来,边走边喝,导致水洒在了地上,令其他孩子滑倒了。刚处理完喝水问题,厕所里马上又传来哭声:"老师,我的衣服湿了!"我赶忙跑进去,原来是孩子的袖子没有卷高,导致洗手的时候水打湿了袖口。在我忙着给孩子擦袖口的时候,又有两个孩子在厕所里滑倒了,顿时厕所里哭声震天!此时的我真想再变出几十只手,去帮助这些孩子,处理这些琐碎的事情,心里的焦急、无措一下子涌上来。怎么办?怎么办?我反复问自己。看来,运用正确的教学手段,建立良好的日常规范刻不容缓。我深刻领悟到,教学活动只是教育的一部分,一日常规往往比教学活动更难组织,这需要我做一个教育的有心人,及时发现一日生活各个环节中的问题,思考合理的解决方法,使幼儿在幼儿园生活的每时每刻都是开心的,学习都是有效的。
>
> ——选自陈亚男班级教学日志

不能回避每个人的惰性,人们的勤劳、自觉并不是天生拥有的,对于新教师而言,重要的是养成"用心""观察""思考""写作"的习惯。教学中的反思性感悟通常采用"事件"与"反思"的两段体格式,这对于一个没有什么经验的新教师来说更具有写作的可操作性。“事件段”就是讲现象、讲事实、讲故事、讲过程，而“反思段”就是写认识、写感受、写看法、写观点、写思想，最终是要“悟道”。

感悟在教学、在生活中的点点滴滴，感悟也需要跨越时空，在过去与现在之间、书本知识与实践知识之间、在你与我的互动之间。下面就是一段做学生与做老师、教与学跨时空的“教学相长”的感悟。

> 在读书的时候，时常觉得学到的知识越多，未知的领域也就越来越大——是故学然后知不足，而就是这样的感受成为我不断求学的动力。在支教的日子里，随着教学实践经验的积累，同样让我对“教然后知困”深有体会。然而，有这样的感触才激发了我在教学过程中不断萌发出对策和新的想法，完善我的教学课堂，让我深深地领悟到“教学相长”这四个字的含义。
>
> 初次登上支教讲台的我，担负着学校唯一学前教育专业教师的责任，拥有的只有一本课本和以心中理想教师的标准对自我的要求。每一次的备课，除了把教学内容掌握“吃透”外，我还在脑海中分饰两角思考：作为学生，在学习这些内容上会产生哪些疑问？作为教师，又应该用怎样的表达方式或举什么样的例子阐述知识点？然后，在心中进行上课预演，把每次发现的不同问题记录在教案本中，保证每节课学生们都能清楚明白地掌握这些崭新的专业知识。
>
> 好的教学内容还需要适合的教学方式来支持。我的高中时代离我也不算太远，我明白，这个时候的孩子需要有一股巧力在正确的方向上推他一把。我希望自己能在我的课堂，助学生一臂之力。于是，我尝试用各种方式，让理论知识活泼起来，受欢迎起来。我不断丰富教学方式：用生动的故事引入课堂，举真实的例子帮助记忆，偶尔采用游戏的方式回答问题……为了学生们能够更好地学习，我还向学校申请了机房，采用图文并茂的方式给幼师班的学生们上课，分享我在大学四年中收集的资料。而我也不会错过每一次教学过程中，学生们眼中给我的不同反馈，从而更进一步地完善我的课堂。每当发现问题，我便寻求一个合适的方法去解决。例如这周带学生们去幼儿园听课交流。在教学的过程中我发现，就算是幼师班二年级的学生，对幼儿园也不太了解，更对幼儿教师如何组织活动没有什么概念。交流之后才知道，到第三年才有实习安排，学生们也没有什么途径去做了解。“那岂不是这两年的理论学习都要纸上谈兵？”这便是我的第一反应。于是，我向学校申请了机房，让学生们观看了其他优秀老师组织的教学活动，结合实例，课堂效率提高了不少。可是，课后我仍觉得还不够，因为不同地域的幼儿园会有不同的教学特点。还是应该因地制宜地进行分析。于是，我决定带着我的两个幼师班选取一所当地的幼儿园进行参观交流。这需要先联系幼儿园，再去幼儿园做前期交流和安排。学校没有做过类似的安排，于是在这个过程中我又多了一次锻炼和成长的机会，而我也希望学生们能把握这次下园实习的机会。在学生们已有知识的基础上，我制作了幼儿园环境评价表，给两个年级的学生安排了不同的听课任务，交代了注意事项，带着兴趣满满的学生们前往实习幼儿园。从解释幼儿园的空间安排、环境布置，到带领学生与不同年龄段的幼儿实际接触，再到观看教学经验丰富的一线教师组织艺术、体育活动，看着学生们不时停停写写，互相交流，发表自己的意见，不禁被眼前的情景所触动，脑海中又冒出了一些点

子。希望以后能给学生们提供更多有效学习的平台，让学生主动学习才是最好的教学方式。

“知不足然后能自反也，知困然后能自强也。故曰教学相长也。”这是一个共同成长进步的过程，让我们一起努力！

——选自章媛日记

教学感悟通常是教师智慧的火花，只有通过分享、沟通、同构、创造才有可能成为集体智慧的结晶。教师集体智慧的教学感悟有利于好的课堂设计，有利于教师间的“资源共享”，有利于年轻教师在专业上的快速成长。幼儿园应经常开展以教学感悟为载体的教学研讨活动，切切实实地为提高教师的课堂教学能力搭建平台，充分展示每位教师独特的教学视域，达到优势互补、相互切磋和共同提高的目的。

教学感悟也可以是长期反思的结果，下面是一篇有较大跨度的反思。

在失败中学习，在环境中创造

事件：

集体活动——调皮的小猫。

这个活动在前段时间已经做过一次了，那次的活动原本是让孩子们在晃动的绳子上走路，可是张老师说这个活动不行，所以我就临时构思了学小猫走直线这个活动。上次做的这个活动不是很成功，孩子们对这个活动没有产生特别的兴趣。后来我想了想，觉得仅仅是学小猫走路这么单一的构思是不够的，没有具体的情境让孩子们去融入。

今天，我把这个活动设计为让孩子们模仿小猫去河边捕鱼，所以脚步要轻，才不会吓跑小鱼。于是孩子们就很认真地轻轻走直线，捕到小鱼也笑眯眯的很是得意。

游戏活动——爬山坡。

按照计划我是应该带着孩子们去滑梯上学着爬的，可是思量再三，还是觉得不太合适。一是这和滑滑梯时我们对孩子们的要求是相反的。如果下次玩滑滑梯时，孩子们很有可能出现有的爬、有的滑的局面，不利于安全因素的控制。二是滑梯的数目有限，每次只能一个孩子进行，没有办法满足所有小朋友的需要。于是我改变了计划，把孩子们带到种植地外的那块绿地，让他们在大自然的山坡中学习爬坡。孩子们玩得很开心，老师也少了很多顾虑。

反思：

上个月反思的是自己做得不好需要大大改进之处，这个月就总结一下自己认为有所进步、有所收获之处，给自己一点信心。

集体活动的效果是通过丰富的情境化的因素而实现的。托班的孩子都是通过具体形象进行思维的，他们还无法很好地通过符号来思维。所以，如果老师给的指令过于抽象，这些符号化的指令是无法很好地指导孩子进行活动的。只是一个简单的“小猫吃鱼”的构想就使活动的情境得到改善。这说明，老师营造的教学环境对了，才能更好地和孩子们完成教学上的互动，促进孩子的发展。

而说到体育游戏，根据预设的方案很有可能出现教学上无法顾及全部小朋友的缺陷，也无法弥补同一个游戏玩具却出现了两种矛盾的游戏方式（玩滑梯时，孩子们是绝对不可以从下往上爬的；而在上山坡的游戏中，如果把滑梯作为“山坡”又不能允许孩子们从上往下滑），这必然导致孩子们对于滑梯这种玩具的理解错位。而幼儿园中本身就存在着很适合孩子玩爬山坡的地方——一处较开阔的有坡度的绿地。所以，真正地利用好已有的环境，在已有的环境上创设游戏活动才会取得事半功倍的效果吧。

以上便是我十一月对教学的一丝感悟。

——选自章媛日记

三、 教学论文

这里的教学论文并不是一定要有论点、论据、论证这样严格意义上的论说文，它更多的是随感性的，但有完整的结构。写这样的教学论文通过前面的写作可以做到水到渠成，只是句式更正式，结构更完整，内容更有层次性。

通过这样的写作锻炼，描述、反思、明辨、总结、评论已具备教学研究论文的底蕴和厚度，只要在表述方式和格式规范上略做梳理、调整，就具有在刊物上发表的价值。因而从日常教案写作、教学日志写作、反思笔记到教学研究论文的形成，从内在特征来看是一个水到渠成的过程。这真应了朱熹的名言：“问渠那得清如许？为有源头活水来。”

第二节 研究论文、研究报告写作的一般要求

研究论文往往被看作是研究过程的最后步骤，即形成研究的成果。研究成果一般是以研究论文的形式表达的。研究论文是指研究者所写的任何有关的专业性文章，它是研究者表达研究成果的文献资料，是对课题研究过程的概括和总结。研究论文由于涉及的内容纷繁复杂，其表现形式也是多种多样。在实际的研究论文写作中，根据研究论文的性质与特点，可以把论文分为两大类：实证性的教育研究报告和理论性的教育学术论文。

教育研究论文和研究报告作为对教育科学研究活动的全面总结和进行教育科学研究成果交流的重要手段，在写作上务必要遵循以下的要求。

一、 创新性与科学性相结合

创新性：教育研究论文与研究报告的核心是创新，它们能反映研究者在研究探索的过程中所获得的新的见解与新的理论，所阐述的内容是前人所没有研究过、未知的，或者是在前人的基础上，以新的材料、从新的理论高度进行探索，进而提出研究者的研究所得或见解。

科学性：研究论文和研究报告的创新性应该建立在科学性的基础之上，离开了科学性，创新性就将无从谈起。教育研究论文与研究报告的科学性主要体现在：

（1）内容要实事求是，从实际出发，无论是立论、分析，还是论断，都要正确地反映客观规律。

（2）要有充分的论据和严格的论证，或者运用精确可靠的实证材料（包括文字与数据资料）来证明研究成果。

（3）有关理论与观点的表述要完整、准确、系统。①

二、观点与材料的一致性

要从客观事实中引出正确的观点，从而做出严密的分析推理，就必须对研究中获取的大量材料进行提炼、取舍，精选出最有价值的、典型的事实材料作为论据。容易脱离事实材料进行写作是初学撰写研究论文与研究报告的教师常见的问题，其主要原因在于对自己在研究过程中获取的研究材料不熟悉或对自己获取研究材料过程的不自信。

处理好观点和材料的关系，是写好研究论文与研究报告的关键所在。观点与材料的统一，主要在于选材。在撰写研究论文与研究报告时，选材应符合以下要求：

（1）围绕研究问题选择材料，分清主次。

（2）选择材料时要考虑材料的量与质的结合，选取典型的、具有代表性和说服力的材料。

（3）选取真实、准确，符合客观实际的材料，要核实材料的真伪，准确评估材料的价值。

在上述要求的基础上，经过研究者对材料的正确、深刻、集中的分析、归纳和综合，提取论点，选择论据，概括出结论。

三、独立思考与借鉴吸收相结合

在撰写研究论文与研究报告时，研究者必须正确处理借鉴、吸收别人的研究成果和自己独立思考的关系。任何研究者都必须重视别人的研究成果，学会借鉴与吸收对自身研究有促进作用的成果，将有助于研究者达到新的研究高度。那些对别人的研究视而不见，或者对所引用的观点只述不评，或者任意发挥的做法都是欠妥当的。

对引用的观点和文献，要弄清楚作者的原意和文献内容的价值，进而挖掘实质性问题。另外，要学习从众多的研究成果和文献中选择最典型、富有说服力的材料。对引用材料切忌简单列举和大量堆砌，否则将会降低文章的质量。

四、语言文字要精练简洁，表达要准确无误，讲究可读性

研究报告与研究论文的语言文字的运用不同于一般的文章写作要求，其对语言文字表达的准确性要求主要体现在要客观地反映事实，避免浮华夸张。在具体的撰写过程中，要尽量避免造生词，运用日常的生活用语代替科学的术语，以免造成理解上的歧义。研究报告与研究论文中的论点、论据要清楚明白，在尊重事实的基础上讲究文采，以最少的文字表达更多的内容，言简意赅。

研究论文和研究报告的可读性，是指撰写时应针对不同的读者对象采用不同的风格和措辞。如面对较高层次的学术交流性论文和面向一般实际工作者的研究报告，在行文风格与理论观点的陈述深度等方面，要有不同的要求。面向一般教育实际工作者的报告与论文，文字应该力求简明准确、浅显易懂，尽量避免长句和抽象的语词。在显

---

① 裴娣娜：《教育研究方法导论》，安徽教育出版社，1995年版，第371页。

示数据分析结果时，可利用直观的、简洁的图与表，形象化、总结性地帮助读者了解有关信息，同时要注意解释统计分析结果的实际含义。

五、要充分尊重和公正对待与研究有关的人员

对研究有关人员的尊重主要体现在对他们的名誉和相关权利的保护与维护上。一般而言，在未征得本人同意的情况下，不应该公布个人的资料与名字；报告作者的署名次序，应按照个人对研究工作的贡献大小、负责任的重要程度而定。对于研究涉及的幼儿、家长、教师以及幼儿园或班级，一般不宜出现真实名称，建议使用化名。研究报告中的资料应以群组资料出现（不包括个案研究资料），避免涉及隐私和姓名地址。其他一些具体要求，可以参见第二章第二节中确定教育研究问题时对伦理道德的要求。

第三节　研究论文、研究报告的写作格式

一、研究论文的写作格式

研究论文是科学研究成果的文字表述，通常指以教学经验、教育规律为研究对象的理论性文章。这类论文属于思辨性的研究。在教育研究中，这类论文占绝大多数。

研究论文有着不同的基本类型，由于学科特点不同，其写法也是多种多样的，彼此没有严格的界限。但从总体上看，任何形式的研究论文总要遵循科学研究的发展方向和途径，对所研究的课题加以论证、分析并得出结论。一般而言，研究论文的基本框架如图 13-1 所示。

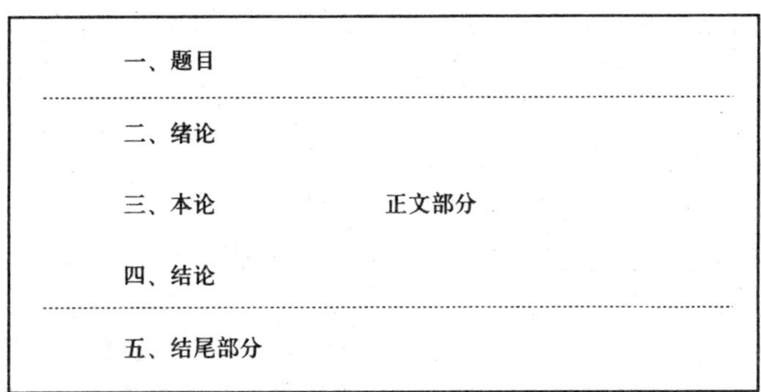

图 13-1　研究论文的基本框架图

从总体上看，研究论文多采用议论文的形式，通篇结构基本上遵循“绪论—本论—结论”的三段论式。撰写研究论文时，一般都直截了当地提出作者独特的见解或主张，阐明事理，目的都是试图揭示事物的本质和规律。在论证自己的观点时，都运用概念、判断、推理等逻辑方法。研究论文的写作格式总体上不像研究报告那样清晰、有结构。

二、研究报告的写作格式

研究报告通常也被称为科学论文。这类论文的写作有比较固定的模式。研究报告的正文一般分为前言（引言）、方法、结果、讨论、结论五个部分，加上题目部分和结尾部分，一共七个部分。研究报告的基本框架如图 13-2 所示。

一、题目部分
二、前言 三、方法
四、结果 五、讨论　　　正文部分 六、结论 七、结尾

图 13-2　研究报告的基本框架图

第四节　研究论文、研究报告的写作技巧

一、研究论文的写作技巧

研究论文要系统地、准确地表述研究的过程和成果，各部分写作都要讲究一定的写作技巧。

（一）题目或标题

题目应该是统领全篇的灵魂。通过阅读论文的题目可以对论文的主要内容与价值有一定的了解。

习惯上，研究论文的题目表述方式有两种：一是直接点明题意的方式，即直接运用论文内容中的关键词来命题，如“对学前美术教育的思考”“关于区域性推进《幼儿园教育指导纲要（试行）》实施的几点看法”等；二是设问式，即用疑问（反问）句式来命题，如“幼儿园午睡制度需要变革吗？”“如何对婴幼儿进行色彩启蒙？”等。

对于研究论文题目的撰写要体现两个基本要求：

（1）题目要能高度概括论文的主要内容，准确地阐述研究的问题。

（2）题目要简洁精练，尽量用较少的文字表达完整的意思。假如论文内容比较复杂，或针对性较强，有时可以加副标题进行补充说明，如“发挥农村特点的美育途径——瓜果蔬菜手工制作的教学活动初探”“教师文化的课堂透视——对教师口头言语行为的个案研究”等，其他也可以“兼论×××××”“和×××商榷”等形式表述。

（二）内容摘要

内容摘要又称内容提要，一般位于题目之后，用于让读者快速高效地了解论文的内容，并便于检索。内容摘要应该概括性阐述论文的主要观点和基本内容，要短小精悍，依据论文内容的篇幅长短，将字数控制在 100～300 个为宜。例如：

> 关于区域性推进《幼儿园教育指导纲要（试行）》实施的几点看法
>
> 吕耀坚
>
> 摘要：《幼儿园教育指导纲要（试行）》（以下简称《纲要》）颁布已经近三年了，如何客观地看待取得的成果，审视面对的困难与问题，对于《纲要》精神的落实是至关重要的。重视并加强幼儿教育行政机构建设；建构由上而下的幼儿教育行政管理与

业务指导的网络；重视分层次区域性地推进《纲要》实施，进一步加强各地示范性幼儿园、中心幼儿园的建设；加强学前教育立法。这几个方面对于区域性推进《纲要》实施有着重要的战略价值。

关键词：区域性推进　层次性

（三）前言

前言也称引言、序言、绪论等，它是一篇论文的开始部分，放在正文之前。前言一般应包括三个方面的内容：

（1）说明研究的背景和动机，提出论文中将要进行探讨的问题。

（2）说明研究要探讨的重点。

（3）概述问题探讨的理论意义或现实意义。

前言在叙写上应开宗明义，各项内容之间应条理清楚，叙述应言之有据，避免空泛和含糊的议论。例如论文《关于区域性推进〈幼儿园教育指导纲要（试行）〉实施的几点看法》的前言（节选）：

随着《纲要》的颁布与实施，幼儿教育的改革与发展开始步入一个新阶段。三年来各地通过举办讲座、培训班等形式，学习与落实《纲要》精神，取得了不错的成果。各地对幼儿教育的重视程度提高了，教师在教育过程中逐步地领会与落实幼儿教育的先进理念，许多地方开展了多样化的幼儿教育的课题研究。但由于存在幼儿教育总体水平还不高，一些地方对幼儿教育不够重视，幼儿教育发展存在区域性差异等问题，《纲要》精神在各地全面落实还有待时日，区域性推进《纲要》实施任重而道远。本文拟从以下四个方面对如何区域性推进《纲要》实施进行论述，旨在提出一些区域性推进《纲要》实施的建设性策略。

前言的篇幅及表述的方式要根据实际情况而定，一般用于发表的论文的前言篇幅要短一些，内容也相对要简略。

（四）正文

正文是论文的主体部分，又称本论。作者在这一部分应就研究的问题进行系统、全面、深入的研讨，不仅要阐述自己的观点，展示观点形成的各种理论或事实的依据，还应表现和论证观点形成的思维过程和思维方式。这一部分的篇幅一般较长，字数较多，要占全文的三分之二，甚至更多。

1. 正文的写作要有清晰的逻辑结构

在研讨某一教育现象或教育问题的时候，作者往往要形成和论证一系列的观点。当论文的观点相对较多的时候，作者就应考虑文章的逻辑性，对各种观点进行统筹安排，理顺关系，以形成一定的结构。

2. 正文的结构呈现一般有三种形式：

（1）并列结构

并列结构就是围绕中心论题设立若干个分论点，所有分论点与中心论点之间是垂直关系，分别论证中心论点。各个分论点之间是一种平行关系，从不同角度、不同侧面对中心论点展开论证。这种结构方式在教师经验总结性论文写作时较为常见。

例如：

> 论文《关于区域性推进〈幼儿园教育指导纲要（试行）〉实施的几点看法》就是从“重视并加强幼儿教育行政机构建设；建构由上而下的幼儿教育行政管理与业务指导的网络；重视分层次区域性地推进《纲要》实施，加强各地示范性幼儿园、中心幼儿园的建设；进一步加强学前教育立法，为区域性推进《纲要》实施提供法律保障”四个方面对如何能有效促进区域性推进《幼儿园教育指导纲要（试行）》的实施，从不同侧面进行了策略性分析。

又如：

> 《成功教育科研课题负责人的基本特质分析》①一文从“一定的学术造诣和丰富的实践经验，开阔的学术视野及全局观念，较强的组织管理能力，良好的合作精神，善于沟通和交流，科学的理财能力，正确的利益观”七个方面进行了论述。

（2）递进结构

递进结构就是将对中心论题的论证分为若干个层次，论述时层层展开，步步深入，直到形成最后的结论，论文的各分论点之间呈纵深的递进关系。

（3）综合结构

综合结构就是根据问题自身的逻辑关系使各分论点形成一个纵横交错的网络。该种结构的容量一般较大，作者能不断地变换角度对问题进行深入的讨论。对一些比较复杂的教育问题进行研讨时，单一地从横向或者纵向进行论述，都不能使研究充分地展开。对一些观点较多且观点之间的逻辑关系纵横交错的问题的阐述，就应采用综合结构来处理研究论文的逻辑结构。

3. 正文中论点、论据、论证主次明晰

在安排论文结构时，首要的工作是分析结论自身的逻辑性。依据问题的内在逻辑结构设置论文的结构将有助于文章结构的完整。在论文写作时要注意分清观点的主次关系，不可平均使用力量。

（1）论点明确具体

研究论文的撰写往往包含有作者的多个论点，每个论点可以单独形成一个分论点。每个分论点中要包含论点、论据和论证。论点是作者就某一问题或现象，经过充分研究后提出的主张、观点、意见或者看法。

论点明确具体，论据丰富充足，论证符合逻辑规则是对各个分论点写作的最为基本的要求。论点一般要放在段首或者结尾等醒目位置，表述论点的概念要反复地推敲。

（2）论据丰富充足

论据是作者收集到的用以支持或者说明其主张、观点、意见或者看法的有效资料。常见的有理论依据、事实材料或数据资料。用以支持论点的论据要符合两个方面的要求：一是论据中的思想应与论点的内容有一致性；二是所有的论据要有确切的来源。

---

① 周春红：《成功教育科研课题负责人的基本特质分析》，《教育科学研究》，2004年第3期。

(3) 论证符合逻辑规则

论证就是作者运用科学资料证明自己论点的方式和方法。论证应讲究方式与方法,是先明确提出论点,再逐步展开论述,还是先摆明各种论据,再归结出论点,要依据实际情况而定。对重要的论点要从多方进行论证。注意不要夸大事实,牵强附会。

例如:论文《关于区域性推进〈幼儿园教育指导纲要(试行)〉实施的几点看法》在论证第一个分论点时采用了先摆明各种论据,再归结出论点的论证方式:

> 重视并加强各级幼儿教育行政机构建设
>
> 在幼儿教育领域,由于对幼儿教育的性质、地位的认识上的偏差,有些地方幼儿教育的发展缺少计划与领导机构的保障。幼儿教育仅被看作一项"后勤""福利"事业,而没有被看作是"基础教育的有机组成部分"和"素质教育的基础"的重要地位。有些地方的教育部门不单独设幼儿教育的行政机构,甚至在极个别地方没有幼教行政机构。有些设立幼教行政机构的地方也存在与幼教业务部门分工又分家,没有形成应有的合力,幼教行政干部频繁换岗等问题,这些问题在基层教育部门可能要严重一些。更多的地方通过设立一个幼教行政干部行使幼教行政机构的所有职责,行政管理的力量偏弱,行政机构职能的发挥受到很大限制。幼儿教育行政机构建制的不健全,极大地制约了区域性推进《纲要》的实施。
>
> 幼儿教育事业的发展、区域性推进《纲要》的实施需要各级政府的重视。政府要重视幼儿教育的发展,积极制定支持幼儿教育事业发展的方针、政策,使支持幼儿教育真正成为各级政府的自觉行为。教育行政部门作为政府的一个重要的职能部门,是国家为实现教育目标,对教育事业实施的组织、领导和管理机构。从长期的教育实践来看,教育行政部门在各个时期的教育改革中都显示出了其不可替代的作用。教育行政部门有着明确的上下级关系,行政指令的下达具有一定的强制性。其一般有以下几个具体职能:
>
> 计划职能:包括确定教育工作目标,制定教育工作程序和工作计划,制定预算。
>
> 组织功能:指合理设计组织结构和权责关系,科学妥善地安排与分配组织系统内各种机构及各类人员的工作,使得组织的总目标与任务层层分解为每个机构和成员必须完成的分目标与具体任务。
>
> 指挥功能:利用发布教育行政命令、法规、方针政策以及激励机制和纪律措施推动所辖各类机构和人员努力发挥作用,认真履行其职责。
>
> 协调功能:通过各种方法不断地调整理顺各种关系和各项工作间的内在联系,以减少内部的矛盾与障碍。
>
> 控制功能:从教育资源、活动、结果几方面建立信息反馈和绩效评估机制,可以保证预定目标和计划的实现。
>
> 相比而言,教育业务部门就不完全具备上述职能,业务的交流与指导具有更多的自主自愿成分。
>
> 因此,目前亟待解决的就是各级政府部门领导从办事业的高度重视幼教工作,从实践的高度真正认识到幼儿教育作为基础教育的重要组成部分,加强幼儿教育行政建设力度,强化幼儿教育行政管理的职能。加强幼儿教育行政建设力度主要包括:

● 建立、健全幼儿教育行政机构,大胆尝试幼儿教育行政与业务部门的组织形式,充分发挥行政在计划、组织、指挥、协调和控制方面的职能优势。如有些地方在教育部门里设立具有相对独立性的学前教育处或幼儿教育办公室,幼儿教育行政干部与教研员一起办公,有侧重地分工合作,统筹管理幼儿教育行政与业务。这是一种不错的机构设置模式。

● 建立一支稳定的专业化幼儿教育行政干部队伍。

● 强化幼儿教育行政部门与幼儿教育业务部门的内在联结。

幼儿教育行政部门应主动参与到幼儿教育改革事业之中,努力改变一直以来在幼儿教育改革发展中业务部门唱主角的局面。理性分析幼儿教育行政部门与业务部门的职能,扬长避短,互相依托,互相支持,通力合作,坚持两条腿走路,应该是幼教事业发展中一贯坚持的方针。

(五)结论与讨论

结论:是对全部研究内容进行分析、综合、抽象、概括的基础上进行总结,是论题被充分证明后得出的结果,是针对研究问题做出的结论。结论的写作要求内容简洁、措辞严谨、逻辑严密。

讨论:往往用于自然科学研究的研究论文,它是从理论上对研究结果的含义和意义进行解释与分析。

(六)注释和参考文献

1. 注释和参考文献的作用

这部分是研究论文的附加部分,主要的用途在于列出文中直接提到的或利用的资料来源。

(1)帮助读者了解有关本课题的研究历史和已经有的成就。

(2)为了尊重他人的研究成果,体现严谨的治学态度。

(3)为他人提供查证的线索。

2. 注释和参考文献的格式

注释:引文注释分为页末注(脚注),文末注(段落或篇后注),文内注(行内夹注)以及书后注。无论哪种注释,引用文字一定要注明出处,包括作者、书刊名称、文献篇名、卷数、期页码、出版单位和时间等。如果是转引,要说明是“转引自”或“参见”。

参考文献:应有完备的出处,以便读者查找。参考文献的呈现要用规范的格式。一般是作者名(三人以上,在第一作者后加“等”表示),文献标题(加说明号),书刊名称或出版单位,卷数、册数或期数,出版年代日期,页码。参考文献可按时间顺序,或按内容的重要程度,或作者姓名标以序号。未公开发表的资料不要直接引用。

例如:

参考文献

[1]朱家雄.幼儿园课程[M].上海:华东师范大学出版社,2004.

[2]屠美茹.美国幼儿教育生成课程[J].幼教博览,2001(10).

[3]张勇,等.合作学习教学策略的实践探索[J].教育科学研究,2001(12).

（七）附录

在较大型的研究论文中常有“附录”。“附录”一般包括详细的原始数据、实验观察记录、图表、问卷、测试题或其他不宜放在正文中的资料，以资查证。

二、研究报告的写作技巧

（一）题目部分

研究报告的题目部分一般应包括标题、署名、摘要、关键词四个方面的内容。

1. 标题

标题是论文的眼睛。一个好的标题应该能帮助读者迅速地判断研究者研究的内容、价值。简洁是撰写研究报告标题的重要原则，但作者应当首先保证标题的意义明确，必要时宁可多用几个字。标题所展示的内容要与报告内容在概括范围上保持一致。如某次调查研究中，研究者只就城市 0~3 岁幼儿的入托情况进行调查，标题的名称就应该为“0~3 岁城市幼儿入托情况调查研究”。在教育实验研究中，标题的表述最好能涉及两个变量的关系，涉及研究对象、内容、方法。如“生活体验与学前儿童美术表现的相关研究”“儿童对时间顺序认知发展的实验研究”等。

一般来说，学术性强、理论价值较大的，准备发表于专业研究杂志的研究报告，标题要严谨，逻辑性要强。准备发表于普及性杂志的实践性较强的研究报告，标题则应具体明确、引人注目，如有必要，可以增加副标题。

2. 署名

署名一般用真实姓名，并在姓名前或姓名下标出作者的工作单位。署真名，一方面为了表示负责，另一方面便于同行联系和交流。如果是集体成果，可署集体名称或课题组的名称，并注意排名的先后顺序。在课题组成员过多的情况下，一般只写某某课题组与执笔人的姓名，可以用脚注或题注的形式对课题与其他成员进行说明。署名的排序按对课题研究的贡献大小顺序排列。

3. 摘要

研究报告摘要的撰写总体上与研究论文摘要相似，但在表述的内容上略有不同。研究报告的表述一般要涉及问题、方法、结果和结论。在字数上应按刊物的要求，一般 5 000 字左右的研究报告，摘要在 200 字左右，学位论文字数可达 500 字，甚至以上。例如：

竞争与合作经验对儿童利他行为影响的实验研究①

秦金亮

摘要：本实验采用 2×2 混合实验设计，随机抽取 60 名幼儿园大班儿童分为竞争与合作两个游戏组，在假设和实际情境中考察其利他行为。结果表明，竞争组和合作组儿童在假设和实际情境中的利他行为存在显著性差异；具有合作经验的儿童在假设和实际情境中的利他行为的性质均优于竞争经验的儿童；合作经验儿童比竞争经验儿童的利他观念和利他行为有更好的一致性。

关键词：竞争经验　合作经验　利他行为

---

① 转引自《社会心理研究》2000 年第 3 期。

4. 关键词

一般一篇研究报告的关键词不超过5个。关键词是将研究报告中能有效反映研究领域的最重要的词句提取出来,放在署名之下,目的在于帮助读者了解研究的主攻方向,也便于文献检索系统进行主题分类和做索引。通常关键词取自标题中的变量或假设中的变量,重要的变量应该放到前面。

(二) 前言部分

前言也称导语、引言,是研究报告的正文开头部分。这部分包括:问题陈述、文献综述、假设陈述、操作定义、目的和意义等。在篇幅上一般为整篇报告的五分之一。

1. 问题陈述

问题陈述的主要目的在于使得读者一进入正文就能了解该研究报告的主旨与要义。这一部分主要说明研究问题的由来与相关的理论及经验背景。习惯上对问题的陈述放在前言部分的开端,直截了当地提出,以便读者迅速了解研究方向。问题陈述最好涉及研究的主要变量,用简短的语言将问题表述出来,如"目前要探讨的问题是……""本研究的目的是检验……"。

专业杂志一般不给作者留出空间进行问题陈述,这就要求研究报告的背景陈述要简洁明了。

2. 文献综述

文献的综述主要是为研究问题提供背景与基础,明确研究的起点在哪里,是在怎样的基础上进行的,同时也是作者对该问题有关知识的把握情况。文献综述可以是有关研究工作近期进展的描述,也可以是国内外刊物发表的研究成果简述。

综述不是文献的堆砌,要概括、简练,有争议的观点要同时列出,如"在对于幼儿道德发展阶段的研究中,有人认为……也有人认为……"或"综合幼儿游戏的理论研究,大致可分为两种类型,一是……代表人物有……二是……代表人物有……"。作者要避免过分地引用原文,不一定对文献目录中所列的资料都进行讨论。通常,一篇文章从适量的资料中抽取三四个主要的观点,其他资料可以列入文献目录,以充实有关的信息。文献综述中文献必须要注明出处。

在专业杂志的研究报告中,文献综述一般不单独列标题,往往与前言的背景部分放在一起。

文献综述具体撰写格式与要求参见本书第三章第四节"如何撰写文献综述"。

3. 假设陈述

研究假设可以使得研究中的变量间的关系、研究主题变得更为明朗。一般在提出假设的同时,还需说明假设的依据和理由,帮助读者领会假设的合理性。

例如:

本研究要检验的假设是具有合作经验的儿童在假设和实际情境中的利他行为选择与具有竞争经验的儿童在相同条件下的利他行为选择存在差异。

4. 操作定义

对重要的研究变量、名词术语要提供操作定义。下操作定义可以使读者准确理解变量的意义,避免产生歧义。

5. 目的和意义

这部分内容主要说明为什么要开展这项研究,价值有多大。具体表述可以涉及两个方面:一是能解决实际的教育问题;二是能建构或检验相关的理论。对广大幼儿教师来说,在撰写研究目的和意义时应更多地关注在教育、教学、管理、保育等方面的实践性价值。

上述的各部分内容并不是每个研究报告中都必须涉及,作者可以依据自身的需要进行必要的选择。

(三) 方法部分(为提供重复研究服务)

这部分主要是描述研究是怎样进行的,便于同行能够重复你的研究,因此要求对研究方法、材料以及过程的细节做尽可能详细的描述。方法部分的基本内容包括:被试的数量、年龄,选取被试的方式与理由,材料、工具的选择,具体的研究方法和研究设计模式,研究的具体安排和步骤,如何收集资料和数据处理的方法等。对上述部分的表述要直截了当。

1. 被试

被研究的对象一般称为被试。这部分要指明哪些人参与了研究,数量是多少,是如何确定的,是怎样选取的,他们的心理与生理特征是什么。要求描述的通常有性别、年龄(学龄前儿童往往要精确到几岁几个月),有时还要描述被试的其他特征。

2. 材料

研究过程中使用的各类物品或资源就是要进行描述的材料。一般包括研究中的记录、整理、分析的材料或工具(表格),对它们的规格、数量、来源、制作方法、测量指标等要进行具体说明,必要时要给出操作定义。

3. 研究的程序

研究程序包括实施步骤、具体次序、如何操纵自变量、如何测定因变量、如何控制无关变量,有时还需规定时限、指导语等。

4. 数据处理的方法

数据处理的方法是实证性研究通常要涉及的。撰写时只要简要提及统计检验的方法即可。

例如:

> 实验检验的结果有三:一是以游戏经验为组间变量,选择情境为组内变量,儿童利他行为选择为因变量,进行 2×2 的方差分析;二是对不同情境中,合作组与竞争组儿童的利他行为选择的差异性进行 t 检验;三是比较两种不同情境下合作组与竞争组儿童利他性行为的一致性,并做 t 检验。

(四) 结果部分

结果是研究资料的产物,它们可以有多种形式。这部分是研究报告的核心内容。

1. 质性研究报告

可能是综合了其他文献而形成的总结。质性研究报告比较多地运用这种方式。

陈向明教授在一篇名为“王小刚为什么不上学了——一位辍学生的个案调查”的质性研究报告中,结果与讨论部分全部采用叙述方式。结果部分包括了背景介绍、辍学的过程和原因、辍学后的去向、辍学后的心情、今后的打算五个方面并进行了总结。陈向明教授叙述的观点是建立在实地记录和访谈基础上的，结果部分直接引用了一些与王小刚以及一些教师的访谈。例如：

> 辍学后的心情：
>
> 王小刚不再念书以后心情不好，他说他觉得很"怄气""不好受""惭愧"：
>
> 我的心情不太好（他看起来很伤心的样子）。当初不应该走。我觉得怄气，心里面实在不好受。今天我不知道他们（指全校长）叫我来干什么。我看见了同学，没有进教室。我一看到他们就惭愧，很惭愧……我想见到他们，又不想见到他们。经常也见到他们，路过这儿也见到他们。想见到他们，看见他们心里又不好受。①

2. 定量研究报告

假如资料是一些量化的数据资料，往往运用统计分析方法，直接描述统计以及从统计检验中得出的定量结果。通常以叙述性的文字辅之以图表的形式，直观地、形象地显现结果。叙述部分的篇幅大于图表部分所占的篇幅。

（1）叙述部分

在定量研究报告结果的表述中，概括性的叙述是指简要重复假设开头，然后排列出有代表性的数据检验假设。如果研究数据较多，结果的项目较多，可分别用一句概括性的句子描述，如"本研究的结果之一是……"再按具体内容列出重要的、典型的数据。

（2）图表部分

图表部分最常用的是表格。表格的使用是结果部分除了文字叙述外的一个重要内容。表格对总结结果应该是非常有效的，特别是在报告中包含大量的统计数据时更为明显。表格要简明易读，如表 13-1 所示。

表 13-1　中班幼儿生活自理能力测验的平均分和标准差

生活自理能力	实验组 1		实验组 2	
	平均数	标准差	平均数	标准差
穿衣能力	—	—	—	—
就餐能力	—	—	—	—
穿鞋能力	—	—	—	—

清晰表格的规则：

① 表格必须要有名称，名称要针对表格内容，要包括诸如测试项目或被试等。

② 行与列要有适当的小标题。

③ 一个表格内不同类型的资料要有限制。例如，平均数和标准差可以包括在一个表内，但在同一个表内，可能就不包括相关系数了。

表格绘制的注意事项：

① 表格要清楚地分隔数字，不要拥挤。

---

① 转引自陈向明主编：《在行动中学作质的研究》，教育科学出版社，2003 年第 1 版，第 333—334 页。

② 一个表格尽可能不要超过一页纸。

③ 同一篇研究报告中表格的格式要一致。

④ 表格中要较少使用竖线,数字不要超过表格线。

另外,描述假设检验的结果在定量结果的表述中能起到对图或表的解释与说明的作用,但并不需要将图表中的每一个数据都进行说明,这就显得很累赘。

总之,在结果部分不宜加入研究者的主观议论、体会,以及其他人的研究成果,不宜评述研究成果的内在含义。结果部分只需要客观地描述,评论一般放在讨论部分展开。

(五)讨论部分

讨论部分一般要包括结论、建议与启示。有时这部分也可写成"结论及讨论""结论和建议"。

讨论是从各个不同的方面对研究结果的含义进行评述。通常是作者根据客观事实和研究的目的,通过自己的经验与认识,对研究结果的相关问题进行分析与讨论,阐明作者的观点,构建新的理论框架或者针对有关实践活动提出设想。这部分在整篇研究报告中是比较难以撰写的,作者可以进行主观的分析,但在表述用词方面要有所选择,避免过分地夸大或者贬低事实。在篇幅上,讨论部分一般可占整篇研究报告的一半以上。

不管是量化研究报告还是质性研究报告,都可能会由于研究目的和内容的不同,从而从不同的角度与层面展开讨论。

注意事项:

(1) 讨论的内容要与相应的结果相联系。讨论的目的在于说明结果是否支持研究假设,并在相关的研究与理论背景下阐释与研究问题相关的结果,分析原因,形成自己的研究结论。

(2) 讨论的内容要与前言部分的问题背景、研究假设、文献综述相联系,并和前人或他人的相关研究进行比较,说明研究的成效。

(3) 对该项研究进行总结,阐明其理论的和实践的价值,以此为基础为实践改革提出有针对性的建议。总结研究的目的在于将分散的结果进行综合,构建理论,同时可以揭示结果所给予的启示,提出应用或推广的价值。

(4) 讨论研究结果的局限性和研究的困难,诸如设计的局限性或者研究步骤中存在的问题,同时为后续研究的展开指出方向和线索。

在讨论部分的行文上,建议初学者可以参照讨论与分析—提出教育或教学建议—指出研究的局限性三个环节进行。

(六)结尾部分:参考文献和附录

1. 参考文献

教育科学研究总是在前人的基础上进行的,撰写研究报告过程中会涉及与研究课题有关的资料,或者摘录、引用已经发表的文献资料,均应逐一注明出处,编排成目录列于正文之后。参考文献的写作格式参见研究论文撰写部分。

2. 附录

附录并不是研究报告的必备部分,只有在必要时使用。收入附录的资料一般有:

作者自己设计的测量工具(问卷、量表),研究过程中收集的重要的原始分数表,与论文密切相关但难以插入正文的资料,以及具有旁证性的文献。附录部分的作用在于使得正文简洁集中,易于阅读,能为读者提供分析查证的背景资料与原始文献。在行文中,应注明“见附录”等字样,说明附录与正文的联系。在公开发行的杂志发表的论文一般不包括附录。

研究报告撰写除了上述六大部分以外,有时还要有致谢、内容目录,在行文中还需要诸如题注、页注、尾注、夹注、原作者注、作者注等各种类型的注释。作者可以根据需要有选择地运用。

思考题

一、选择题

1. 研究论文撰写过程中正文结构的呈现形式有(　　)。

A. 并列结构　　B. 递进结构　　C. 总分结构　　D. 综合结构

2. 研究论文的表现形式是多种多样的,在实际的研究论文写作中,一般可以分为(　　)。

A. 研究报告　　B. 研究表格　　C. 研究论文　　D. 研究档案

二、名词解释

1. 研究论文　　2. 研究报告　　3. 内容摘要　　4. 关键词

5. 文献综述　　6. 操作定义　　7. 教学感悟

三、简答题

1. 简述教育研究论文与报告撰写的要求。

2. 简述研究论文与研究报告的格式。

3. 简述研究论文正文部分的写作技巧。

4. 简述教学论文的写作特点。

本章建议参考资料

1. 董奇,申继亮:《心理与教育研究法》,浙江教育出版社,2005 年版。

2. 梅雷迪斯 · D.高尔等:《教育研究方法导论》,江苏教育出版社,2002 年版。

3. 杰克 · R.弗林克尔等:《教育研究的设计与评估》,华夏出版社,2004 年版。

4. 维尔斯曼:《教育研究方法导论》,教育科学出版社,1997 年版。

5. 王坚红编:《学前儿童发展与教育科学研究方法》,人民教育出版社,1991 年版。

6. 张燕,邢利娅编著:《学前教育科学研究方法》,北京师范大学出版社,1999 年版。